Johannes Praetorius

Philosophia Colus oder Pfü lose vieh der Weiber

darinnen gleich 100 allerhand gewöhnliche Aberglauben des gemeinen Mannes

lächerig wahr gemachet werden

Johannes Praetorius

Philosophia Colus oder Pfü lose vieh der Weiber
*darinnen gleich 100 allerhand gewöhnliche Aberglauben des gemeinen Mannes lächerig
wahr gemachet werden*

ISBN/EAN: 9783743476288

Hergestellt in Europa, USA, Kanada, Australien, Japan

Cover: Foto ©ninafisch / pixelio.de

Weitere Bücher finden Sie auf **www.hansebooks.com**

PHILOSOPHIA
COLuS

oder

Pfÿ/ lose vieh

der

Weiber

darinnen gleich hundert allerhand gewöhnliche Aberglauben des gemeinen Mannes lächerig wahr gemachet
werden:

die kurtze Zeit zu verlängern / und die lange Zeit
zu vertreiben / auffgesetzet

durch

MIciPSaM:
Regem Numidiæ.

Leipzig
In Verlegung Johann Barthol Oehlers.
Arnstadt
Gedruck bey Caspar Freyschmieden
M. DC. LXII.

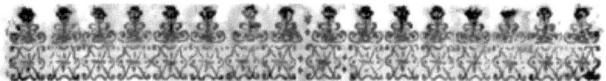

Strabo lib. 7. ex Menandrô.

Cuncti Fœminas superstitionis duces & au-
ctores esse existimant. Eæ enim sunt, quæ
viros ad Deorum cultus, ad dies festos, ad
venerationes, ad preces invitent amplius:
rarumque est, ut vir quispiam sine uxoribus
solus degens, talis reperiatur.

Stob. serm. 22.

Socrates dicebat superstitionem superbiæ,
tanquam parenti esse morigeram, & sanè o-
mnis superstitiosus est superbus: nec sine
superbia prodierunt tot superstitiones, falsæ
sententiæ circa religionem, & detestandi cultus à superstitione invecti.

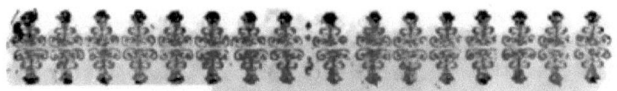

Der Vortrab.

Je Spinne feind ich mein lebetage den
Teufflischen Aberglauben der Weiber
gewesen; werden sich zum theil guter
massen zu entsinnen wissen / die jenigen
Leute / bey welche ich mein Hospitium vor
Jahren gehabt / und mich in meinen stu-
diren auff gehalten. Nemlich manchen Campel und Streit
habe ich zum öfftern mit ihnen gewaget / ungeachtet / daß ich
ihnen (wie sie sich ein bildeten) habe sollen nachgeben / conni-
viren / und zum Maule reden oder ein Jaherr oder Narr
seyn; so ferne ich ihre völlige Gunst wollen und sollen erhalten. Aber ich bin allemahl von Verona und niemahl vom
Placentio bürtig und fertig gewesen / habe den närrischen
Tand / so viel mir müglich und menschlich gewesen / tapfer
ein getrieben / und bin nicht auff em Haar / oder auff eine Vier-
telstunde / (wie Paulus seinen wiedersachern /) von der
Wahrheit gewichen: Denn Amicus hospes, amica ho-
spita; magis tamen amica veritas. Bey solchen Begeb-
nissen aber und Anfechtungen bin ich nicht hinter wenige
Alberätäten / wie der Bauer hinter die Ochsen / gekommen;
und habe solche allgemehlich in meinem Kropffe eingesam-
let / zu Ohren genommen: an itzund aber jedermänniglichen
zu Erbauung den Schandlosen und Wahnwitzigen Aber-
gläubern aber zur Beschämung / auffo Papier gebracht / und
zum öffentlichen Drucke befodert. Hier hastu also / lieber
gewogener Leser / mein Vorhaben und Zweck dieses

A ij   Wer,

Merckes: daraus du denn leichte verstehest / daß ich keinen
rechtschaffenen Bidermanne habe beschimpffen oder zur
Banck hauen wollen; (ich will auch nicht hoffen daß es mir
ein redlicher / unpassionirlicher und auffrichtiger Man
das Wiederspiel beweisen soll.) sondern alleine die ungereim-
ten Thalpossen des weisen Regiments hobeln / deponiren
und auffs hönischte verlachen. Auffs hönischte sage ich /
weil hie gar kein mitler Weg gilt: in medio enim consistit
virtus, & prudens vir, inde denominatus: nunquam autem mulier superstitiosa. Der Teuffel soll vielmehr einmahl
zwischen zweene alte abergläubische Vetteln gesessen seyn /
und gesaget haben: in medio consistit hircus, virtus wolte er
sagen. Woraus denn erscheinet / daß man mit solchem
Packe auffs euserste verfahren müssen / weil sie ad extre-
ma, oder an die Kante / und zum euserste Rande gehören:
occupat autem extremum scabies, & hic rabies. Kützlich /
das Weiber-Volck / in gemein glaubet entweder zu wenig
mit dem Thoma oder zu viel mit den Jüden: welche denn
auch / (nach diesem / credat Judæus apella ,) mehr auff
Glauben nehmen / (und dannenhero schlechte creditores
seyn:) als ein ander weiser thun soll und kan: mehr sage ich
glauben sie / als sie sollen / (wie aus Mülleri Judaismô, Bux-
torffii Synagogâ Judaicâ zu schliessen:) und dannenhero
nenne ich billich sampt den meisten Weibern / überglau-
bisch / oder afftergläubisch: (denn so wolte ich fast besser reden / als abergläubisch: warumb? weil im lateinischen es heisset superstitiosus &c. welches die Niedersach-
sen / als die richtigste Erben der alten teutschen Sprache / gebe
áverglovisk: nun wird aber in der hochdeutschen und

Wei-

fische Mund-Art: sonſt die Particula aver/ allezeit vertau-
ſchet mit dē gleichgültigē über/ ob ober: als averſichtich/
überſichtig : averhembde / oberhembde : avergahn :
übergehen : averbeehn: überbein/ꝛc. da niemaln was gehöret wird von aber/ꝛc.) ich habe aber (welches ferner zu
mercken iſt:) das Gottloſe Weſen nicht alle in unſere Mut-
terſprache wiederleget und verhönet; ſondern auch offte la-
teiniſche argutias und ſales, dem Gelahrten zu gute / unter-
gemiſchet : welche dennoch keinen teutſchen Michel hindern
werde; daß er nicht völligen Verſtand aus der teutſchen
Sprache allhier ſolle finden können : Er laſſe nur das latei-
niſche Getäſche im leſen aus : ſo wird er doch gnugſamen
Bericht und Verſtand aller Schnadriaken erhalten; und
ſich alleine wohl ergetzen; ſondern auch zimlich nutzen vieler Lehre drauß ſchöpffen.   Miſcui enim utile dulci; licèt
forſitan à cunctis non feram omne punctum (Politicum
puta, non verò Phyſicum, ſeu morale vel potiùs orale;
da mich unterſchiedliche Neidhämmel und Hündiſch-geſon-
nene Zweiffels ohne werden mit ihrer gifftigen Natter-Zunge
auff mich ſticheln / und heimliche Stiche wiewohl ohne
Blutserfolgung geben:) Doch will ich auch gleichwohl
nicht ſonderlich hoffen; daß mich ein unparteyſcher groß
drinne verdencken ſoll; dieweil ich mich hin und wieder luſtig drinnen erzeiget habe : Denn/ vita verecunda eſt, Mu-
ſa jocoſa mihi : ja was mehr iſt; ſo hat faſt nothwendig ein
lepidum caput, oder freudiger Grillenfänger/ ſich zu gegen-
wärtiger Materie finden ſollen und müſſen : bey kurtzweiligen Sachen muß man nicht weinen oder grei-
nen (auff Meiſniſche Deutung verſtehe ich dieſes letztere

A 3   Wort:

Wort: weil es in der Niedersächsischen Sprache das contrarium heisset; wie bekant ist aus dem alten Liede:

Ehim begunn tho grynen / da he syn Gret ansach / rc.
Davon denn vielleichte ein Goropius den Zunahmen Gry-
næus Apollo her deriviren mögte; weil denn Apollini solches Grynen oder lachen nicht seltzam ist: licet tamen
non semper rideat Apollo:) noch grinsen.

Will mich jemand drinne verdencken / daß ich bißweilen (wie wunderliche Leute urtheilen) grob / wie mirs fürs
Maul gekommen ist / geredet habe: und also kein Blat
fürs Maul genommen / oder mich in die Zunge gebissen habe. Denen gebe ich zur Antwort / daß ich alhier ein Phy-
losophus sey / und aus einer Disciplinâ Philosophicâ in die
andere vagire / auch bißweilen Physica immisciere / bißweilen auch wohl gar zur Megdaphysica greiffe / und mit Fleiß
proprietatem verborum sectire. Und warumb solches
nicht? wessentwegen hette anders der primævus Nomen-
clator auch obscœna verba, nebenst den prætextatis oder
nuptis, gestifftet; wenn sie kein Phy lose vieh gebrauchen solte? was hinderts also wenn ich bißweilen vom hindern was schwatzen werde: hält doch wohl gar ein Præceptor
inspectionem hinein: ist es doch menschlich / saget man. Begehret sie nun so eben ein Rhetor nicht; so mager es lassen:
Doch contradiciret er gleichwohl die Natur / und accusiret
sie superflui: cum tamen Deus & natura nihil faciant
frustrâ. Doch wie nun diesem allen; habe ich nun etwan
bißweilen herein gerollet; so wird doch gleichwohl niemand
schandbahre Wort / oder Abentheurische Narrentheidun-
gen antreffen / oder grobe Zoten finden: es sey denn / daß er
sie bey meinem Satyro Grammatico ihme nur einbilde.

Kürtz

Kürtzlich / wie der gemeine Man / und Weiber-Zimmer
schwatzet (mit welchen ich itzund zuthun habe) so habe ich
auch offters geschwatzet / und συγκτῴησμὸν oder condecen-
tiam gemachet; damit wir uns unter einander verstän-
den.

Noch weiter mustu auch wissen; daß ich in dieser
Kurtzweil bonorum virorum exempla habe: was also dem
Finckio gelüstet hat / die papistische Lugenda in centuriâ suß
aus zu mustern / und durch zu hebeln; daß hat mir ebenfals
beliebet: und ich vermeine noch grössern Fug zu haben; so
ferne ich meine Landesleute hoffe zu verbessern / und daß
Teuflische / und tägliche böse Wesen abzugewehnen. Wie
wohl es mir wenige werden Danck wissen: doch muß ich
den Danck bey mir selber nehmen: denn ich thue recht /
und scheue den Teuffel nicht. Noch ferner können
nicht alleine die Weiber / sondern auch wohl die Jesuiter
ein wenig nutzen aus meiner Arbeit nehmen / in deme ihr
proprium ist / æquivoce zu reden und handeln: Alhier a-
ber werden sie in grosser Mänge verkehrete Reden und re-
servationes mentales finden: doch gedencke ich sie vielmehr hierinne zu beschimpfen / als was böses an
die Hand zugeben. Vale.

CA-

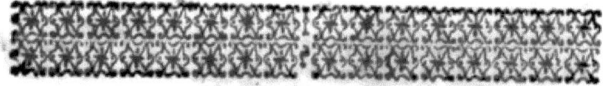

CANON I.

Es ist nicht gut/wenn ihrer zwey ein Kind wiegen.

Resp.

Naun/ ich halte es selber darfür/ das nicht viel dran mag erlogen seyn; denn es muß entweder erstlich das Kind so groß und schwer seyn; das es ein Mensche nicht vollbringen kan/ wen er alleine wieget: oder es muß zum andern der eine Mensch/ welcher anfänglich wieget/ zu schwach seyn/ ein kleines Kind hin und her zu regen; daß nothwendig ein anders zu Hülffe kommen muß: Beyderseits schläget es zum bösen hinaus/ und ist also freylich nicht gut/ wenn ihrer zwey ein Kind wiegen. Sintemal/ wie erwehnet/ das Kind entweder ein Kielkropff/ oder unersättiges Mon-Kind seyn muß: oder der wiegendor/ ein Krancker und Krafftloser Joseph seyn muß. Doch magstu sagen: Es kan ja dieser Spruch seyn Absehen/ auff kein gedachtes grosses Kind haben: alldieweil ich mein leb:lang von solchen grossen unerhöreten Kinde niemals was gesehen/ noch gelesen. Resp. unus oculus non videt omnia: Hastu schon nichtes davon vernommen/ so habe ich ohngefehr dieses/ bey Hr. Richtern/ in seinem Calender/ auff das Jahr 1661 gelesen:

Wunder-Kind an der Grösse.

In dem Dorffe S. Simon über Cluses in Foueigny, einem Ländlein/ so dem Hertzog von Nemours und Genff zu gehörig/ an ietzo unter der Gewalt des Saphoyers/ lebete anno 1606/ im Mayen ein junges Kind/ mit Nahmen Frantzs/ ein Sohn Jacob

cob Manigvets / der mittelmässiger Statur war / wie auch sein
Weib dieses Kind / welches damals nicht älter / als 4. Jahr / war
fünfftehalb Königliche Werckschuch (quatre pieus & demn de
Roy) lang; hatte Haar am Leibe wie ein vollkommener Mann:
der Bart fing ihm an vorzusprossen: seine Rede war grob / sein
Leib wohl proportioniret / das Haar dichte und krauß / der Kopff
dicke / als eines Kerlen von 25. Jahren. Jacob Varian ein Mah-
ler / so drey oder 4. Meylen davon wohnete / stellete sich / als hette
er anderswo zu verrichten / und kehrete zur Herberge ein / bey
diesem Manigvet, der ein feiner geschickter man war: er betrach-
tete lang und genau dieses Kind / und nahm einen Abriß davon:
welchen er darnach in Kupffer stach und drucken ließ / mit dem /
was oben stehet / und unten vier Verß mit diesen Worten:

Enfant, qui dans quatre ans es desia pervenu
Aussi grand, qu'un garxon enl, auril de son aage:
Si tu poursuis ainsi, tu seras tout chenü
A douze ans, comme un homme au bout de son voyage.

Auff deutsch / ist's so viel gesagt: O Kind / weil du in die vier Jahren bist so groß gewachsen / als ein Jüngling in dem Frieling seines Alters: wo du so wirst fort fahren / wirstu in zwölff Jahren
gantz grau / wie ein man / der auff der Gruben gehet.

Varian erzehlete mir / das Manigvet / ihm bekennet / er habe
einen andern Sohn gehabt vor wenig Jahren / so groß als Frantz
tzo in gleichem Alter / welcher gestorben were / als er das siebende
Jahr erreichet / und were nicht länger gewachsen nach seinem vierden Jahr. Item Frantz were eben so lang gewesen / da er zwey
Jahr alt / als da er vier Jahr alt. Ich habe diesen Abriß ge-
druckt gesehen / und etliche mahl von diesem Kinde Gespräche gehalten / nicht allein mit dem Varian / sondern auch mit andern
Personen / die es gesehen. Damals lernete es das A / B / C /
redete und geberdete sich wie ein Kind: aber wer es nicht sahe:
und hörete seine Stimme; der het es vor einem Man von dreyssig
Jahren gehalten. Es war auch wohl bey Leibe / und ehrlich ge-
kleidet /

B.

kleider / und so behende / daß es in vollem Sprunge ohne ausholen über 9. seiner Schuch springen konte. Simon Goulard en le Thresor des Histoires admirabiles.

Hör / lieber / dieß muß ein Frantze gewesen seyn /

Ante annos corpusque gerens, ventremque virilem,

Daran freylich wohl 2. Persohnen gnug werden zu thun gehabt haben / daß sie solchen Gigantem infantem haben wiegen mögen. Man gedencke nur / wie weit die Wiege darzu habe seyn müssen? Ich lasse es mir nicht anders für kommen / als biß es solche Beschaffenheit mit dem wiegen müsse gehabt haben; wie es mit den Rollen hat / dran zwo Persohnen gnug zu ziehen und zu schleppen haben. Solte nun einer nicht wohl bey Gelde seyn / und dennoch zum wiegen allerdinges auff diesen Schlag 2. Menschen halten müssen; deme würde es fürwahr nicht gut seyn / das ihrer zwey wiegeten. Ich geschweige / wenn noch zum Uberflusse darzu solte gerechnet werden / was solch Kind am Muse täglich mit den Mägden verpappen würde: was es für grosse Windeln / etcetera Bundschuch / haben müsse. Summa es bleibet darbey / daß es nicht gut sey; wenn ihrer zwey wiegen: ὅπερ ἔδει δεῖξαι.

Doch könte diese Phylosophische Regul auch wohl so verstanden werden; das / wenn ihrer 2. wiegen solten; etwan mehr Kinder in der Wiegen / als eines / seyn müste: und also wegen so vieler Brodwürmer / die entweder von zwo Persohnen in einer / oder zweyen unterschiedlichen Wiegen / gewieget werden; gleichesfals das wiegen nicht gut seyn könte. Das sich aber auch solches offte begebe / ist ebenmässig nicht unerhöret: Sintemal es sich noch unlängst / im vergangenem 1660. Jahre allhier zu Leipzig begabe / das eines Handwerckers Fraue zwey Kinder kriegte: von welchem der Man oder Vater / nach seiner Gewohnheit / zu einem jedweden / der zu erste zu der Sechswöcherin kam / und sie besuchen wolte / sprach: Hole mich der Teuffel / mein Weib hat zwey Kinder! welche Wörter er theils verwunderungs halben / theils auch aus Verdruß und Wiederwillen / von sich erlauten ließ / in dem er es für sich nicht gut hielte / daß ihrer 2. wiegen solten. Als welcher von Kindern nichts anders

hielte;

hielte; als daß sie ihme / dem Vater / gleichsam zum Verdrieß:
kämen / und hönischer Weise sprechen:

Nos numerus sumus, fruges consumere nati.

Doch solte der übelgeartete man bey sich erwegen / was er eben in
dem Jahre / von der Cantzel / aus eines Hochgelahrten Hr. Pfar-
rers / Munde gehöret / oder hette hören können; so ferne er nur
die Predigt abgewartet hat: nemlich.

Bescheret Gott ein Häsizen /
So bescheret er auch darzu ein Gräsitgen.

Dat Deus omne bonum, cum prole dat usq; salutem.
Ja / es lasse sich noch wohl disputiren: ob die Kinder mit den Eltern: oder ob nicht vielmehr die Eltern mit den Kinder'n speisen.
Certè cum *liberis*, & propter *liberos* dat Deus *liberi*, & *liberat* ab
inopiâ: licèt non semper det *Liberum* osculari; sed nonnunquam relinquat *Iberum* seu aquam potare: Dennoch so giebet er
was liebers dafür / das seyn *Liberi*, osculandi.

Und auff diese Art ist es also gut / wenn ihrer zwey wiegen: ὅταν ἔδεϊ δύξαϊ!

Doch kan es auch nochwohl auff eine andere Mode gut
werden / wenn ihrer zwey ein Kind wiegen wie aus folgender Geschichte ab zunehmen ist:

Es wahren einmahl ein paar Eheleute / die hatten unter anderen
ihren Kindern eine zwar schöne / doch halstarrige Tochter / welche
auff keinen Menschen was gab / in solcher verliebete sich einmahl
ein feiner Kerls / welcher auch sein Wort bey den Eltern dessentwegen anbrachte / und umb sie anhielte. Doch berichteten ihme
die Eltern / sie wolten ihme ihre Tochter zwar nicht versagen;
sondern bedancketen sich vielmehr für die Ehre: Doch könten sie
gleichwohl nicht bergen; wie daß Sie ein ungerathen Kind
wehre / damit er nicht würde können zu rechte kommen; sondern
vielmehr alles Unheil / Wiederwillen und Aergernisse davon haben: Hierauff gehet der Bräutigam abgeschrocken vom Hofe
weg; da bekommet er noch neue Lust zur Tochter unterweges /
und gehet zu einem andern mit hin / und befraget sich / was in
der Sache vor zunehmen / drauff bekommet er zwar zur Antwort

B ij

er sol-

es solle er in Gottes Nahmen unterlassen; weil er sonderlich von
den Eltern auch ab gereitzet: Allen der veramorirete Gesell hat
keine Ohren darzu / welchem ἐκ τᾶ ὀφᾶι, ὀφᾶι, angekommen
wahr; und gehet drauff zum andern mahl zu den Eltern hin/ und
bewirber sich umb die gedachte Tochter: da sagen die gutten Eltern eben was sie vorher gesaget hatten: und zeigen ihme noch zum
Uberflusse allerhand Fustappen/ wie sie sich kurtz vorher mit ihrem
andern Geschwister gerauffet und herdurch gebissen hette. Doch
kehret sich dennoch der Freywerber nicht dran; sondern wol sie
schlechter dinges haben; sagende sie werde sich wohl bessern: dum
dies nuptialis aliam vitam alios mores postularet. Was geschicht / sie nehmen sich einander/ und halten Hochzeit nach welcher sich die Jungfrau / eine weile lang / gebürend erzeiget:
biß sie endlich ihren Dollrian hervor suchet / und antiqvum obti-
niret: dabey dem manne anfänglich gar bange wird: Doch be-
sonne er sich darbey auff allerhand Mittel / damit er seiner närrischen Frauen den Schwein-Igel aus dem Pantzsche möxte brin-
gen/ daß er sie mit der Mistgabel etwan kutzelte; vermeinete er
zwar etwas zuträglich zu sein: doch fiel ihme der Horatius ein:

Naturam expellas furcâ, tamen uῤqne recurret.
Nach allem Bedencken aber kam ihme die Wiege am dienligsten
für; weil neimlich die Kinder damit mögen gestillet und geschwei-
get werden / wenn sie muthwillig werden: derenthalben würde sie
villeicht auch daß ihrige thun bey seiner Frauen: argumentaba-
tur â minori ad majas: was geschiehet ferner? Er lesset eine
grosse Wiege heimlich zimmern/ und entdecket bald daß Werck den
Schwieger-Eltern ladet sie auch zu einer Gasterey ein; nach welcher er sein vorhabendes practiciren wolte. Wie sie nun also mie
einander ziemlich lustig gewesen / getruncken und gegessen hatten /
(dabey sich doch die Belferkatze/ ihrer Art nach/ gar petzig auffs
neue gemachet / und ihren wiederwillen in einem und dem andern
Dinge zuverstehen gegeben hatte. Da lesset er unverhoffend / zum
Schanessen / der Scheusal / die grosse Wiege herein bringen/
und mitten in die Stuben setzen: wirfft drauff nebenst andern in
die blose rumpel Wiege seine muthwillige Fraue über Halß und

Kopff

Kopff hinein / und gesellet ihr ein paar starcke Bauren zu / welche
das ungehorsame Kind ohne unterlaß hin und wieder schütteln
und rütteln müssen : dabey die Gäste ein groß Gelächter treiben ;
das gewiegete Weib aber anfänglich greulich keiffet / fluchet und
schilt ; Ja endlich ihre anwesende Eltern an redet / sie sollen sie
doch erretten : welche aber immer fort heissen wiegen / biß der
Muthwillen vergangen sey : die Bauren rumpeln und pumpeln continuè drauff ; biß noch weiter das unbändige Weib mit
bitten sich vernehmen lässet : drauff ihr Mann antwortet. Du
must noch besser kommen ; dieses ist mir nichts : rumpel die
pumpel / rumpel die pumpel / gehet die Wiege noch immer
fort / und zu schüttelt den Teuffels-Sack ; biß daß sie endlich erbärmlich heulet / auff die Knie fallen will / (so viel ihr in dem E,-
gastulô oder Nothstalle und Zuchthause müglich gewesen :) und
beweglich umb Verzeihung bittet / nebenst verschwerung ; sie wolle
ihr lebelang nicht mehr haddern / oder einen Stößebecher agiren,
sondern from seyn / und ihren Willen in allen dem Manne unter-
werffen / wie sie denn auch vorm Altare in der Trauung zu gesaget /
doch / leider ! bißhero nicht gehalten hette ! drauff lässet der Mann
das rumpeln und pumpeln angeben / und sein gehorsames
Kind heraus gehen ; und mit Hand und Mund weitere Huldi-
gung leisten oder Unterthänigkeit vorgewissern. Die Wiege aber
bey Seite tragen : darüber ich denn alleine flugs eyfere und un-
willig werde ; in deme ich vielmehr wünschen mögte / daß er sie (die
Wiege) noch ein wenig hette stehen gelassen : Sintemal ich gleich
auff dem Wege wahr / und ein par andere Haderkatzen angepa-
cket hatte / solche hinein zuschmeissen / und den wiegen Schrötern
ein paar dreyer zu geben ; daß sie mit gleichem rumpel und pumpel die Bestie bendig machten. Doch / was versehen und geschehen ist / das ist geschehen : die Wiege ist einmahl fort : will ich daß
die ausgesackte leichtfertige (denn darumb kan ich sie alle beyde
fort bringen oder mich mit ihnen wacker vertragen / und einig seyn.
Bälge anders werden / und den bösen und unsinnigen Sinn fahren lassen ; so muß ich ich hacke backe mulle nach Poictiers o-
der Pictaviam in Franckreich mit sie wandern / und sie in S. Hi-

larii

larii Wiege einsperren lassen: davon Sincerus in itinerar: Gallia also d. l. Est conclave in templo S. Hilarii, ubi adservatur truncus arboris excavatus, *Cubile D. Hilarii,* le beseeau de S. Hilaire. Hac mente captos deducunt, & statis concionibus sacrisque aliquoties peractis, in illum lintrem dormitum ponunt, creduntque sanam illos mentem recipere. Hinc qui dementiæ alter alterum arguere volunt, ablegant se mutuo ad cunas D. Hilarii. Similia joculariter in Narbonensi Galliâ dicunt de S. Tubery.

Loci communes.

Lerne aus voriger warhafftiger Historie: wie leider! mancher Mann seines Schwieger-Vaters Hofemeister seyn muß/ und bey seiner Frauen/ dasselbe vollbringen/ und verbessern/ was der Vater bey seiner Tochter nicht vermögt hat. 2. wie man (solchen Mengers Säcken zu Schimpff und Schande/) sein Weib gar kurzweilig zähmen kan 3. Wie es auch auff diese Weise gut sey; wenn ihrer zwey wiegen: welches hier zu erweisen war.

CANON II.

Das Stroh/ darauff man geschlaffen hat/ soll man nicht verbrennen: sonsten kan man nicht ruhen.

Mein Schelm/ ich halte daß dieser Satz so wahr sey/ als ein Ding seyn könne: Denn freylich ruhet es sich übel/ wenn man das Stroh verbrand hat/ und hernach auff der Diele/ Boden/ Erde oder hölzern liegen soll: und wohl gar mit dem *Frischlins* scamnum decliniren muß/ oder mit dem Eulenspiegel auff einer Feder zu liegen vorlieb und Willen nehmen soll. Traun/ gedachter *Frischlinus* hette gerne ein Strôpodium oder Bund-Stroh gewünschet/ wie er zu seiner Zeit/ als er noch ein fahrender Schüler gewe-

gewesen / und ich weiß nicht in was für einem Dorffe bey **Helmstät** / von den Bauern sehr schlecht accommodiret ward; in deme er seinen Kopff / Rücken und gantzen Poetischen Leib / auff die Bäncke decliniren muste: doch hies es bey ihme gleichwohl frisch wieder frisch; mein Degen ist kein Flederwisch.

Non priùs in dulcem declinent lumina somnum,
Quàm declinatum sit scamnum versificando.

Und declinirete also Morphei œstrô percitus, *scamnum* auff folgende Art:

Singulariter.

Quàm durum *Scamnum*! quanta inclementia *Scamni*!
Insideo *scamno*, toto premo corpore *scamnum*:
ô *scamnum*, *scamnum*. Rigidô non gaudeo *scamnô*.

Pluraliter.

Scamna juvent alios, *scamnorum* nulla voluptas;
Dico vale *scamnis*, aliis ego *scamna* relinquo:
Scamna valete? volo duris absistere *scamnis*.

Siehe! das heist / wie jener parodirete:

Omnia si perdas, *stramen* servare memento:
Quòd semel exustô, posteà durus eris.

Doch mögestu sagen: Ist denn so viel umb das **Stroh** / oder umb die Schweines Federn / so man mit 5. Buchstaben schreibet / zu thun / oder dran gelegen / wenn man wohl ruhen will? was machet man denn mit des Hn. Schuppens Beklagung / so er von sich in seinem *Volumin. Orat. p. m. 36.* ergehen lässet / also: ich weiß zwar keine grosse Klage / wieder die guten Westerauer zu führen: ohne das sie mich einmahl / wie ich von frembden Universitäten dahin reisend gelangete / als einen matten Menschen zwar auffgenommen und beherberget haben; aber darneben wacker liessen hunger leiden. Ich lag alda auffm **Stroh** / und ward erbärmlicher Weise von den grausamen Flöhen getribuliret; Derentwegen ich denn auch nicht schlaffen noch ruhen konte / re.

Hier

Hier siehestu / mögstu fort fahren / das gedachter Pilgram
zwar Stroh unter sich gehabt hat ; aber dennoch eben so viel habe ruhen können/ als Eulenspiegel auff der einzigen Feder / so er
unter seinen Puckel gehabt hat : was hat ihm nun das Stroh geholffen? Resp. nicht ein Teuffels-Dreck : warumb hat er aber
nicht ruhen können? propter pulicum (publicum wolte ich
schreiben) negotium. Traun / wehren die Flöhe verbrand gewesen / und hette das Stroh unter Hn. Schuppens Gerippe allein gelegen : Er würde keine Beschwernüsse groß gehabt haben ;
sonderlich wenn auch der Magen darmit solte zu frieden gewest
sein ; daran ich den zweiffele / weil solcher Stomachus Jejunus
ziemlich latrans. fast als ein cerberus, mag gewesen sein / und
dannenhero ehe auribus quam oribus car ret hat. Es bleibet
also noch ein mahl darbey / daß das Stroh die Unruhe nicht gemacht habe ; sondern vielmehr die Flöhe und der Hunger / welche Thiere ärger sein / als ein halb alte Schock Tribulir-Musque-
tier. Und wie wolte das Stroh Schuld daran gewesen sein?
ist es doch nicht verbrand geworden : hat doch Tityrus beym Virgilio auff die kurtzen Baum-Blätter (ich geschweige wenn er das
lange wetterauische Stroh gehabt herte) geruhlich faulentzen
können : denn solches will ihne jo :

Tityre, Tu patulæ recubans sub tegmine fagi.

Es bleibet also noch einmahl darbey : wenn man das Bett-
Stroh verbrennet ; so kan man nicht wohl ruhen : wenn
man es aber nicht verbrennet / und es sonderlich unter sich behält ;
so kan man wohl ruhen : cæteris paribus. Doch damit wir aus
der Margretische / in die magnetische Philosophie schleichen ;
so sagen etliche Nasenweise / das ein nachdencklichers darhinder stecke / wenn man in gemeine vorgibt ; das man das Stroh aus dem
Betten nicht verbrennen solle / so ferne man sein ruhen wolle :
nemlich die Sympathia oder verwandnüsse der Effluviorum mit
den Leibern / daraus sie ins Stroh gegangen sein / und im Feuer
mit solchen ihren Leibern gleiche noht leiden ; sed quô mediante ?

es ist

es ist ja da kein contactus untergedachte minima mixta und
corpora: & virtus non agit in distantia &c. Respondet,
Talis contactus est, qualis semper inter corpora Magnetica da-
datur. Nemlich es hat / sagen sie / solche Beschaffenheit mit
dem einverleibeten Schweisse und den Cörpern / als es mit der
Waffensalbe und den Wunden hat. Item / als es mit dem
frisch verbranten Menschen Kohte und hindern oder postprædi-
camenten hat: davon man saget; das wenn einer eines Arsch
ängsten oder blatterich machen wolle; ein solcher stercus huma-
num recens excretum nehmen müsse und im Feuer verbrennen:
oder so er wolle zu wege bringen / das einer sein Bette / mit dem
König David / die gantze Nacht schwemme / oder bepinckele / so
müsse er ebenmässig den frisch- gestulgangeten Mist nehmen / ihn
in ein tüchlein thun / und ins frische vorbey fliessende Wasser hen-
gen: nach dem Verzeignisse eines *Anonymi in Magnetica Medicina.*
Ja es wollen etliche stercutii oder Misthaminel wohl gar sagen /
das hierauff ein Absehen der liebe Gott gehabt habe; wenn er
beym Mose den Israeliten gebeut / das sie allemahl ihren Koht
mit einer Schaufel verscharren oder in die Erde vergraben sollen /
und zwar ausserhalb ihrem Lager. Aber (damit ich dieses beant-
worte /) solches hat ja vielmehr sein Absehen auff ein Politisches
und höffliches Werck / wie der Text bezeuget / als auff eine hinter-
stellige Physische Träumung: damit es nemlich nicht garstig röche / oder stüncke umb die Israeliten; welches Volck Gott / so viel
müglich / rein und heilig wolte haben. Ferner / das man etwan
sonsten siehet / wie die Katzen ihren Unflath im Sande verscharren; so wollen sie (nach des *Plinii* Meinung *lib. 12. cap. 73.* beym
Pontano in Abicis Bellarm. p. m. 456.) hiemit nicht so wohl zu verstehen geben / das sie ungebraten / als von mäusen unverrah-
ren zu bleiben sich von natur bemühen: wie die Hunde auch vielleichte solches unwissend intendiren: Aber gnug von diesem Drecke:

Nam
Hoc scio pro *certò*: quòd, si cum stercore *certo*;
Aut vincam, aut vincar; aut maculem, aut maculer.

C

CA-

CANON III.

Wenn man zum ersten mahl ein Schwein/ Kuh/ Knecht/ Magd/ oder sonsten ein lebendiges Thier ins Hauß bekommet: soll man es flugs umb den Herd führen: so laufft es als den nicht weg.

Sieh/ mein Philosophe/ so muß man constantiam und Stätigkeit in ein Ding generiren So muß man mobilia zu immobilia machen: Sieh nun allererst/ woher die Vesta ihren Nahmen bekommen habe/ traun wenn *Goropius Becanus* lebete/ und hörete mich also Philosophiren; er würde sich bald zu mir schlagen/ und gedächte *Vestam*, von feste machen hernehmen/ und den Herd/ von harren deriviren/ sieh das sind Künste/ davon meine Phy lose viehische Tasche so voll ist/ als die Kuhe voller Mußkaten: Ja besser sein sie/ und sicherer/ als wenn man sonsten sagen höret; das etliche Diebes-Hencker und andere Teuffels-Meister die Geister und Ubelthäter bannen können/ daß sie nicht von der Stelle/ oder aus dem Lande zu lauffen vermögen: so ferne sie nemlich des Malefici Schuch bekommen können/ und solchen über den Galgen werffen: oder was sie sonsten für Possen mit Agrippische Fünde mehr vornehmen. Du aber occultæ seu potius apertæ hujus Philosophiæ sequax, führe nur dein Schwein ꝛc. umb den Herd; so lauffe es dir nicht weg; verstehe in dem du es herum führest: ob es aber hernach werde Stich halten/ oder das Hasenpanier auffwerffen/ da sieh du zu. Ey was ist diß für ein über alle massen schönes Stückgen aus der Gauckeltasche; das flüchtige Dinge binden kan und fugitivos kan mansionarios machen! daß wehre allen Krieges Officirern Werbern und Obersten zu wündschen/ daß sie auff diesen Schlag ihre Musquetirer behielten/oder zu behalten erlerneten! damit sie hernach die ausgerissene Schelme und Uberläuffer nicht umb den Galgen und das Rad dürfften fahren lassen. Man lieset im Alten

sten Testamente / Exod. XXI. v. 6. & alibi, daß die Jüden ihre
Mancipia oder Slaven an die Thür oder Pfosten gehalten und ihnen mit einer Pfriemen durch Ohr ein Loch gebohret haben: Zum
Zeichen / daß sie ewig bleiben / und dienstbar verbleiben solten.
Aber hier lernestu; wie solche Verwahrung ohne Schmertzen/mit
wenigere Mühe und vielleicht mit Lust (denn was kan es schaden/
wenn man die Magd umb den Herd herumb führet; daß man
nicht auch zu gleich mit ihr solte ein wenig herumb hüpffen/sprin-
gen / oder/wie vor Zeiten die Salii umb der Vestæ Opffer/ein Hop-
heichen machen? solte darneben der Führer ein gruntzend Schwein
unter die Arme nehmen / und drauff drücken; so hette man zu
gleich eine stattliche Musike darbey / die sich wohl anhören liesse.
Doch mögte ich mir vor allen Dingen die einer-contra Seiten davon wischen) noch darzu könne ausgerichtet und ins Werck gesetzet werden. Ey/ey/ treffliche Kurtzweil / und herrliche Lehre!
Aber/ ohne Schertz/ so mercke/ daß dieser Aberglauben Zweiffels
ohne noch von den Heyden her rühre: welche auff diese Art ihre
Häußlinge/ und eigene Knechte / der Vestæ oder den Laribus mögen consecriret und dargestellet haben: da denn vorweßen der
böse Feind / als Stiffter dieser ceremonien, vielleicht nach geaf-
fet hat / was im V. T. stehet: wenn die Leute verpflichtet gewesen/
alle Erstlingen/ &c. GOTTE darzustellen und zu heiligen.

CANON IV.

Wenn man an seinem eigenem Leibe
etwas nehet oder flicket; so muß man allezeit was
ins Maul nehmen/ und wenn man auch sonsten nichts mehr
hette/ als eine Lorbeer vom Schaaffe/ oder Bocksmußkate; so
soll man solchen in den Mund stecken und so lange behalten/
biß man ausgelappet habe/ sonsten werde man
vergeßlich.

Siehe! Das heist conservare memoriam, und das Ge-
dächtnisse stärcken: und ist weit kräfftiger/ als das wohl richende
C ij   Pfaf-

Pfaffen Fütter. Und zwar glaube du es nur beständig/ daß es
gewiß sey: wenn man an sich was nehme/ und hat nichts
ins Maule/ das man als denn vergeßlich werde: nemlich
es entfället einem ein Ding leichter / wenn mans ohne testibus
memoralibus vor nimmet; als wenn man neue conceptus drüber formiret/ oder Denckzettel darzu gebrauchet. Viel ehr kan
es einer aus schwitzen/ das er sein Kleid am Leibe gelaplaudert habe; so er nichts zu Merckemahl darneben gebrauchen oder zum
Zeugen auruffen wird; als wenn er/ zum weitern Angedencke/ei-
ne Schaffs-Bohne/ oder runden Hammels-Dreck zwischen die
Zähne fassen solte. Doch muß er sich wohl vor sehen/ das er solche Pille/ welchen Vir gregis ipse Caper, geb essel hat/ nicht
(wie jener Preußischer Knecht das Messer Anno 1635. die 29.
Maij, vide D. Rotgerum Hemsing. & D. Georg. Lothum: O-
der jener Bassiste den Hering/ damit er einen weiten Halß und
große Kehle im hin und her-ziehen machen wolte: oder seine Jungfer die Nadeln re.) verschlucke/ und unversehens durch den
Schlund im Magen fahren lasse; denn da solte er erstlich wohl
reche vergoßlich und verfreßlich werden; wenn er aus Vergeß-
senheite den heßlichen Dreck/ wie Adam den Kröbs vom Apffel
aaff essen würde: wie wohl er gleichwohl ihm niche zum Halse
könte heraus wachsen/ wie etwan gedachter Kröbs den Adamiten
sondern vielmehr zum Magen fahren/ und bis coctum werden
würde.

Bistu aber mit diesem Opffer der Memoriæ niche vergnü-
get: so laß dir folgendes ἀξιομνημόνευτον angelesen seyn.

Pro memoria.

Wiltu meisterliche sind gute Sinne gewinnen/ so nimb zu
ersten 1 Löffel voll Wein/ 3. Löffel voll Baum-Oel/ 4. Löffel voll
Rauten-Wasser/ 4. Löffel voll Winter-Blumen-Wasser/ und
nim gute Laugen/ und mische dieses alles durch einander; Bade
dich damit alle Monat eins/ und thue das ein gantz Jahr; so behel-
testu alles was du hörest/ und liesest.

Item.

Nim zum ersten Laugen / mit Rauten gemacht / und wasche dein Haupt damit / darnach nim 4. Löffel voll Rosen-Wasser / 2. Löffel voll Baum-Del / eine Hand voll Salbey / drey Löffel voll Poleyen Wasser / und mische es unter einander / und wasche dein Haupt damit; so kanstu dein Thun aus richten / und wenn du hörest ein gantzes Buch aus lesen / so kanstu alles behalten.

Item:

Recipe Wein / Baum-Del / ana 3. Löffel voll / 4. Löffel voll Poley- oder Rauten Wasser / und das thue durch einander; wasche dein Haupt damit alle Morgen / so behältestu alles was du liesest und hörest.

Ein anders zum Studiren.

Recipe gute Laugen / und wasche dein Haupt damit; wenn du das gethan hast / so nimb 4. Löffel voll Rosenwasser / 2. Löffel voll Salbeyen Wasser / 4. Löffel voll Poleysaffte; und menge das zusammen / und bestreiche dein Haupt damit / das stärcket dein Haupt / und machet ein gut Gedächtnuß zum studiren; daß du behältest / was du hörest.

CANON V.

Wenn ein Messer auffm Rücken lieget; das ist nicht gut: ja man soll eher nach solchem verwandten Messer lauffen / es umb zu legen; als nach einem Kinde / welchs ins Feuer gefallen.

D treffliche heylsame Lehre: Freylich ist es nicht gut / wenn ein Messer, mensor nota, quod etiam *Ennuchu* culter dicatur, vide *Cbokier p. m.* 479. *Thesaur. Poht. lib.* 1, *cap.* 19. Metze / auffat

C iij   Rücken

Rücken lieget; besser ist es / wenn eine Wasserrinne / ut patica
also angetroffen wird. Und will ich auch bald nicht dran zwei-
feln / das wenn manches prostibulum, und lasciva Galatea, einen Messer oder Metzscher indergleichen Verkahrheit finden
solte; Sie ihn nicht ehe würde umkehren; als nach ein brennen-
des Kind sich umbkehren. Hat man doch leider Exempel gar
gnug / daß leichtfertige geile Weiber ihre vorige Kinder weg geworffen oder gar ermordet haben; und andere Huren-Hengste
nach gelauffen sein / doch mögte mir etner diese æquivocation.
mensoris und cultri nicht gestehen; neimlich daß die Rede vom
mensore unrecht ad cultrum gebracht sey; sondern daß die ganze Sache vielmehr das Messer (oder cultrum, Cibiscidam, wie
es Tanbmannus nennet / antreffe oder angehe / wie man saget. Da
gestehe ich ebenmässig gar leichte / daß es nicht gut sey / wenn
ein Messer auffm Rücken lieget; weil man sich offtermaln
auff solche Art dardurch verletzen und setzen kan; theils an den
Fäusten; wenn das Messer auff dem Tische / Simse / oder anderswo in der Höhe lieget; theils an den Fössen; wenn das
Messer unten lieget / und etner ungefehr barfuß drauff trit. Und
auff die Weise haben es auch vielleicht die Urheber dieses Cano-
nis gemeinet / wie sie ihn in den Schwang gebracht; wiewohl die
Juden ein anders richten / als aus folgenden zu sehen: M. Daniel
Wülfferus ad disp. at, Omnia propter hommem condita esse, Gen. 1639.
in Corollar, Deridendi sunt Judæi, qui, cur cultros nunquàm
super dorsô jacere permittant, rationem reddunt; Ne creatu-
ræ vidl. Angelicæ, nec non spirituales, per aciem cultrorum
sic jacentium lædantur, Buxtorf. in Synag. Judaic. c. 7. Nescio,
an ob hanc judaicam persuasionem, idem observent superstiti-
osæ quædam mulierculæ; ni forté civilitate morum excusent,

CANON VI.

Es ist nicht gut / wenn man über einen liegenden etwas langet.

So recht / meine super-kluge Sibylla, das hastu gewiß vom
Apollo

Apollo geferhet / wie er über dich gewesen / und dich / wie Pamphilus die Glyceriam, tractiret hat.   Das so gar gut nicht kan geworden sein : Nam

Blanda venire Venus, tristis abire soles.

Oder es kan auch der Canon also verstanden / und / wie ein paar
Kannen Peter seine Möhme / (Petri Simonis wolte ich trincke /
oder (wie ist mir denn?) wolte ich sagen:) eingenommen werden;
als wenn einer mit ein langes Stück von ungebranter Asche den
andern / puff be puff / misset : und er also / mit seiner Faust / über
den andern nieder gedrückten oder unter sich geworffenen hin lan-
get ; so kan es ja so gar gut nicht bleiben / als es gewesen : Nam
non semper, quæ conveniunt in uno tertio, eadem etiam inter
se conveniunt.   Wie sich Cain wieder / und über Abel erhub /
und etwan mit einen Kinbacken oder einen Stein über ihn hin lan-
gete ; da war es gut gewesen / und ward drauff arg genug.   Vielleicht gehöret hieher die Phrasis, einem über den Keyse kommen :
Item culter capiti alicubi in iconibus impositus.   Wenn Mannes Hand oben ist / und das Weib die Küsse krieget ; da ist es für
der armen Patienten nicht gut : derentwegen den bey den Weibern
villeich das axioma entstanden ist / und im Gynaceo, tanquàm
in Lyceo, in Schwange gekommen mag sein : wiewohl sequior
ætas es unbillig auff die / in der Wiegen liegenden Kinder ap-
pliciret hat : als wenn es nemlich da nicht gut wehre / so man ü-
ber sie was hinlange / und vielmehr Umbschweiffe machen müsse /
oder umb die Wiege hin langen.

CANON VII.

Wenn man auff dem Montage etwas verborgt /
so ist es nicht gut.

Diese Maxima passiret, und ist fast universalis : erstlich /
heisset es nach Hr. D. Lutheri Wahl-Spruche :

Si

Si mund dabis, non habebis:
Si habebis, non tàm citò:
Si tàm citò, non tàm bonum:
Si tàm bonum, amittis amicum.

Zum andern / wenn die continuation durch folgende Tage in der Woche drauff ergehen solte / im leihen und ausborgen / wie zu besorgen / so müͤtte es nicht gut werden: sondern das Gut vielmehr drauff gehen/ und den gewesenen Besitzer in Armuth und dürfftigkeit verlassen.

CANON IIX.

Wenn ein Kind vor dem ersten Jahre seines Alters auff etwas riecht; so lernet es hernach
nicht riechen.

Das were eine Wurst / Matz Pumps / wenn sie nur gebraten were / gefressen solte sie bald werden. Nur hurtig drauff gedischputiret/ es wird gut werden: immer Kater-gorize ins Gelach hinein geredet / das ist weit besser als hibodedize von der Sache was herquackeln. Es ist nichts/ das man es mit den Pyrrhonicis oder Schöppschen Scepticis in etwas halten wolle; mit der Parrhesiâ aber getrost fort schreiten; kompt mir immer rathsamer für: dieses Ortes hastu recht geurtheilet und vernünftelt; in deine du ohne Scheu / und einzige Bedingung schleussest; daß/ wenn ein Kind vom Jahre röche/ es hernach nicht riechen lerne. Cur, quarè, quamobrem? weil es vorher schon hat riechen gelernet. Siehe dieses unumstößliches Argument nur ein wenig in die quer an! Wie genau es zu trifft/ was für eine herrliche Demonstratio τȣ διότι darhinter (als die alten Monden hinter dem Täffelwercke/ welches die Erde vom Himmel scheidet/ als die Böcke von den Schaffen/) stecke. Du darffst dir hie gar keine petitionem principii vorkommen lassen/ oder circulum imaginiren/ oder ignorationem Elenchi fürchten: nein / es ist allhier der effectus de causâ proximissimâ (ja welche dem Effectui
so na-

so nahe ist/ als fein Hendbe am Leibe sein kan?) practiciret; und
ist dannenhero der auditor durch diese Proposition so ἀμετάνο-
λον gemacht/ daß er in Ewigkeit niergends antappen wird/ es
mag so finster sein wie es wolle: wenn er nur eine gute Punicam
lucernam von Plautô wird geborget/ und einen wackern grossen
Vulcanum in cornu cornutus hinein gesetzet haben/ und mit nehmen wird. Und also ist gedachter Satz und Propositio verissi-
ma, & quidem Papisticè, Catholicè wolte ich singen/ oder wolte
ich disputiren: Aber ob eben diese Propositio auch utilissima u-
niversaliter sey/ drumb ist noch ein grosser Zweiffel: ja es schlagen
sich wohl ehe ein paar Bauren drumb; als sie allen nützlich können
zu erkant werden. Guevarra traun in seinem erstem Theile der
güldenen Sendschreiben/ halte nicht ein Haar darvon/ wenn ge-
larthe Leute sich/ der Bisemknöpffe befleissen/ und dran riechen:
quidquidicones multorum virorum Germanicorum contra-
rinm suadeant. Plautus saget auch fast solches von den Weibern:

Qôd pessimè oleant, quando optimè olent.

Noch ferner fraget es sich/ ob diese propositio auch possibilis u-
niversaliter sey? oder allen Menschen könne zu kommen? oder
vielmehr was dar riechen für ein Proprium sey? Resp. Es ist ein
Proprium Quinti modi: Quod non competit alicui speciei,
sed tamen omnibus individuis: nemlich es können wohl alle
Menschen einzeln verstanden/ riechen; Aber die Schwaben/ als
eine gewisse species hominum, die können nicht riechen: Aldie-
weil sie nur 4. Schweine-Sinne wolte ich sagen/ oder vielmehr
sagen/ haben: nemlich das sehen (welches den Westphälern/
sampt den Dachhaasen/ vor den 10. Tag ihres Alters nicht zu
kömpt.) 2. das Greiffen (welches nur den Herren Häschern
competiret; daher sie Grip-homines genant werden; als welche
die eigentlichen Griphes sein:) 3. das Hören/ welches bey den
Richtern heutiges Tages nicht gefunden wird: Sintemal sie
vielmehr grosse Ochsen Augen/ als Esels-Ohren führen wollen:
contra hieroglyphica:) und denn 4. das Schmecken, welches
sie so wohl mit dem Purgamine posteriorum (so nante vorwei-

D   sen

ten Taubmannus die Zunge/ als mit der Feuermeure oder Dampf-
hörne verrichten. Die Schwaben also mögens versuchen wie
sie wollen/ vor-oder nach dem ersten Jahre so werden sie ihr lebe-
lang/nicht riechen/ sondern immer schmecken: vide olim *Mer-
clini Servilia in Ovinum.* Rariores itaque sunt in sensu, quemadmodum etiam in Regione; nam exules seu extorres per o-
mnia mundi climata dispersi offenduntur, & patriam peregri-
no cuivis relinqvunt. Unde Schwaben forcè dicti sunt von
schweben.

CANON IX.

Wenn man sich in die Thüre mit Händen und Füs-
sen ausdehnct/ so krieget man das Hertz-gespan.

Bey meiner Traue/ ich will ein Narre sein/ wo dieses nicht die
lautere Wahrheit ist; ja so lauter/ als wohl nicht einmahl die
Wettinische Pferdeschwemme ist; draus der Reuterling(per
anagr. ein gut Kerl) gebrauet wird: oder noch viel lauterer/
als das Hamburgische Wasser ist (sonderlich wenn *Nos pomanata-
nui* von Viehe und Menschen Hauffen weise mit drunter gemen-
get sein:) daraus ihr Bier gekochet wird. Biß hieher de veri-
tate Majoris: Thue du nun minorem hinzu: und sperre dich/
more seu formâ Andreanæ crucis, aus: was gilt es/ die con-
clusion wird wahr werden/ daß du das Hertz-Gespan davon
kriegest: wie denn? Es wird ja dein Hertz/zwischen zween Pfo-
sten/ auff beyden Seiten: und 2. Schwellen/ oben und unter-
werts/ ein gespannet werden/wie ein Ochse im Joche. Meinestu nun/ daß solches nicht gut sey/ wie die alten Pulverbüchsen
raudeln/so dehne und spanne dich dein lebelang nicht mehr/ in die
Thür aus; sondern falle vielmehr mit sampt der Thür/ zum
Hause hinein/ (nach dem treuen Unterricht des Scharffsinni-
gen *Grobiani, communi Præceptoris totius Mundi:*) daß du entweder alle beyde Beine/ mit den faulen Mägden deren auch mentio geschiehet beym *Petronio, in Carmine Publ. Syrt, de Crotalistria,
Tollepoau &c.*) in die Höh kehrest: oder alle 4. Hände und Füsse/
mit

miteinander in die Höhe gegen den Boden/ hinauff ſtreckeſt: (wie
das ausgeweydete oder extenterirete Pferd/ des Eulenſpiegels:
drinnen er/ als in ſeinen vier Pfälen ſich præſentirete:) oder alle
vier/ wie man ſaget/ in der Stube/auff das Eſtrich/von dich ſtreckeſt; ſo wirſtu kein Hertzgeſpan bekommen: doch ſiehe dich nur
für/ daß du kein Rückengeſpan erlangeſt; das iſt/ mit dem Rücken ſo hart an das Erdreich geſpannet werdeſt; daß du das
Auffſtehen vergeſſen mögeſt.

CANON X.

Wenn die Kinder mit dem Feuer ſpielen; ſo pfle-
gen ſie gemeiniglich ins Bette zu
pinckeln.

Sapienti ſat dictum: Wenn die Kinder; das iſt/ ein paar
Kammerkatzen/ oder ein Hee/ und eine Sie; die ſich gemeiniglich
(nach den alten Venusſtylum , oder Cupidinis Cantzeley und
Mund-Art/) Kinder zu nennen pflegen: mit Feuer ſpielen;
das iſt/ in Brunſt leben/ immer einen Reißbund/ oder Scheid-
holtz/ nach dem andern zum Ofenloche/ darzu die Naſe eine Feuer
Mauer iſt/ hinein ſtören/ das iſt/ ſich ſchnabeln/ da das behaarte
Kinn/ (wiewohl

Charior eſt auro Juvenis, cui levia fulgent
Ora, nec amplexus aspera barba terit.)

Wie ein Reißbund iſt/ und die Zunge als ein Scheidholtz: welches ſie nicht ſo wohl ſcheidet/ als zuſammen beſcheidet. So
pflegen ſie gemeiniglich ins Bette zu pinckeln/ oder Bu-
leen/ das iſt Buhlen: wie denn mejere beym Martiale &c.
dafür gebrauchet wird: Siehe/ mein Ganymedes; daß iſt die
Gloſſa interrextualis ! Hie haſtu die ſtärckeſten Lineen Amoris;
deren mit einander der alte Repſchläger/ oder Seiler/ Donatus
quinque ſtatuiret hat : als 1. videre eam, quam ames. 2. cum
eâ ſermonem conferre. 3. poſſe eam contingere. 4. oſculari. 5.
petiri, oder/ bey die Pfoten kriegen.

D ij

Nach

Nach diesen heimgesetzten Weh / gehöret erwehnter Canon
zur Eromenen oder Amadis, und wird endlich eine Allegoria;
wenn er auff die Knäbbuin oder Kinder gezogen wird / nach der
Art / Claudite jam pueri rivos sat prata biberunt. Doch bistu
vielleicht hiemit nicht zu frieden / und meinest / es stecke ein mysti-
cum Naturale dahinder: da die Phantasia der Kinder / im Schlaffe / auff natürliche Weise / veranlasset werde den Harn zu treiben;
so ferne ihr / post sopitos cæteros sensus, die impressio ignis vor-
komme / oder sie solche eingebildete Feuers-Funcken rege mache.
Abundes pro lubitu tuo sensu, ego meo. Doch sage ich noch
dieses; daß auff solchen Schlag die Regel vielmehr also könte heissen: wenn Kinder mit dem Feuer spielen / so thun sie leichtlich Schaden: wie ich denn solches mit meinem eignen Exempel bekräfftige; Als der ich sampt meiner lieben Schwester in unserer zarten Jugend / zu Zerbling / in der alten Marck / mit dem
Feuer spielen dergleichen Unheil anrichtete: nemlich, unsere
Eltern / hatten nach Gewohnheit im gedachten Dorffe / auff unserm Schencken gute Brod gebacken; und uns Kindern / auch eine jedweden ein kleines Brödlein mit gemachet / und solches zu sau-
ren im besonderen Backhause in den Ofen geschoben / damit es
gar und gebacken würde: was geschicht? der Vater ziehet mit
dem Pfluge zu Felde / und die Mutter wartet unterdessen in den
Ställen beym Viehe das ihrige fleissig ab: mitlerweile geben wir
beyden Geschwister aus Kinder-Vernunfft / und Hoffnungrigkeit
[putà non naturalis ed affectatà] ins Backhauß / machen uns
zum Ofen / und wollen unser kleines gebackenes Brod / oder Aus-
bolin / (wie sie da genennet werden / für uns heraus ziehen: weil
aber viel Feuers-Glut / und glüende Kohlen / vorne im Ofen la-
gen / und wir vor solches obstaculum nicht vermögten darzu
kommen; als räumeten wir die Kohlen mit der Schauffel weg /
und trugen sie hinter uns / vorne an der Thüre / ins Backhauß / da
lauter Flachs über einander lag: in deme wir nun füglicher mit
dem lieben Brodte hanteireten; da fänget der Flachs hinter uns
an / etwan 5. Schrit darvon / helle und mit aller Mache zu bren-
nen / daß wir leider alle Hanteieryng mit dem Brodte vergassen /
und

und unsere Händigen zusammen schlugen / heuleten und schrien /
biß daß das Feuer so weit kam / daß es unsere Kleider euserlich alle ab sengete / und meiner rechten Hand obenwerts die gantze
Haut gantz verschrumpelte oder abzerrte wie noch an ietzo die
Narbe oder / das Mähl unvermeidlich vorhanden ist. Wir stunden aber in der Feuers-Noth / biß es die gantze Dorffschafft erfuhr /
und drüber die Sturm-Klocke geschlagen ward: da als denn erstlich die Bauren häuffig zu lieffen / und einer mit Nahmen Hans
Holevagt / (der noch heutiges Tages lebet / und mein damahli-
ger Lebens erretter war:) seinen Hut in die Augen zog / und uns
beyde enseln aus dem Feuer heraus schleppete : und die andern
Bauren das Häußlein zu leschen anfingen ; welches doch zimlich
aus gebrandt / und in-und auswendig verdorben / ja am Stroher-
nen Dache gantz verhöret war ; wie noch heutiges Tages zu sehen ist : in deme daß meiste / als die dicken Pfosten stehen blieben /
und noch übrig im Gebäude seyn. Biß hieher von meiner Leib-
und Lebens Gesahr / so mir in meiner Kindheit / aus dem Feuers
Spielen / zu stieß ; und mich leichte hingeraffet hätte ; wo mich
nicht Gott / wie die 3. Männer aus den feurigen Ofen / zu Babel /
erretter hätte / und

Ignibus ex mediis me sympatriota vir Holevagt
Eripuisset.

Für die Errettung aber dancke ich billich dem Grundgütigen Gotte / und erinnere mich solcher Schuldigkeit Danck zu sagen / alle
Zeit ; so offte ich das Brandmahl auff meiner rechten Handes
Haut inne werde / oder in selbigen Hand / viam præsentem com-
bustam , oder evidens cingulum combustionis ; ansichtig
werde.

    Schließlich ist hier noch bey zubringen / daß rorigen Cano-
nem die Weiber in Meissen also einrichten : Wenn die Kinder
uns Feuer auffm Herd oder Ofen rücken : so schlaffen sie
fein feste und lange. Nam autem post longum somnum facilè mejunt seu mingunt ; dum diuturnitas vincula rumpit
seu laxat ? ita ut effectus diversi sint res subordinatæ. Sed
manum de Violentiâ Vulcani : dicit enim potiùs Noli me tan-
gere ;

D 3   gere ;

gere; quàm, accede ad ignem hunc propiùs; & incalesces plus satis

CANON XI.

Wenn die Kinder des Abends in Spiegel sehen / das ist nicht gut:

O Klugheit über alle Alberheit / Klugheit wolte ich sprechen! O herrliches und nützliches Apophthegma! Freylich ist es nicht so gar gut / wenn die Kinder / und des Abends noch darzu / sich spiegeln: warumb? *Hurit mature, quæ vult Hurtika manere:* Was eine gute Spiegel-Mutz will werden; die spiegelt sich in der Zeit. Was zum Hoffarth und eusserlichen Schein Beliebung trägt; das giebet solchen Tand allbereit in den jüngsten Jahren zu verstehen:

Item:

Jung gewohnt / alt gethan: *Apage!* ein rechtschaffenes *seculum* duldet kein *speculum:* was Männer betrifft : *tunc Forma viros neglecta (non perspella) decet.* Solche müssen vielmehr mit *speculis Mercurialibus,* als *Venereis* (quidquid sit, quòd ♀ & ☿ *ίσόφρμοι* & *vicini sint:*) zuschaffen haben. *Cessat jam speculatio Socratica.* Was ferner die Weiber anlanget / wenn sie immer fürm Spiegel stehen / und was von ihnen zu halten; das hat Hr: *Mathesius* seel. in seiner *Oeconomiâ* exprimiret. Es bleibet also darbey / daß es nicht gut sey; wenn die Kinder des Abends in Spiegel sehen: anzuzeigen / daß sie auch des Nachtes nicht einmahl müde wollen werden in den Spiegel zu sehen: ja sie promittiren damit vielmehr / daß sie den Spiegel stets an- und bey sich haben wollen /. oder gar im Schiebesacke mit herrym zuführen gesonnen sein.

Doch / damit auch die *polemica* mit genommen werden / und *altera pars audiatur*; so saget *Calybe, Junonis anus,* hierzu / daß die Sache nicht beym rechten Loche gesuchet sey: ich hette den Grund aus der *Politicâ* wollen erforschen / da er vielmehr in der *Physicâ* versteckt liege. Nemlich / es sey das Kinder-spiegeln

des

des Abends nicht gut; weil es trieffende oder böse Augen mache.
Sed unde? parum enim lucis, & multò minus quàm interdiu
speculum ad oculos reflectit: unde sanè acies visûs obtundi
& hebetari nequit &c.

CANON XII.

Es ist nicht gut/wenn einem ein Haaß übern Weg läufft:

Subsume (aber kein Stück vom Haasen; denn er ist schon
vorbey gerennet:) Mir ist ein Haase vorbey / über den Weg gelauffen; Ergo ist er (Hundes-Nase; es/ muß es heissen er: der
Haase ist gut genug; wenn du ihn nur hettest:) nicht gut. Proba
conclusionem: Ey Narre! was säugestu den Haasen beym
Schwantze anzu zopfen/und zu voppen: gleich wie er ein Fuchs
were/ und du treffliche Beute draus zu erwarten hettest? Hebe
erstlich vom Kopffe an: Proba itaque majorem: Resp. welcher
ist denn Major, oder welche Zeile hältestu denn vor den Kopff?
Resp. Es ist nicht gut/ wenn einem ein Haaß übern Weg
laufft: Resp. Ich dachte was mich bisse: hastu etwan ins Haasen Schmaltz getreten? oder hat dich ein Haase gelecket/ daß du
so dum bist/ und die lange Zeile für den Kopff wilst gelten lassen:
gleich als wenn der Kopff am Haasen/ oder andern Thieren/
weit grösser wehre/ als der Rumpff? der Kopff ist ja das kür-
tzeste Stück: welches/ du alber Schöps wohl vielleichte hettest
aus der Beschaffenheit einer oration erlernen sollen: da kein
witziger oder compos mentis. (wo er nicht selber Macrocephalus
ist/ das Exordium, als caput rei subsequentis, grösser und
länger wird formiren: als denn darauff folgenden Leib oder pro-
positionem cum contentione. Resp. Halt das Maul Gehasi!
ich dachte du soltest klüger seyn als ich/ und mich informiren; So
mögtestu Hasibilis homo mich wohl viel eher deformiren/ so ferne ich deinem Haasen-Sprung folgen würde: Es ist die gedachte und hergesagte Zeile freylich der Kopff/ weil er oben und vorne
an ste-

än stehet: Major ist sie aber; weil sie weit länger ist/ als die folgende. Proba itaque hanc majorem, nemlich/ daß es nicht
gut sey/ wenn einem ein Haase übern Weg laufft. Resp.
Weil es besser wehre; wenn ein Haase zweyen oder dreyen oder mehren Menschen begegnete oder über den Weg lieffe/ als nur einem.
Denn da könte dem grimmigen Thiere noch Wiederstand gelei-
stet werden; Sintemal viel Hunde des Haasen Todt sein: und ne
Hercules quidem (nedum unicus lepus,) adversus duos. Ein
einiger Mensch aber (er sey denn ein Riese/und habe ein Hertz/ als
ein Gersten Brod groß/) wird schwerlich so vermägen sein/und sich
der Kühnheit gebrauchen können; daß er dem Haasen solte con-
terpart halten/oder ihn zu rücke treiben: Getrauten es sich doch
vorweilen kaum neun behertzete (denn am Hertzen fählet es ihnen ja nicht; welches man ex protuberantiâ kurtz unter dem
Wamse vorne ab nimmet (ich mag es aber nicht abnehmen;
ich will es vielmehr der Jungfer Thaidi überlassen/ welche vor
Zeiten vom Demosthene nichts annehmen wolte/ weil es zu wenig war/ hier wird nun schon zu recomsens mehr sein &c.) oder
nur zwantzig) Schweiger zu thun; die noch darzu mit einem langen Spiesse/und zwar einen sitzenden (ich geschweige denn einen
lauffenden) Haasen aufftreiben solten: sie schwitzten traun
Eulen-Schweiß/oder wie ein Schweins gebratens: Ja also/daß
der erste und antesignanus zum andern kläglich sagete: Ha Nie-
ckel/ ko du vorne an! Tu si heic esses, aliter sentires. Hör!
Eine gefährliche Sache! und also lässet es sich nicht wohl thun/
daß einer sich unterstehen solte/ dem Aurito Dromoni das obstat
zu halten. Es hat zwar jener von den dreyen künstlichen Brüdern
(deren Erwenung beym *Laurenberg in Acerrâ Philologicâ* geschicht)
den Haasen/ der im vollen curir und sporenstriche daher rante/
denn Bart/ als ein Barbirer/ abnehmen/ und auff setzen können;
aber auffhalten und unter seine Botmässigkeit zu bringen/ hat er
gleichwohl nicht vermögt. Und also ist es böse/ wenn einem
ein Haase übern Weg laufft: weil zu besorgen; daß er solchen
solitarium möchte umb lauffen/ schaden thun/ oder gar auff fressen. Ich geschweige/ wenn viel Haasen also angetrabet kämen:

da sol-

da solte dem einzelen wohl gar das Hertze in die Hosen fallen wie
dem Alexandro vor die marsierende Affen: weil der Haase kein
so lächerlich Ding ist / wie man wohl meinet; daß man nur dürffte ha/ha/ha/ darüber cachinieren. Ey nein: der Haase hat
ein mahl einen Löwen/ wie wohl einen gestorbenen und fast ver-
fauleten/ getrotzet/ und hönisch insultiret.

Resp. Bistu denn gar ein Haase oder wie ist es mit dir? solte
sich ein Mensch wohl für solch schwaches Thier scheuen dürffen?
wenn es ein Esel were / als aller Haasen Großmutter / so wehre
es noch gnug / daß er einen einzelen auff dem Wege Possen machete. Doch kan ich mir auch noch davon kein Unheil einbilden:
denn ob schon der Esel daher lieffe/ und mir über den Weg rennte:
ich wolte mich nicht ein Haar fürchten.

Nam
Qui morlêre minis; asini tumulabere bombis.

Was nun ein Esel nicht vollenbringen mag: wie solte das ein
Haase zu leisten vermögen? So argumentire ich contra, à ma-
jori ad minus: in deme der Esel weit grösser ist/ als ein Haase:
Resp. was ich nicht kan verkauffen / daß gebe ich immer zu: A-
ber ferner in den Text! Es bleibet doch noch wahr/ daß es nicht
gut sey/ wenn einem ein Haase über den Weg laufft auff
folgende Art und Ursache: weil solcher einer dem Haasen nicht
nach lauffen mag (so ferne er ihme ein übrigen gewachsen wehre/
und seine Mannheit gegen ihm dürffte sehen lassen:) noch erha-
schen kan: denn / sind viel Hunde erstlich des Haasen Tode;
wie will denn ein Mensch/ (der doch zum nachlauffen noch weniger / als ein Hund / geschickt ist:) solches alleine müglich machen? und bleibet also nach dieser Glossa wahr; daß es nicht
gut sey; wenn einem ein Haase übern Weg laufft; Alldieweil solcher einzeler Mensch nicht gnugsam ist / dem Haasen nach
zusetzen; wenn er nicht mehr Leute / oder sonsten Windhunde bey
sich hat. Oder bekäme er ja denn Haasen noch; so dürffte er sich
doch nicht rühmen. Sintemal es ihme übel bekommen solte/

E   wenn

wenn es der Schuft erführe; der sich der Haasen alleine bevoll-
mächtiget / oder berechtiget. Oder / (dürffte der Haasen-Fän-
ger sich dafür nicht scheuen;) so könte er sich doch nicht mit recht/
auff gut politisch-berühmen/ daß er solche That gethan hette:
Thäte er es aber; so heisse es propria laus sordet, und sonderlich
vom Haasen (den Dreck meine ich:) oder eigen Lob stincket. Ein
ander muste den Haasen-Greiffer heraus streichen/ und recom-
mendiren. Wenn nun aber niemand mehr/ als der arme Haase/
darbey gewesen wehre; welcher Kuckuck soll es denn thun? Bruder Niemand? Und also bleibet es auch auff diese Masse wahr;
daß es nicht gut sey/ wenn einem ein Haase über den Weg
laufft; so ferne der eine den Haasen creylete/ und sich selber damit berühmete. Am besten würde er also thun/ so er stillschwei-
gens mit dem Haasen nach dem Topffe zu eylete/ und ihn schwartz
kochete; also daß ihn niemand hernach erkennete. Wenn solches
geschehen/ so mögte ich mir wohl selber ein Stückgen/ zur Belohnung dieser Erklärung/davon wünschen: sed cum Comicô certiùs optare, quàm potiri licet. Resp. Tute lepus es, & pul-
pamentum quæris: Es ist lauter Haaserey mit deiner proba-
tion: Es ist das Ubel nicht bey dem einem zu suchen; sondern
beym Haasen/ welcher über den Weg laufft. Nemlich: es ist
nicht gut/ wenn der Haase vor einen über den Weg laufft.
Warumb? weil es besser ist/ daß der Haase mors todt wehre/und
wacker fett gebraten in der Schüssel still auffm Tische lege. Resp.
Ja wer auch ein Messer zu einschiren darbey hette/ und eine gute
Kanne Wein zu trincken &c. Das wehre noch besser. Resp.
Inventis facilè licet addere. Ergreiff du nur den Haasen/ wir
wollen uns umb das andere / ohne dich leichte bekümmern/ und
geschwinde zur Bereitschafft kommen. Resp. Ich habe den Haasen gleich bey die Ohren/ wie Taubmannus jenen Flegel bey der
Hand. So lustig herumb gedroschen/gefressen wolt ich sagen;
zu welchem Schmause wir nun mehr auch ein anders aufftragen
wollen / was solches Haasens ominosum vorbey lauff anlanget; aus dem *Autore Horribilium Histor. lib. 2. v. m. 540.* Anno regni quartô Archelai filii Zeuxidami Lacedæmoniorum
Regis

Regis, maximô omnis prioris memoriæ terræ motu, cum La-
conicæ labes in multos hiatus desedit, tum Taygetus, concus-
sus, & vertices sunt aliqui ejus collapsi. Ipsa convulsa urbs
est tota, præter quinque ædificia, cætera terræ tremor labefe-
cit. Mediâ porticu, ubi adolescentia & juventus unâ exerce-
bant se, fama est paulò antè, quàm terra quateretur, leporem
percurrisse. Juvenes autem, ut erant uncti, evolâsse ludi-
bundos ad consectandum. Adolescentes verò qui remanse-
rant, gymnasii ruinâ oppressos periisse cunctos. Horum tu-
mulum vocant etiam hôc ævô *ssmatiam*, quòd σεισμὸν terræ
motum dicant &c. Plutarchus in Timone. *Ampliss. Franc-
kenstein. in Intimat. Hallensi super anni 1651. Auspiciis,* serpens si ob-
viasset, viamque transcurrendo secâsset; pessimum auspicium
claret id ex locô Horatii lib 3. carm. 37.

> *Rumpat & serpens iter institutum.*

Quâ in re quis non aut miretur, aut doleat, vel diversitatem sen-
tentiarum, vel Diaboli seducentis præstigias, qui cultoribus
suis, Paganos Calecutii incolas intelligo, persuasit felicem esse. *Barth. l. 4. Hodapor. c. 38.* Nostris autem hominibus quàm
metuitur *leporis* transcursus. Non temerè auriga provehitur,
nisi prius aliquantum equos retroegerit, per viam quam iste
dissecuverit; quod si potest, clamoribus absterret, ne omninò viam transcurrat. Adeò id quod ex Joco natum esse multi non absurdè existimant, posteà in omen ivit. *Camer. cent. 3.
succis. c. 90. Dilherr. in Dial. Philol. 1. 3. ex Waldungi Lagographiâ, seu
de Leporum Naturâ cap. 47. p. m. 50. &c. Lepus* animal infau-
stum.

Non solùm *leporis*, sed & lupi, vulpes, leones, capræ, ju-
vencæ, asini, arietes, mustelæ mures movent auspicia. Lu-
porum adeò inauspicatus in urbe Româ aspectus, ut semper
urbis solemni lustratione expiaretur. *Peucer. de auguriis.* Quia
autem *lepus* timidissimum animal; ideò occursum ejus ominosum augures putant; improsperum & in auspicatum: quemad-

E 3   modum

modum & vulpes fata, & canis prægnans. *Alexand. ab Alexan-*
dro lib. 5. c. 13. Quod quidem non nostri tantum temporis vulgo
credit, Sed veteribus etiam persuasum fuisse testatur senario-
lus, qui recitatur à Pierio ex Astramphyco in oneirocritico, Φανεὶς ὁ λαγὼς δυςυλίας ποιει τρίβας. Intellige, per somnium ap-
parens lepus, inauspicatum dat iter oblatus lepus. Ad quæ
verba Joh. Meursius Syid. Φανεὶς ὁ λαγὼς. Artemido: l. 4, 58.
τὰ δειλὰ καὶ ἀπελεύθερα, δειλὸς ἡ δραπέτας παρισῶσιν με ἐλα-
ΦΘ, λαγὼς κύων. Aliter Achmes c. 278. Hactenus Meursius.
W. Franzius de animal. c. 19. addit rationem: quia loca ut
plurimum sunt deserta & latronibus commoda. Cum enim
sit formidolosissimum animal omnium, non facile in obviis
à celebribus locis quiescit. Esse autem infelix animal vel pro-
digium, Xerxi factum ostendit. Nam equa leporem enixa est,
Herod. lib. 7. subjicit: quod facile erat conjectandum, fore
ut exercitum adversùs Græciam cum magnò strepitu & ambi-
tiosissimè duceret, rursusque pro se ipse solus ad eundem locum fuga recurreret. Imò Alexan. ab Al. lib. 2. c. 5. scribit:
cruenta bella stragesq́. & memorandum illud excidium, qvæ
postea præcipitantibus fatis secuta sunt, præmonstravit. Sicut
etiam omnia de Leporibus insomnia, mala & infelicia. Ut
enim leo animi fortitudinem & robur significat, *l. 1. c. 9.* Lepus
quod habet crura posteriora longiora, significat cursorem, aut
fugam meditantem. Forma enim principium operationis l.
1. c. 31. Omnia infausta significat & mortem l. 1. c. 38. Apomaf.
de insomn. signif. c. 278. Lepores ad earum mulierum personas refert, quæ fucatam & ascititiam venustatem adfectant. Si
quis invenisse leporem visus sibi fuerit hujusmodi mulierem
veniet, at siquidem visus sibi fuerit ejus pellem sustulisse, divi-
as ex eâ lucrabitur. Si assatâ carne leporinâ vesci visus sibi
ierit, & opes ab eâ conseqvetur, & in morbum incidet. Si
leporem sibi visus fuerit persequi, ejusmodi mulierem amabit,
imque sectabitur. Si visus sibi fuerit in persequendo con-
cisse virgam vel aliquid aliud: siquidem leporem attigit, ea-
re potius est: desiderio votoqve suo satis faciet. Sin autem

ad iracundiam & acerbitatem mulier hominem irritando provocabit. *Artemidoro* de somn. interpret. l. 4. c. 58. Timida & fugacia animalia & illiberalia, timidos & fugitivos, nobis exhibent: velut cervus, lepus, canis. Et 1. Regionis animantia & vernacula animalia significant prope habitantes, & prope fores, ut hirundo & lepus. Hæc verò & fugitivos domum redire significant naturâ liberos existentes. Lepus timorem & mollitiem significat. *Card. de som.* l. 1. t. 29. & 33. dicit significare cursorem aut fugam meditantem: c. 38. lepus omnia infausta & mortem etiam significat. c. 40. Pilis asini labores: leporis mortem brevi & crudelem significat: parum enim vivit, & à canibus vivus lacerari solet, lib. 3. c. 13. Lepus canem persequens mutationem in deterius significat. Adde etiam p m. 369. Sam. Putschky in erweiterte Hochdeutsche Tan. (anno 1669.)

CANON XIII.

Es ist nicht gut / wenn die Hüner kreen: doch ist es ärger / so es nach Mittage / als wenn es frü geschihet.

Hey lustig! kückerlückküh! kakmiemie kriß. Fahre immer so fort / meine frühsündigte Tagmenserinne: Das ist die rechte Mode / da du nach den verzehreten Haasen / Hüner-Fleisch zu Tische bringest. Es reimet sich wohl auff einander. Resp. Ja / Katzo / spricht der Italiener / stosse dich nicht dran / oder vermasche es nur nicht im Aepel-grübse. Das Huhn frohes nochalle wette auffm Misthauffen. Daran du denken Schnabel-geben kist zu wegen. Resp. und dessentwegen / liebe Schwester / ist es auch nicht gut: besser wehre es / das solches Huhn in die Schüssel gebraten lege / und still schwiege; als daß es mir und der Köchen zu trotze da kreet / und gleichsam triumphiret / jauchzet und subtiliret; daß es der Hinderlist oder Nachsteckerin entgangen ist. Resp. ist es denn so eben böß; wenn ein Hun oder Hahn kreet?

E ist

unterstehen es sich doch etliche Abendteure / einen Hahn / oder
Huhn am Spiesse Kreend zu machen. Wer es nun töse: wer
wolte denn hernachmals solchen Unglücks-Vogel fressen? traun
man würde nicht gallinæ filius albæ davon werden. Resp. discernantur loca, & concordabit scriptura: Laß das Huhn am
Spiese immerhin treen: es ist gnug / daß man bald eine vergnüg-
same und gewünschte Speise darvon bekommet. Aber so das
Huhn noch auffm Misthauffen / gleichsam auff der Residentz /
kreet; da hat es noch ein weiters Absehen / ehe man ein wenig
Schnabel-Weide davon zu erlangen zu hoffen hätte. Summa, gehet das Huhn noch im Hoffe: so ist schlechte Hoffnung zur Ge-
niessung: und zwar ist solche Hoffnung noch schlechter / nach Mittage / als frü Morgens; weil als denn sonderlich zu gedencken
ist; daß entweder die Köchinne gar keine Lust / das Huhn zu greiffen / und ab zuschlachten habe: oder so sie ja es willens gewesen /
daß das Huhn möge entlauffen und davon gestogen sein: und dannenhero ein freuden Geschrey errege. Resp. können denn die Hüner sich auch freuen? Resp. Freylich: was ist anders ihr Gack-
sen / (welches David Schirmer nennet / in verdeutscheten tracta-
tu / des Freders ob ein man sein Ehe-Weib zu schlagen berechtiget
sey: pag. 20. oder cocygazio, wie es Lycosthenes in Prodigiis
giebet / apud Autor. Horribil. Histor. lib. 1. p. m. 292. oder Cacalismus, wie es Hr. Rappoltus heisset in Panegyric. Magisteri-
ali, anno 1638. wenn er saget:

Ovorum cupidi Cacalismum audire recusant

Resp. Weissestu aber nicht / was Socrates von solchem Gekakel
der Hüner gehalten? Traun er hat es gerne gehöret / als seiner
Xantippes ihr Gebeiffer und stetiges Gekeiffe. Hat einer von den
weisesten Leuten nun es gerne anhören können / wenn die Hüner
jubiliren: warumb kräncket es denn? Resp. Est ignoratio E-
lenchi. Socrates hat es gerne angehöret / wenn die Hüner Ka-
keln / und sich über die gelegte Eyer (so ihnen vorher beschwerlich
gewesen / und im legen Geburts-Schmertzen gemachet haben:)
lustig machen. Ich aber rede anietzo von solchem Hühner-Tri-

umph

ümph gar nicht; sondern von dem/ wenn sie sich so freuen; daß
sie der Nachstellung ihres Würgers entlediget/ und nunmehr auff
freie Füsse gestellet sein. Dieses ist ein Trotz/ wie jenes ein guter Trost. Guter sage ich: denn *Cacalismus*, kan da gar nicht
her deriviret werden von καχίς (tria enim sunt κάχιες; drunter
unser Cacalismus nicht begriffen.) oder ka/ welches auch übel o-
der böse heissen soll in der alt Fränckischen oder Cimbrischen Spra-
che/ nach dem Goropium, welcher daher das Wort *Castor* nimmet; nemlich von ka/ und stören. Es kombt vielmehr herven
καλός, daß ist schön/ und gut/ da die erste Sylbe geänsiret/ und
aus Freuden doppelt genommen wird; (wie bey den Stammel-
den/ das Wort Papa Pater, Fututum. vide *Owenum*. entlich
kombt auch daher ein Kack-Ey/ welches den Kindern nicht böse; sondern gut schmecket.

Doch ist hier schließlich zugedencken/ daß gedachter Canon
vom unglückhafften Hünergekrehe/ von etlichen anders gedeutet
werde: nemlich daß es böse sey/ wenn die Weiber kreen/ und
dem Manne als ihren Hane ins Recht oder Ampt fallen/ und sich
seines Thuns annassen: Daher man denn solchen guten Man
(denn das ist ein Bonus vir: quidquid Ethici & Politici secus
sentiant: wie denn ein dergleichen Weib/ eigentlich Malus mulier heist/ nach der Crisin des Rollenhagens/ contra Grammati-
cos.) einen Hanrey nennet: als der/ zwar ein Hahn; dennoch
aber nach dem Reyen seines Weibes tantzet. Wenn ein ander
Fantasta vermeinete/ das Hanrey so viel wehre/ als ohn-oder
ahn rey: der ohne rewhe oder tantzen wehre; welcher zu Hause
müste die Windeln waschen/ (nach dem alten Liede:

    Hastu mich genommen/ so mastu mich haben:
    Und soltestu mir auch das Brod im Körbgen nachtragen/
    Das Brod im Körbgen: das Bier in der Flaschen:
    Hernach solen wir die Windeln waschen:
    Wiltu nicht waschen: so kriegstu (auff gut hällisch)
        Maultaschen.

Etzetera (denn es ist leider gar genug.) oder vielmehr cetero und
mordio!)

Und

Und seinem Weibe zu springen und zu hüpffen alleine vergönnet.
Als kläglicher Zustand! sü:sü. Die auch fünff Augen!

CANON XIV.

Es ist nicht gut/ wenn das liebe Brod auffin Rücken lieget.

So recht: warumb hette man sonst ihme einen Bauch gemacht?
Mota Bene: das Messer muß auff den Seiten liegen: die Männer auff den Rücken/ als

Tityre tu patulæ recubans sub tegmine fagi.

Die Weiber auff den Bauch: So gehet es ohne Schande und
Schaden zu und daher kömmet es auch/ das ein Weib/ so verkert handelt/ und den rücken zum unter-den Bauch aber zum
Oberbette gebrauchet; mit nichts hönischer und höfflicher kan od
pfleger geschimpffet oder auffgezogen werden; als eben mit dem
Rücken liegen; von dannen denn die Gauckler/ ihre Affen/ Bafianen/ Pferde/ Bären &c. auff diese Art wissen abzurichten:
daß wenn sie zu ihnen sagen; wie machens die faulen Mägde; alsbald das unterrichtete Vieh/ sich auffin Rücken leget/und
alle vier in die Höhe strecket. Gleicher-gestalt halte ich dafür/ daß
auch die Rede vom Messer/ so auffin Rücken lieget: und vom
Brodte/ so gleiches Weges also umbgekahrt gesehen wird; ihr
Absehen auff eine geheime und verdeckte Bexirung des weiblichen
Geschlechtes habe: und auch dannenher entsprossen sey. Wie
wohl die alte sa/ sa/ ihr was anders (nesciunt quid sinistri:)
ein bilden:

CANON X,

Es ist nicht gut/ wenn das Brod mit dem Theile oder Ende/ da es angeschnitten ist; vom Tische stehet.

Ehrenveste Sophia, du trägest dich hier gar Albern/ wie Max
Peit/

Veit/ oder Klaus Steiffmus: Du hast uns vorher Haasen/
und Hüner auff gesetzet; und ietzund kömstu erstlich mit dem
Brodte auff gezogen. Das Brodt und Saltz muß vor allen
Dingen das erste auffm Tische sein. Resp. Fein höhnisch! ich meinete das Tischtuch muste daß erste sein. Resp. Est fallacia à di-
ctô secundum quid, ad dictum simpliciter: Secundum quid,
das ist in Gegenhalt der andern Speisen muß das Brod das erste
sein: simpliciter, und vor alle andere Zubereitungen oder Sachen
so zum Tische gehörig sein/ muß das Tuch die præcedenz haben.
Resp. weßwegen hastu aber allhier den Haasen dem Brodte vorge-
zogen? Resp. Es ist ein Unterscheid zu machen/ unter gemeine
convivien, und Epulas, Nuptias Philosophicas, oder convivia
sapientiæ: diese sind heute zu Tage Brodlose Künste/ das ist/ sie
tragen so greulich viel ein/ daß man gar wohl eytel essen kan/ und
kein Brod zu beissen darff (SCILICET! das ist: hinter sich träget der Bauer das Spieß/ und hat mannichmahl wohl mehr
Brod/ als ein Gelehrter/ quidquid sit, daß jener saget: Professor qv. Brodfresser:) wir lassen also den Bauren das Brodte
(doch so ferne wir es kaum bezahlen können:) und essen lauter ey-
tele Haasen/ meros lepores: aber penultimâ longâ/ das ist/ wir
sättigen uns mit den Büchern/ und breven: den andern/ als rei-
chern/ lassen wir die präven/ das ist/ herrliche Osterfladen/ und
Schönrocken. Aber warumb ist es nicht gut/ so das Brod
mit dem Auffschnitte vom Tische siehet? Resp. Weil etliche Bärnheuter so albern sein/ und meinen/ es werde gleiches
weges davon lauffen/ oder ausreissen/ ubi magnus bolus (secundum Terentium) eriperetur ex esurientium faucibus.

Ænigma de Frumento & Pane.

Kürtzliche Beschreibung/ was sich neulich in Frißland zu getra-
gen/ von einem Menschen/ so 4. mahl ist umgetauffet worden;
aus vorgesetzter Hoffnung/ daß er seine übel angeborne Art und
Natur solte verändern; welches aber nicht geholffen.

***

F.

An

An meinen Vielbeehrdten / Wohlgeschätzten / und insonders Wohlgemundierten Herrn/ und in Ewigkeit von mir unvergessenen werthen Freunde H. Artesium Brodæum, der Essæer Seckte zugethan / jetzo wohnend zu Janopel in Hungern.

Man saget in gemeinem Sprichwort/ was ein guter Hacke will werden / das krümmet sich in der Zeit; hinwieder aber/ was in der blühenden Jugend / und seines Wesens ersten Anfang alsobald sich nicht will zwingen und beugen lassen : Da ist sehr an zu zweiffeln oder vielmehr alle Hoffnung gar verlohren / daß etwas tüchtiges und nützliches dermaleins draus entstehen werde; man fange es auch an / wie man wolle / ja wenn man auch mit der Mistgabel / die ihm einmal eingenaturet / und tief eingewurtzelte Zuneigung (wie jener Poet saget) aus zutreiben sich unterstünde.

Welches Sprichwort nun/ ob es wol jedem genugsam in der That oder Erfahrung allenthalben überflüssig bekand; also daß es auch fast unnöhtig zu schätzen/ solches mit vielen Beyspielen zu bewehren? Dennoch habe ich es nicht unterlassen können / an jetzo auffs neue ein merckliches und fast unerhörtes Exempel herbey zu bringen/so sich in Frießland neulich begeben hat: denn ich hierzu nicht allein aus Antrieb eines guten Freundes/ mit Nahmen *Artosium Brodæu* aus Hungern (welcher etwas von dieser Geschichte erfahren/ doch nicht gründliche Beschreibung hat /) angereitzet bin / sondern auch zu mehrer Nachricht unserer Nachkommen gleichsam gezwungen werde / solches auffs Papier zu bringen. Es verhelt sich aber obgedachte Historie folgender Massen also : Es ist vor wenig Jahren (do der *Augustus* Körner (sonsten *Wilhelmus Autopyrus* genant) mit seinem gelb-reiffen Zepter das Jeres-Reich durch die gantze Welt beherrschete) einer mit Nahmen *Artolius* Weitzmann/ gebohren/ sein Vater ist gewesen *Kornsatus* Weitzmann/ welcher ihn alsobald / ehe er noch auff diese Welt gebohren/ durch einen tödlichen Abtrib verlassen hat: Die Mutter hat geheissen *Geosta* Erdmut /welche ihn auch / nach dem sie ihn zur Welt getragen/und gantz unähnlich nach ihrem Geschlechte befunden [sintemal sie gantz schwartz/ er aber geweicht/ und fast

dickes

dickes und bäurisches Ansehen/war/ alsobald verstossen/ und ihr
Mütterliches Hertz von ihm verlassen hat.

Wie sich nun keiner mehr/ seiner heßlichen Gestalt wegen
über ihn erbarmen wolte/ also/ daß er auch vor grossen Schmer-
tzen und Thränen vergessung bald vergangen were/ wenn es nicht
den *Tebus* gejammert hätte/ und ihm bißweilen die Augen getrock-
net. Doch kam endlich einer mit Nahmen *Georgius Mejerus,* dessen Frauen **Garbinde Strolieb**/ diese wie sie ohngefähr einmal
vorüber gangen/ und ihn von ferne gleichsam anlächelnd sahen/
darauß sie vermerckete/ daß es sein Wille were (in dem er doch von
seinen rechten Eltern verlassen) sich willig von ihnen an Kindes
Stat auffzunehmen zulassen/ und vor diese Wohltharen wiederumb danckbar sich zu erzeigen. Wie diese beyden Leute solches
vernommen hatten/ zogen sie es sich zur grossen Mißhandlung zu/
wenn sie ihn nicht väterlich auffnehmen/ sondern verschmachten
liessen. Hierauff machete sich der *Georgius Mejerus* über her/ nam
ihn von voriger Stelle auff/ gab ihn seiner Frauen **Garbinde**/
welche ihn mit schönen darzwischen gesungenen Liedern/ in Windeln thate/ heitzete/ pflegete/ und auff einen Wagen setzete/ und sich
gantz Mütterlich bey ihm erzeigete: nicht anders/ als wenn es
ihr recht eigenes Kind wäre. Nach diesem wie sie gnugsam mit
ihm geschertzet hatte/ führeten sie ihn mit sich nach ihrer Stadt
Scheunbeck genant/ da sie ihm noch mehr Liebe erwiesen/ und
ihn in Ihr wohl vorhin außgeputzetes Hauß einmachen und bey
sich/ wie Eltern gebühret/ beherbergeten. Wie er nun eine zimliche Zeit bey ihnen gewesen/ und er fast alt und bey Jahren war/
und sie ihn zu ihrer Arbeit gebrauchen wolten: Siehe! da kun-
ten sie ihn/ vor grosser Faulheit/ kaum aus der Stelle bringen/
sondern wo sie ihn hin haben wolten/ da musten sie ihn hin heben/
und tragen; gleich als wenn er noch ein kleiner Säugling wäre/
dieses verdroß die Stieff-Eltern nun sehr/ und gedachten wohl/
daß es übel angeleget were/ was sie für gutes an ihm erwiesen: zu-
temal sie nicht einmal den Danck darvon haben konten/ daß er einen Gang ihnen benommen hätte/ ich geschweige/ viele Arbeit
verrichtet hätte. Hierauff setzten sie ihr väterliches Gemüthe

end-

endlich gantz bey seiten / und weil sie mit ihrem keiffen und schelten
nichts kundten ausrichten / ließ er etliche *Tripulir* Soldaten über
ihn kommen / welche diese ungeartete Fletzels Faulheit mit langen
Prügeln auszutreiben versuchen solten; aber wie gesaget / was einem einmahl angebohren / das bleibet sein Lebenlang wol bey ihm /
wenn er auch zu todte geschlagen würde. Wie nun der Stieff-
Vater solches sahe / daß es durchaus nichts helffen wolte; da kriegte er ihn in einen Sack; dreuende / er wolte ihn ersäuffen: drauff
setzete er ihn auff seinen Karren / schleppete ihn bey ein Wasser /
welches er ihm zeigete / sagende ob er denn nun gutes thun
wolte. Wie er aber das Maul nicht auffthate / daß ers ihm ab-
gebeten hätte / war der Stieffvater so eyferig in seinem Sinn / daß
er ihn / ohn alles Besinnen / in das Wasser gestürtzet hätte / wenn
nicht der *Farina Mülerin* zu ihn eben gekommen were / und
Vorbitte gethan: Er solte ihn nemlich nur bey sich einen Tag zu
sein Hauß hinthun; er begehrete nicht aus der massen viel Geld
von ihm / er wolte ihn schon zu rechte bringen / und als Morgen solte er mir sehen / was er für einen schönen Sohn zu hauß kriegen
würde. Der Stieffvater ließ sich bereden / that ihn darauff hin;
doch / daß er / (wie zugesaget war /) den andern Tag ihn wieder ho-
holen könte. Wie ihn nun der *Farina* zu seine Loserung gebracht hatte; legete er ihn oben in einen sonderlichen Kasten / so
unten ein Loch hatte / wo bey hin viel geklappers / und viel Räder
giengen; unter ihm aber war lauter Wasser / hierin ließ er ihn wol
zermalmen und zu schütteln / das über das bedreue / wenn er
nicht wolte gutes thun; so wolle er ihn / ohn alles Erbarmen / entweder auff das Rad legen / oder abe in den tieffen Strudel des
Wassers werffen. Als nun aber der *Farina* vermerckete / daß es
ein Grundschelm were / und weder Schläge noch Bitte helffen
wolten; sondern auch ihn nochwol / wenn er ihn was starck anrede-
te / wieder zurücke brauset und spie; daß auch der *Farina* gantz weiß
aussahe von seinem Speichel; also daß ihm auch schier bange
ward / so wohl wegen des übelgezogenen Weitzmannes / daß er
ihm in seinem Hause ein Unglück anrichten würde; als daß er keinen Lohn davon tragen möchte / wenn es sein Vater der *Meyerin* erführe;

fähre / daß es nichts geholffen hätte.   Doch beschließ er endlich
bey sich / daß er ihm zum höchsten wolle loben / sagende ; Er hätte
so viel schon bey ihm zu verstehen geben / er wolle seine unordentli-
che und ungezimte Faulheit sich abgewöhnen / und hinfüro immer
gutes thun. Er samlete auch etliche **Schlacken** / und grobe Stücken (Ælio genant /) so von ihm abgegangen waren / wie er it n in
seiner Cuhr hätte / die er auch zugleich zeigen wolte ; darbey sagende ;
daß dieses das gröbste und ungeschicklichste gewesen / so ihn zurücke
gehalten hätte / gutes zu thun. Uber daß wolte er auch noch sagen /
wie er ihm einen andern Nahmen gegeben / als er ihn von der vorigen Unart und **Grobheit** befreyet / und ihn **Melander Weiß-**
nerus genant hätte / denselben Nahmen solte der *Major* ja vor
alles wol behalten / und ihn nicht nach der vorigen Weise nennen ;
sonst möchte er wieder aus der Art schlagen / und auff die vorige
Tücke abermahl gerathen. Die Vorschläge nun / setzte auch der
Müllerus den andern Tag / (wie der Vater kam ihn abzuholen) alle
wol ins Werck / wie auch solches der Vater hörete / ward er über
die massen erfreuet / und war begierig solches seiner Frauen anzuzeigen / und ließ sich auch nicht einmal so viel Zeit / seinen besser unge-
machte vermeineten Sohn zu rüffen / sondern ließ ihn alsobald /
von den *Müllerus* / auff seinen mit sich genommenen Wagen setzen /
und eylete immer nach hause zu. Kaum wie er heim kommen war /
rieff er seiner Frauen / erzehlete ihr / wie er solchen statlichen erzo-
genen Sohn / vor den gestrigen ungearteten Dwallirgsen / vor ein
geringes Geld / von dem *Müllerus* hätte bekommen ; und befragte
ihn die Mutter absonderlich / sagende / lieber Sohn *Ans d'*Weiz-
mann / wilen dich denn nußteißig und reilig erzeigen / zu unser
Arbeit? so wollen wir uns wieder umb wie Eltern gebühret / bey
dich verhalten / und dir gute Wort geben / dieses hatte sie kaum
außgeredet / da wolte sie ihn heitzen und küssen / siehe was geschicht /
in dem sie kaum das Maul herzu geneiget hatte ; da bließ er et n
grossen weissen Nebel oder Dampff von sich / daß ihre Kleider
und Gesichte alle beweisset wurden. Hierüber erschrack die
Mutter höchlich / sagende sie hätte ihr lebenlang solches versteck-
tes Hertze niemaln gesehen / welches auch nicht einmal nach so viele
                                                              aus

ausgestandenen Schlägen gedachte gutes zu thun; sondern sie
noch in das Gesichte spiege; Doch besann sich der Vater alsobald
derselbigen Wort/ so ihn der *Mullerus* gesaget hatte; daß er ihn
nemlich nicht solte bey seinem vorigen Nahmen nennen lassen/ doch
behielt er diese Gedancken bey sich/ sagete es seinem Weibe nicht/
daß solche Unart daher wieder rührete; sondern dieweil er solches
vorher vergessen/ und ihr es nicht gesaget hatte/ daß sie sich dafür
hüten solte; verschwieg er es/ und hätte auch wohl vor Stösse
und Schläge nicht sorgen dürffen/ wenn ers nur erst gesaget hätte;
Sintemal es ein Henger vom Weibe war/ und ihm vorher offte
die Haut voll geschmieret hatte. Brachte derewegen diese vom
Zaun gebrochene Ursach hervor/ sagende; es were nichts guts davon zuhoffen; sondern sie solt nur zufrieden sein/ er wolte ihn
nicht länger behalten/ sondern ohn alles verhindern/ ersäuffen
und in die Tieffe des Meers stürzen. Hierauff ließ er ihn auff
dem Wagen stehen/ fuhr immer vom Hofe hinunter/ durch die be-
vorstehenden Gassen nach dem Wasser zu: siehe was geschicht
wieder? in dem er kaum ein Hauß oder sechs vorbey gefahren/ da
kam der *Magist. Baccalaureus* eben von seinem Hoffe hinunter ge-
gangen/ fragete ihn/ wo er mit seinem Sohn hingedächte; da
sprach er/ daß er ihn wolte ersäuffen/ erzehlete ihm auch hierbey/
wie daß er sein Lebenlang kein gutes gethan hätte; Wie aber solches der *M. Baccalaureus* hörete/ wolte er es nicht glauben. (sintemal er es aus seinem Gesichte urtheilen wolte/ es were nicht
wahr) sondern both ihm alsobald eine Summa geldes darvor/ er
solte ihn ihme nur überlassen/ er wolle es mit ihm versuchen. Und
in seine Schule eine Zeitlang nehmen. Hiermit war der Vater
zufrieden/ gedachte/ kanstu noch Geld darvor kriegen/ so werestu
ja wol ein Narr/ wenn du es nicht thätest: darauff ließ er ihn ü-
ber/ nahm das Geld/ und fuhr wieder nach hause. Der *M. Baccalaureus* aber/ wie er schon sein eingewurtzelte/ und angebohrne
Art verspürete/ ließ ihn noch einmal umtäuffen/ von seinen beyden Pfaffen den *Stoshold*us **Wirckner**/ und *Becmann*us **Knetz-
ner**/ und gab ihm zum Paten den Rector von **Saurhausen** mit
Nahmen *Trichnerus Fermentanter*, der ihn nennen ließ *Semelus Pre-
zelius*.

zeliis. Nach vollendeter Tauffe/ ward er dem Osdius überreichet/ welcher ihn trucknete/ und ihn den Baum-Rinden gleich/ ein hartes Kleid an thät.

Wie nun die ceremonien verrichtet waren/ gieng der [nun sein dritter Vater] *M. Baccalaureus* herzu/ erfreuete sich über seine neugewonnene Gestalt/ und hoffte nunmehr; daß es würde ausgewurtzelt sein/ was böses bey ihm gewesen. Befahl ihm drauff ein geringes Werck zu verrichten (dabey er ihn versuchen wolte) da sahe er auffs neue/ wie er/ gleich einem Steine/ fast auff seinen vorigen Ort beliegen blieb/ und nicht einmal von der Stelle trat: da ward er aus eyffrigem Zorn verhetzet/ und fieng hefftig an auff ihn zu schmehen/ verjagte ihn auch/ wie einen vertriebenen/ und verbot/ daß er nimmermehr vor seine Augen wieder kommen solte. Doch gesellete er sich gleichwohl noch/ bey den *Speisippus Zahnosilus*, der ihm durch Hülffe des *Lippoldus* Ort Mund durch Liefland verschriebe. Sintemal er wol drin bekant war/ und die sichersten Gassen wuste/ da ihn kein Räuber so leichtlich auffhalten oder verhindern konte/ wie er nun mit dem *Speisippus* durch die obgedachte Landschafft hindurch war; gelangete sie erstlich an die Stadt Leipzig/ wo sie sich nicht lange auffhielten; sondern alsobald nach Magdeburg/ bey den Wirt *Mag rus* machten/ und die Nacht über alda verblieben: des Morgens früh/ weil er nichts gutes in der Herberge verrichtet; sondern es bald angesteckt hatte/ jagte sie der *Magirus* wieder von sich. Sie aber nahmen ihren Weg durch die Serassen der Mospylen nach Merseburg wieder zu/ wo der *Speisippus* gedachte mit ihm zu verbleiben/ doch ließ die Unart des *Prezelus* nicht ab; sondern machte es immer schlimmer/ daß auch der *Speisippus* von ihm eilete/ und ihn allein verließ/ *Prezelus* aber weil er es gar zu grob machete/ und das Volck in Merseburg es nicht länger kunte erdulden; ward er wieder von dannen in die Acht erkläret/ und bey *Pilatus* seinen *Secretarius* in die Hafft genommen/ wo er denn ebenmässig mit seinen Schelmenstücken sich hat mausig gemacht/ und grosse Stänckerey angerichtet; also daß er auch gar zum viertenmahl soll umgerauffet und *Stercutius* genennet worden sein.

Ob

Ob er nun aber daselbsten geblieben / kan man nicht eigentlich wiſſen; ſintemal keine gewiſſe Botſchafft / ſo man glauben zumeſſen
darff / an dieſen Orte gekommen iſt / doch hoffe ich / es wird der
günſtige Hr. Leſer hiemit zufrieden ſein / ſintemal dieſes (wie ich
denn verhoffe) gnug und überflüſſig ſein wird / ſo ich von ihm ge-
ſchrieben / und zu Pappier gebracht habe / alſo daß auch unſern
Nachkommen ein merckliches Exempel eines übelgenaturten
Menſchen / daraus haben können.

Hiemit adieu monſieur.

Simile quoddam ænigma prolatum eſſe reperio, apud
Harſtorfferum part. 1. der Geſpräch ſp. *p. m. 181.* Es iſt ein ſtar-
cker / der durch die Marter ſo ſchwach wird / daß ihn der Wind
entführen kan; wenn man ihn dann mit Waſſer beſchüttet / mit
Fäuſten wol abſchlägt / und dem Feuer übergibt ; ſo kombt er wieder zu Kräfftern / und wird verzehret / in deme er auch andere zu
Kräfften bringet. Reſp. Das Korn / welches in der Mühle
zermalmet / von dem Becker durch das Waſſer zu Teich / durch das
Feuer zu Brodt / und durch das Brod des Menſchen Stärcke
wird.

Bißhieher das intercœnium Ænigmaticum Cereale.
Jetzo gehet noch weiter unſer Diſch-Kurß vom Brodte für / ſo
ferne es vom Tiſche ſiehet ; da denn zu mercken ; daß die redens
Art vielleicht von dieſer clauſulâ kan gekommen ſein : Es iſt nicht
gut wenn Geſloß. oder ein Menſch vom Tiſche ſiehet : weiler nemlich / auff dieſe Art und Poſitur / nicht mit ſchmauſſen darff ; ſondern Tiſchloß oder Lector Lectorum iſt : doch ſo groſſen Schaden ſolches iſt / wenn man nicht mit eſſen darff / ſondern caniren
muß ; ſo groſſe Schande iſt es hernach (ex æquivocatione,)
geworden / wenn das Brod von Tiſche ſiehet : wo denn hergehö-
ret (ni fallor) *Reuſnerus in Urbibus Imperial. de Nancejô :* Notat
Merula, ad radices montium pagum eſſe *Marche-ville,* cujus
incolas perfidiā aliquando in ſuum ducem ? quem Hiſtoriæ
Fridericum II. appellant, notatos ferunt, atque eâ de cauſâ
quotieſcunque cum reliquis Principum domeſticis epulari

con-

contigit, *panem eis inversum* apponi consuevisse. Idem addit,
ibidem rudera rotundæ turris, inquam Dux, quem dixi, ex ve-
natione subductus ad triennium detentus memoratur.

Doch sey diesem unglückhafften Hinabsehen des Brodtes
vom Tische wie ihm wolle: wenn es nur keine Beine krieget/ und
vom Tische gar hinunter läufft/ so ist die Gefahr noch wohl leid-
lich und erträglich: Es sey den/ daß man alles nach der Ordnung
Melchisedech haben wolle/ und umb ein bessern Augenschein das
Brod zu segen begehrt. Mehr ist aber dran gelegen/ daß das
Brod des Lebens immer auff unseren Tische sehe/ und oculos sa-
lutigerulos davon nicht weg wende. Bißhieher vom Brod sehen genug: Doch damit wir nicht so gar eylends aus Bethlehem
marsiren/ und das Brod-Hauß verlassen: so wollen wir ferner
anhören was Artophylax schwatzet:

    Schneid das Brod gleich/
    So wirstu reich.

Oder ich gebe dir eine Ohrfeig. Resp. Fein sachte mit der Brod-
Axte: Ich will ja wol nicht darfür halten/ daß du Panes facio-
rum, oder Schau-Brod machen werdest/ oder mir solche ins An-
gesichte schmben wollest: wie etwan dem C aud o Imp. geschehen
beym Suetonio c. 18. welchen das Volck mit Brod zum Schimpff
geworffen hat. Resp. Bona verba quæso, ich meine es eben so
arg nicht: ich reime nur: Propter bonum rythmum, debes
confundere totum, & in facie verberare asinum. Resp. Wie
reimet sich aber gleichschneiden/ bey reichwerden? ich meine/ daß
solche Dinge vielmehr keine compatibilia sein/ sondern contra-
ria, quæ se mutuó expellunt è subjectô. Denn wer das Brod
allemahl hüpsch trinschiret/ und mathematicè gleich schneidet;
bey deme bin ich mir eine gute Harmoniam mentis, und syntaxin
animi, vermuthlich/ nun saget aber von solchen Leuten Petroni9:
Nescio, quî bonæ mentis soror sit paupertas: Jam verò soro-
rem abdicare nescio: uxorem repudiari posse lego, wie reimet
sich dieses? reich und gleich ist selten bey sammen: als nur immer im Todte/ der machet alles gleich: æquat sceptrum regis,
& rallam rustici &c. daher sunus eine Leich/qv.d. gleich: die rei-
                   G   chen

chen die halten es allenthalben ungleich und uneben / und ohne Ordnung: Reiche-Leute und Hunde machen keine Stubenthür
zu &c. ein Kramer hat seinen Nahmen à κεράννυμι, misceo;
weil es bey ihnen alles confusè herumb lieget : Ja am Brodte
kan man sonderlich die vermögenen und reichen erkennen : Sie
werden bald hie/ bald da/ wo es ihnen deuchtet wohl zu schmecken/
etwas vom Brodte herunter fiddeln/ und es vielmehr vermutzen/
als gleiche Scheiben davon machen : Sie gedencken vielmehr/ wie-
se ihr Geld und Reichsthaler sein in Schichte setzen wollen :
itaque pluribus intentus animus, minor est ad singula sensus.
Resp. ist denn dieses also falsch ? Schneid das Brod gleich/
so wirstu reich ! Resp. das ist/ brich/ dein Brod den Armen/
einen so wohl als den andern; so wird es dir der HErr viel doppelt wieder vergelten &c. Item wirff dein Brod auffs Wasser/
&c. Mysticus itaque, non mechanicus, subest sensus. Mercke / daß es etliche Leute für eine Sünde halten/ sonderlich die Cal-
vinisten/ daß man das Brod schneide : weil es besser wehre/ daß
man es breche/ nach dem Ebreer und Jüdischen Stylo. Davon
besiehe künfftig meine Antiquitätisch-Karte; im Titul: vom
Jüdischen Brodte : da du auch zugleich mercken wirst/ wie die
Jüden im brechen/ es allezeit haben gleich treffen können ; in deme das Brod von Becken in die Länge und in die quer gleich striche
und eingedrückte Fürchen bekommen; nach welchen allezeit der
drauff erfolgete Bruch gegangen : und man gar nicht hat deli-
riren können.

CANON XVI.

Wenn man das Brod auff schneidet/ so muß man
es unten seyn becreutzen; sonsten kan es
bezaubert werden.

Signa te signa, temerè me tangis & angis.

Saget der Creutz-Spötter/ der böse Feind: wo der Herr nicht
das Brod behütet; so machet man das Creutz umbsonst. Es ist

zwar ein altes / daß man das liebe Brod zeichne / und ist solches
schon bey den Jüden üblich gewesen: vide Schickardum in scriptis, ubi etiam peculiarē addit figuram, quâ panē signaverunt.
Beym Henichiō de cultu creaturarum, saget Cyrillus Hiero-
solymitanus catechesi XIII, so viel: In aliis etiam omnibus
crux fiat, in *Panibus* comedendis, & in poculis ebibendis, in e-
gressu & ingressu &c.

Sonsten fraget es sich auch; ob das Creutz länger wäre / als das Brod? Resp. Disting. inter personas, quæ sunt
vel Rustici, vel cives: Die Bürger machē gemeinlich auch nach
subtiler Höfligkeit / kleine Creutze übers Brod: die Bauren aber
pflegen / nach angebohrner Grobheit / das Creutz über das gantze
Brod zu machen: Bey diesen also weret das Creutz mit sampt
dem Brodte gleich lang: aber nicht bey den Bürgern; welche
vielmehr von Creutz-Thalern / als dem lieben Creutze halten /
sie fliehen dafür / wie der Teuffel (nach dem gemeinen Sprichwor-
te) fürs Creutze;

Sed Christianus sit crucianus: Imò Christianus sine
cruce, est etiam sine luce: Aber was gehet das den reichen Bürgern an; welche Weltkinder und nicht Kinder des Lichtes sein?
sie munckeln lieber in finstern. Aber / lieber Gott!
Laß uns in finstern tappen nicht.

CANON XVII.

Wenn man das Saltz verschüttet; so hat man kein
Glück: Item man krieget gekissenes oder
gescholtenes.

Ja Geßke es ist wahr: in sole & *sale* omnia insunt: Ergô
etiam increpatio & fortuna. Doch damit auch deines Lobes
nicht vergessen werde; so hastu recht und wohl dran gethan / daß
du Saltz zum Brodte bringest: welches / leider! des guten
Loths seine Frau vergessen hatte. Da die beyden Engel bey ihr
ein gekehret wahren; Dannenhero sie auch billich zur Saltzseule
ge-

geworden ist. Summa Saltz gehöret zum Brodte/ wie Salus zum Profit: wie Salustius zum Propertius, sie sind auch also selten weit von ander; wie/ zur Nachahme/ das Städtlein Saltz von Broda nicht zu weit entfernet ist. Reime dich Bundschuch. Sich Gestte wie das klinget/ und klappet/ als meine Faust auff dein Auge. Resp. Doch hat mein Bruder/ich habe ja noch zur Zeit das Saltz nicht verschüttet; warumb wiltu insulse mir es denn so besaltzen? Resp. Es ist gnug/ daß du gestehest; wenn man das Saltz verschüttet/ daß man gemeiniglich gekiffenes bekomme.

CANON XIIX.

Wer Kleeblat-vier bey sich trägt; der gewinnet.

In geschwinder Eyle/ ocks/pocks/ weine gewinnet er aber abe? Resp. Deme der Kleeblat-drey bey sich hat: Denn so ferne 4. mehr sein/ als 3. so ferne gewinnet jener gar gewiß. Ey treffliche Weißheit/ und Fortun/ die ich mir mein Lebelang/ im Klee nicht gesuchet hätte. Aber ausserhalb dem Scherbe: weil man ja so treffliche viel Possen von dem gedachten vierblätterigen Kleeblate hat; siehe! so hastu sie hier alle bey sammen.

REFUTATÆ SUPERSTITIONES ANILES,

DE TETRAPHYLLO,

seu

Cytisô Quadrifoliaceô;

hoc est,

Klee Blädlein Mit fter Spitzen

Annô & Auctore

Johanne Prætorlô, ZeDLlngâ-MarChltâ;

tunc temporis Philosophiæ Baccalaureo, & Poetices Studiosô.

(*id est, annô* 1654.)

A Via Pieridum peragro loca, nullius antè
Trita solô: juvat ire jugis, quâ nulla priorum
Castaliam molli divertitur orbita clivô:
Insolidosq, simul juvat illinc carpere flores,
5. Privatamque meo capiti petere inde *coronam*;
Unde priùs nulli velârunt timpora *Musa!*
Ast animadverto multos expendere secum;
Quid tandem dignum feret hic promissor hiatu
Tantô? *Perstringam breviter deliria vana*
10. *Insixus, falsôq, adscriptas undiq, viretis*
For, *suis Cytisi, qui caule aliquando triumphans*
Quadruplicis folii, rarus licet, exstat, in arvis

G 3

Hic

Hic labor in tenui fit quamvis, haut tamen omni
Mole carere poteſt: conamina namq; requirit
15 Suſcipienda mihi *primo*, eripiendaque nulli.
Credo equidem prorſus, (nec me ſententia fallet,)
Vix *Genium*, *ſtudiumve* ullius in orbe *ſophorum*,
Hactenùs hoc penſum ſibi propoſuiſſe, Gryneô,
Suffragante DEO, ſeu Numine *Palladis*, actum;
20 Species materiam tractatûs hujus? avita eſt
(*abala* ſtultarum rationum: quam mihi ſparſim
Suppeditaverunt vel *aviæ*, (1.) poſitâq; lucernâ
Fabellas caſeas referentes, ſive Minervæ
Libratum tereti verſantes pollice fuſum;
25 Aut occæcatus *Luſorum* ſermo, rudisq;
Sub *Veneris* regnô ſtipendia prima merentûm,
Alteriusq; rei cupidorum frivola vota
Suggreſsére mihi, aut etiam perſuaſio prava
Protulit *Agreſtûm*; aut *rationi* norma notavit,
30 Quam cum ſylveſtri Muſâ præſente, *ſophorum*
Concilii juſſu fretus tractabo deinceps;
Pro ratione rei decantandæ hîcce ſine ullô
Jam *primùm* exemplô, mihi eô quoq; certiùs omnis
Veſtrorum veniam cunctorum ſpondeo lapſûs;
35 Quô ſemper graviùs fuit inveniſſe recentis
Semina prima rei, quàm aliàs res addere eidem.
Adſit quocirca mihi mens propenſa canenti
Magnifici Domini Rectoris, lingua virorum
Clarorum fautrix; ſtellabilis arte Decani,
40 *Atq; Facultatum variarum gratia conſors:*
Nec Promotorii Rivini Ampliſſimi amita
Agreſtem venam excutiens Affectio deſit;
Ut mea, quod petii, potiantur vota cupidô!
Naſcitur in variis campis, & ubiq; locorum,
45 Obvia planta ſatis, (nec enim pratumve locusve
Ullibi gramineus dabitur, qui gramine tali
Se non veſtitum poſſet præbere cuiquam,)

A tot.

A ternis foliis *Latium*, *Græci*, *Triphyllon*,
Et *Cytifum* vocitant; cujus lafcivia capella
50 Dulcorem fequitur; facilis quærentibus herbã.
    Hujus cauliculi quôvis in cefpite culmen
Præfigunt *foliu* fermè dumtaxat amictum
Trinis: feu videas fpeciem ullius *Oxytriphylli*
Seu etiam luftres *Afbhaltion*; atq; *rotundam*
55 *Magni* vel *parvi generis*: paumvé *Cuculi*,
Qui *cordis* præ fe fpeciem fert, vifere, malis:
Sive *pedem* afpicias *leporis*, *lotumvé fativam*
Sive *paluftre* genus, *pratenfe*, aut *corniculatum*,
Seu quoq; *odoratam* fpeciem, *candentem*, *humilemvt*,
60 *Agreftemq*, velis, *acidamvé* inquirere malis.
    Attamen interdum culmi herbæ illius habentur
Quadrifidi: Verùm, (quod ego compertus apertè
Profiteor) longi fpacium per temporis, imò
Dimidium lucis Phœbêx, vix totidem, quot
65 *Thebarum porta*, *vel divitu oftia Nili*,
Affiduô obtutu perveftigare valebis:
Quamvis planitiem fuffertam floribus hujus
Seligeres, aciemóue oculis ritè probarer.
Aut etiam *Inachidu* cuftos ipfiffimus effes,
70 Pupillâque fimul centenâ in fronte fcateres,
Et ni fcrutanti Dea *Flora* vocâta faveret,
Sive prius fuerit nemorum placata Napæa,
Seu *Zephyrius* amans, certo nullius abibis.
Confors exiftens, horasque abiiffe dolebis.
75 Ut fic non temerè vulgata parœmia dicat
    Teutonia; *nihil hâc plantâ tam varius effe*.
Nec folet infuetum *proverbium* in auribus illud
Effe fequens, quo homini non raro illudimus ifti,
Abftrufum quoddam qui impensè quæritat; ut fic
80 Dicamus: *nonne hoc indagas*, *quæfo*, *fagaci*
    Tantô conatu, *veluti conquirere vella*
    Quadruplicem Cytifum foliis putâ, *acutvé* minutas?

Hoc

Hoc tamen interea falsum est, quod somniat agmen
Foeminei captûs, haud paucos esse per orbem,
85 Qui planè nullum possint reperire *Quaternum*;
Quod bona *Dexteritas* nascenteis lumine quondam;
Viderit in fausto, nec *Phœbi* luce, *Jove* ve
Maternis fuerint infantes editi ab alvis.

Nec tandem video, quô nam fulcimine eorum
90 Fabula nitatur, qui credunt tempore tantùm
Matutæ, prius ac medium sol hauriat orbem,
Hoc folium digno quærenti aliquando patere:
Id communis enim negat experientia; namque
95 Crescere seu cæpére dies, tabescere noctes;
Crescere seu noctes, rursum tabescere luces,
Seu minimas *Titan* à vertice reddidit umbras;
Assiduè quasdam species, (seu *rura* petivi,
Seu *Campo* incubui, vel *valleis* deniq; visi,
Vel colleis tenui, vel selegi uberiora
100 Prata,) mihi *Chloris* fuit elargita studenti.

Indaget verò quisquam numeris hujus adaucti
Causam: Dico ergo residere vel uniec eandem
In *pervulgato Naturæ luxuriantis*
Excessu; quæ mox hominem producit aberrans
105 Sex digitis, manibus quatuor, mox *Hermaphroditum*,
Nunc animal pedibus senis, nunc duplice caudâ:
Nunc *geminam spicam, insistentem stramini* eidem,
Ad formam bifidam - discrimine *Pytagoræ*
Litterulæ; rursum duo, vel tria corpore in unô
110 *Poma accreta*; *nuceis connata* non minùs aptè
Ex individuis binis, quatuorve, tribusve.

Sic etiam heîc statuo Genitricem aliquando receptos
Jamdudùm fineis numeri transire, modiq;
Quando ea non saltim *Cytisum* proferre *quaternis*
115 Consuevit foliis, sed & illi *quing*, subinde;
Imo *sex* etiam impertitur: nuper ut *ipsc*
Hisce meis oculis vidi, manibusque revulsi:

Adde,

Adde, quòd interdum liceat tibi cernere stirpem,
In cujus ramis, stipulisvé quibuslibet anctrix
120. *Pentapetelon*, item *quadratum* affixit, acutæ
Præprimis hujus speciei: Non tamen inde
Colligere audebis, distinctum hoc fortean esse
A reliquis genus: huncerrorem namq; refutat;
Quòd non sejunctim; sed semper floreat inter
125. Consimileis mixtim: Deinceps, quòd sæpiùs unàm
Radicem invenias, cujus pleriq; *triphylla*
Ramuli habent, sicut decuit; Verùm unus & alter
Ejusdem, *quatuor viridantis* sustinet orbeis.
Cujus ego ipse fidem, gravitas si qua exigit harum
130. *Rerum, sum exemplis aliquot sati dare paratus.*
Ut verò *Physeos genium* mortalibus *Illis*
Se matrem largam: ex adversôq; *hisce* novercam
præbet: sic etiam heîc nonnunquam contigit illud;
Ut quoq; repperias, (etiamsi rariùs albô
135. Corvô,) in defectu *peccantia monstra* biphyllâ:
Omneis has autem species *Cacodæmonis astu*,
Vana superstitio vetularum, & plebis in ertis,
Ad magicum temerè dogma traduxit, & arteis:
Scilicet ut quisq; exiftit stupidissimus in re
140. *Sæpe Pansophias*; ita proclivissimum abinde
Mancipium rerum vanarum creditur esse:
Præsertim quando in *sexu sequiore* sinistram
Naturam & mollem levitatem accesserit ætas
Languida, victa situ, feelisq; effœta senectus:
145. Tunc nihil in rebus sacris, aliisq; profanis,
Tàm dignum risu, tàm absurdius esse videbis,
Quod non suscipiant, simul & *satanæ* ulteriorem
Sensum imponendum isti, concipiendaq; verba
Expectent, nec non mendacia tecta sequantur.
150. Impia Futilitas eadem heîc sentitur, in hisce
Monstrosis Cytis speciebus; sed magè earum
Quadrato: fingunt, hoc *absq; indagine quâdam,*

H

Et sine quærentis ullâ ratione Magistrâ;
Verùm improvisa cæcâ vertigine sortis

155. Oblatum, posthac autem cujuspiam amici
Immissum loculis, vel vestibus inscii homulli
Insutum, esse ut *propugnacula præstigiarum*
Gestanti, ne perstringantur lumina fucô;
Sive aliud quidquam à visô obtrudatur ocellis.

160. Hoc ut credatur, consuevit vulgus ineptum
Hancce quasi historiam, potiùs commenta, referre;
Ac si olim Magicus fuerit non nullibi agyrta,
Qui spectatorum deceptô carmine visû;
Insimulavisset, semet perrepere truncum;

165. Cùm tamen ad latus in terrâ proserpserit idem:
Seu (*variant etenim*) galli appendisset in alis
Culmum stramineum, quem circumfusa caterva
Censuerit falsò prolixum ex arbore contum.
Intereà verò, cùm admiraretur id, agmen,

170. Accessisse, ajunt, ancillam, falce resectum,
Pendensós à tergô portantem in vimine gramen,
Sub quô *planta quæter-Cytisus foliata* latebat,
Cujus virtute hæc mulier, genuina videre
Quiverit acta rei; ut sic capto illuserit inde

175. Spectanti populi: *Quânam ratione potestis*
Hanc rem possibilem cuivis spectare stupentes?
Nonne unquam puerum verrentem pectore terram,
Et juxta lignum reptantem; sive volucrem
Fila retrò pennis fortè adjuncta trahentem,
Conspexisse fuit stolidis data copia vobis?

180. Egregiam verò laudem, & spolia ampla recepit
Pro tali indiciô: dignissima (scilicet!) auctor
Quæ meritô meliore brabejô excepta fusset;
A cut mox ab eôdem præstrictiore visissim

185. Ludibrium populo propinaretur apertum:
Quod factum est, postquàm sepostô gramine, eâdem
Luce in conspectum veniens detecta sub alis

Altrin

Aſtrinxit tunicam, ac incesſit corpore nudô:
Credens in vicô ſemet tranſire per amnem.
    Sed quia relligio, nec non res eſſet iniqua,
190. Herbæ divinæ tali tantummodò cauſam,
Virtutemve unam effeɛ́tûs alicujus habendi:
Adpropriâſſe: En *Luſorum* turpisſima tota
Colluvies prodit, clamat, mentitur ubique
Unanimi votô: non poſſe anquirier ullam
195. Auxiliatricem, quæ palmam certior usq;
Luſuro cha tû, talů, conteré pilaté
Obtineat, præter narratum huc usque quadratum,
Quando illud caſu inventum gerat inſcius alter!
Hinc toties ſtultè repetitum audire ſolemus
200. A fatuis verbum, ſi quis perſæpe triumphans
In cubis, rebusve aliis conſtanter ovavit:
    Credo ſe foliis cytiſum geſtare quaternis!
    Scilicet, hâc herbâ, titubanti ſtantis in orbe
Fortunæ Numen, Nomenve volubile oberrans
205. Ambiguô paſſu *ſortis*, conſtare clienti
Nugantur, nec non durans in ſaxa *quadrata*
De ſphærâ poni, ſolâ virtute *quaterni*
Fatalis folii, ſed ab ignorante retenti.
    Nec ſatis hoc, alii majoreis inſuper iſti
210. Adſcribunt vireis; *cenſûs, gazaq;* latentis
Indagatricem vocitant; ut, cujus amicô
Auxiliô *numos*, pretioſaq; plura bonorum
Repperiant: Atq; hinc, ſi cultrum, groſſum, obolosq;
Amiſſosq; aſſeis in vico aut tramine euntes
215. Suſcipiunt, *dextrâ Junone vel Hercule;* ſtatim
Acceptos *Herbæ* referunt: quæ ſic, aliasq;
Exercere ſuos influxus dicitur, etſi
Conſcius hujus homo quidam circumferat, auɛ́tor
Si modò fortuitam in pratis ſecerpſerit antè.
220. Hæc de quadrifidô cytiſô narrata putentur!
    Nec tamen omninò *foliorum* à gente profana

Negligitur pentas: forsan quoniam illa quibusdam
Propulsatricem stygis conaminis infert:
　Nec desiderium præciditur omne *byphillo*;
225. Quippe quod ob rarum proventum, dicitur esse
Utile: sicut idem fatur dementia anilis
De *Duplici folio sambuci*, & pluribus istis.
　　Sed, quæso, primum, quo pactô ablatio talis,
Quam fortasse dedit casus temerarius, ipsis
230. Rebus virtutem quandam conferre valebit?
　　Unde dein constat, si qua nancisceris herbam
Hanc ex alterius manibus, num forte reperta
Fortuitâ fuerit, vel num quæsita sit arte?
Nil etenim reprimit mendacem, quô minus ejus
235. Falsum pro verô, & viceversâ, venditet astus.
　　Sic etiam, quamvis vel adhuc ratione modôq;
Diversô fiat, poteris aliquando *biphyllu*
Decipier; siquidem in campô quàm plurima dantur,
Quorum nonnunquam folia *insita tertia truncis*,
240. A grege, vel bobus circumpascentibus illic,
Decerpta existunt prorsum, ut vestigia eorum,
Seu fibræ quædam vix restent; Quas tamen *Argus*
Inspectorvé atquis multum accuratior arte
Paulatim subolct, defectumq; arguit horum.
245. 　Sufficere hi poterant homini pietatis amanti
Dæmonis instinctûs recitati, ut sufficienter
Ex illis etiam Meandri mille patevent,
Vaf i iuq, Erebi Vulpis, techneq; latentes:
Sed plura experior, vel adhuc pejora mihi esse
250. Pellacis stygii figmenta indicta colubri:
Nimirum blaterant ducis instrumenta Cocyti,
Squalentes canis fœmella: Tempore sacrs
Paschatos, ex aris furtivè pollice flavam,
Sacrilegô auferri ceram debere, manuúque
255. In massam planam rédigi, formamq; rotundam;
Ut demum certa possit horâq; dieq;

　　　　　　　　　　　　　　　　　　Et

Et præconceptis verbis cum murmure dictis
Imprimier *Cytisi quadriforme*, arcâque recondi,
Atq; secundinis circumgestari obamictum.
260. Sic fore namq; ajunt, ne incantamenta sagarum,
Circeaq, herba, Lamiarumve arte parata
Pocula devoto noceant, opibusvè fruantur;
Sed contra, ut potius possessorem undiq; faustâ
Prosperitate beet, felicem munere reddat:
265. Hæc sunt præcipua plebis delira vanæ,
De dictâ *Cytisi* specie, *foliuve quaternis*!
Restat nunc autem sensus communis in hâc re
Explananda fides, ac unde adversa caterva
Lata sit imprimis in *formam bis geminatam*
Hanc, ut susciperet, reliquis præferret ubivis.
270.   Primò equidem rebar, numeri quod *mystica dona*
Hujus, ei causam dederint, qua propter ab usu
Peripateticæ prius novisset : quippe quod acta
Lubrica, fluxa, caduca *notans Quinarius* esset:
275. Sed *Quatuor* contra elegisset; vel quia talem
Pythagora asserta numerum vocitare solerent
Naturam variam: ut sic hinc ad res obeundas
Faustè, multipliceis etiam, plebs religiosa
Herbam hanc *quatruplicem* foliis venerata fuisset.
280. Vel quod adumbraret *numerus quadantenus ignem*,
(*Cen quoq, concordans vernacula dictio signat:*)
Qui fert principium præ se custodæ ab omni
Improbitate mali : & tamquam tutamen aberret.
Deniq; & hoc pactô selectum hæsc esse putavi
285. *Bis geminum numerum*, totidem quia *Cimbrica nostra*
Pocula litterulas exscriptas optat habere;
Ac si proptereâ solo quoque nomine posset
Illa figura *crux* tantummodo dignior esse,
Quæ quatuor verè constaret partibus extus;
290. Nomen *crux* totidem cum juxta elementa foveret.
    Sed semota mihi ex animô persuasio talis

Est iterum, quando perpendi *inimicitia falla,*
Et *Cacozeliam satana,* qua *similia audit*
Incomprensibilis Triados, rerumq, sacrarum.

295.   Censeo sic tandem, fraudem Plutonis iniquam
Esse; ut qui semet operosum non modò præstat,
Quando suis plantam hanc empectis subjicit, ac si
Illam fortuitò reperissent: (non mihi namq;
Persuadere queo; quod res, quam sedulus ægrè

300. Investigator poterit nancifcier; adde,
Quam quoqi præ in numeris aliis, parvisq; character
Ferme insignivit nullus, contingere cuiquam
Ex inopinatô valeat, casuq; venire,)

305. Sed quoq; dum reprobum reprobis mortalibus usum
Suggessit, tecteq; *crucis vo'vit* abusum;
Qua tamen, adversùs molimina prava Draconis,
    Intellecta ratô *sensu debebat adesse*
Parma fugans: nec non *defectum* quemq; bonorum
    Restaurans: sed idem, *Lucis velut Angelus, Anguis*

310. Astute assumsit, ne qua auctor dogmatis hujus
Esse videretur: simul ac, ut rectius esset;
Ecce sibi ipse, suis notis nunc artibus, actùs
Hosce quasi opposuit; saganisq; resistere suasit
Hanc *speciem Cytisi cruciformem, Quadrig, phyllum*

315. *En varias Satanæ tricas, queis damna minatur!*
    Arbitror idcircò *Cacum Phlegetontis* abinde
Instillâsse suis genus hoc peccaminis auctum:
Hinc tamen apparet desumta potissimum origo;
Quod, cum *Divinus Christiani nominis* ille

320. *Assertor, Magnus qui Constantinus* habetur,
Aggredier quondam vellet *Maxentium,* & armis
Debellare; animô secum tamen anxius antè
Esset suspensô, quônam vexilla notaret:
Ipsi quam primùm, mediâq; in luce diei,

325.   Certa IIgVra CrVCIs, steLL's ConfICta, sub aVrâ
CœLI apparVerIt, CeLsóqVe refulserit axe:

                          Cum

Cum circumſcriptis majoribus his elementis:
EN ΤΩΙΤΩ,ΝΙΚΙ : Inve HOC SIGNO VINCE Tyrañum!
Hiſtoriam hanc ergò maleſuadis fraudibus anſam

330. Suppeditáſſe puto: Tamquam *Rivaliς Jova*
Sic inſpiráſſet membris conſortibus: Ecce
Hæc nota, cauſa fuit *Palma* vincentibus hiſce;
Hanc tibi ſume etiam, variiſq, in rebus eandem
Cum cruce quadrifidâ formam referentibus, audens

335. *Conſule , victurus , feliciter omnia habebis!*
Complacuit multis, æqvumq; faceſſere juſſa
Grati ſuaſoris duxêre: Hinc eſſe videbis,
Quod quidam *ex ſpinâ Walpurgis nocte figuram*
Quadratam ſcindant: nonnulli denique numô

340. Cum *cruce ſignato theſauros* luce *Johannis*
Venentur: quidam cultros, ſerras, gladioſq;
Χi *graeco* inſculptos multum mercarier optent.
Hinc in porticibus nonnullis cænobiorum
Quorundam , *Lapideiς* encauſtô in tergore pictos

345. Cæruleô , aut *latereis* furni ſerrore figlini
Fulvô compactos , in Xyſtiſq; arte repôſtos :
Hos, inquam, vulgò tibi conſpexiſſe licebit,
Sæpe *decuſſatim candore* , & ſæpe *rubore*
Inſcriptos omne ut pellant exinde nocivum;

350. Atq; veneficium propulſent. Venit & inde
Quod *Veſpertinô Walpurgis tempore* paſſim
Signô ſupplicii *Andreani* nempe, portllus
Oſtia cujusvis conclavis in ædibus; atq;
Vaſa, cibos, numos, cellaſq;, penaria & arcas,

355. *Ter* ſoleant *cretâ* quavis in parte notare,
Ne qua contentis aliquid decerpere poſſint
Præſligiatrices, quæ poſt ſub nocte ſequenti
Gnomone bis ſextam partem ſignante Quietis;
Aut etiam paulò poſt hæc momenta relapſa

360. Horæ ter quartæ furiis per grata vagari
Creduntur quaqua verſum, quando vel *Atlandem*

Hercinii saltûs, (cui *Brusterus* accola quondam
Nomen relliquit) diversa ex sede quotannis
Tractûs Teutonici accedunt; vel quando peractô
365. Concilii, ad proprios referuntur, more, penateis,
Sub vestæ baculis scopatum, sive coloris
Obscuri capris, seu furcis, sive molossis
Cerbereis dubio procul, infernalibus umbris.
   Hinc etiam porrò manat, quod garrit anilis
37°. Improbitas: homineis audaceis, noctis eâdem
Tempestate hujus, nonnullos posse sedendo
Quadrivio in quodam taciturnè prætereunteis
   Hos Lemureis, M. Irè incedentia monstra tueri.
   Imò addunt quidam, thesaurus posse parari
375. Horâ hâc ipsâmet, diverso tempore quamquam
Esset; si quis homo insideat hujusmodi agrorum
Tramitibus, sese duplici scindentibus aptè,
Transversimq; viâ; sed verbum ne hiscat ibidem.
   Hinc quoq; descendit, quod ligna salubria nocte
380. Sub *Jobannéa*, compressoq; ore resecta,
Nævis admoveant, pro conditione figuræ,
Romanis *punctum decimum* exponentis in arte
Et numerandi usu. Fluit hinc quoq; deniq; & illud,
Quòd dissectura panem, priùs inferiori
385. Illius soleat pleba insulsissima crustæ
Sæpe characterem *cultello inscribere* talem,
Qualem prima refert *Xenodori* littera vocis,
Pòst verò discindere: sed quis cætera narret,
Cùm *Fabium* possent vel delassare loquacem?
390.   Omnia verò in eum finem stolidissima corda
Suscipiunt, ne fortè adversi incommoda Fati
Eveniant; verùm potiùs bona sæva triumphet,
Atq; omne invisum sortis vincat, superetque!
   Hanc ipsam causam quoq; deprehendimus ergò
395. In suprà dictis foliis, queis vincere tentant
Et sibi fortunam propriam, fixamq; laborant

Efficere

Efficere illorum mentes, præsentiâ, inertes:
Quam tamen omnipotens rerum moderator & auctor
Munificus solus præstat; *Phlegetontius* autem
400. Impostor saltim suevit *spondere dolose*!
De cunctis verò nullus dubitabo deinceps,
Quin regno *errorum fecundo Papicolarum*,
Ordine quæq. suos natalcis debeat harum
Vana superstitio; quâ in detestabilem abusum
405. Mentio sancta crucis *Domini* raptatur *Jesu*.
Dignus ob id facinus solùm *Papam*, ut ipsi
Primi inventores medicinæ talis & artis
Fulmine præcipites stygias trudantur ad umbras:
Ut tandem illius, quod primô gratiam ineptis
410 Falsam suffecit, capiant *festidia seru*!
Hæc, *Auditores*, sunt, quæ jam dicere vobis
Hâc de materiâ præsens volui: Fuit autem
In tenui labor, hinc tenuis quoq, gloria danda
Nobis sufficiet: nimirum, si qua Brabeutes
415. Inter vos aderit, nihil ampliùs exigam ab istô,
Si mihi tàm multas *ejusq*, (licèt arte reperti;
Sed *quatuor foliis* dicti,) anquisiverit herbas:
Vt qVeat eX IstIs sertVM nVnC teXere. DIXI!

NOTÆ

(feu 22, v.) Consuetô in diversis Germaniæ locis, more: **ex**
Tibull. l. 1 Eleg. 3. v. 85. p. m. 106. (48.) Nicander in Theriac.
quem vide p. m. 537. Amati Lusit: in Dioscor. l. 3. Item eun.
dem hunc Lusit. Enarr. 21. Item 114. adde Matthiolum. (53.)
species has enarratas lege sis vel p. m. 298. Herbarii Eucharii
Rößlins: vel Thesaur. Seth. Calvis. p. m. 46. &c. item Amat.
Lusitan. comm. *in Dioscor. l. 3. Enarrat.* 21. Ist es doch so selten,
als Klee-Blad-vier. (81.) Suchestu es doch so eben, als wenn
du Klee-Blad-vier / oder Stecknadeln suchest. (104.). Quin in
plantis multô frequentior occurrit; vide passim physicos: im-

ſtor. in prognoſt. ad an. 1578. Quales habent vires numeri,
indicat & pentaphyllum; hæc enim herba virtute qninarii re-
ſiſtit, pellit Dæmonia. (273.) Gorop. Becanus p. m. 156 l. 7.
Hermath. (276.) Apud Brodæum l. 5. c. 16. Miſcell. c. 16. Py-
thagoræi nominarunt τη πεφαδα, ἀιολων ὕμιν.) 280.) Gorop.
Becan. Hermat. l. 7. p. m. 16. & p. 21. l. 1. Et Hierogl. p. m. 151.
l. X. Item p. 151. l. 10. Item p. 251. l. 16. item. p 263. l. 16. (285.)
Klee. (292.) pellege integrum librum Fabricii de D abo' ô, Simia DEi. (307.) Gorop. p. m. 258. l. 16. Hierogl. (309.) Re-
ſtauro à ςαυρος crux &c. vid. p. m. 431. de LL. Beeman. (325.)
vid. Chronolog. Helvici, qui aſſerit factum eſſe an. 312 Vulg.
poſt natum Chriſtum, qui numerus in diſtichô illô noſtrô ter
continetur. (328.) Evolve Lipſ. de cruce p. m. 41. l. 1. & p. m.
42 l. 1. & p. m. 138. l. 3. c. 15. &c. Item p. m. 307. part. 4. Ge-
ſpräch-Spiele Harſtörff. (343.) Creußgang: (371.) Indicavi
primum diem Maji. (379.) Heilholß. (400.) Vid. part. 2. p. m.
200. c. 73. Camer. Hor ſubceſiv. (410.) Alludo ad Anagramma. Klee-Eſel. (402.) Abraham Scultetus in der Warnung
für der Warſagerey der Zauberer und Sterngucker / verfaſt in
Predigten / über Eſa: c. 47. verſ. ultim. Ein Aberglaub iſt / daß
etliche das Kraut Beyfuß zu gewiſſen Tagen und Stunden gra-
ben / und Kohlen drunter ſuchen: welche am Halß gehencket / die
Fieber vertreiben ſollen.

  Paonien Wurtzel iſt auch heilſam / wird aber von etlichen
für Unterwierer und Eoſpenſt gebrauche Alſo getauſft

und stechen. So soll alles kräfftig seyn/ was vom Meßpfaffen geweihet/ gechrisamet/ gesegnet und beschworen wird; Saltz/Liechter/ Oele/ Wasser/ Kräuter/ wachs &c.

(386.) *Pontanus in Progymnasm. 12. Latin. lib. 2. p. m. 216.* Neve ita pedes in tibias componite, ut dimidiatum X stantes exprimatis, seu ne decussatim stetis, ne tibiam super tibiam sedentes locate, neve pedibus ludite.

(392.) Andere Weiber sagen/ daß es genug sey/ wenn mann den vierblätterigen Klee in Jungfer-Wachs drücke; da es denn geschehen solle/ daß sich keiner könne in eine andere Gestalt verwandeln. Item, daß man nicht könne bezaubert werden.

[103 &c.] An plures eveniant errores in plantis, quàm in animalibus. vide Scaliger in Exercit. p. m. 574. Exercit. 177. sect. 4. item p. 576. Exercit. 178. An plantæ constent certô numerô foliorum?

Item p. 873 Exercit. 173. sect. 10. de Trifoliô, item p. 606. & 607. Exercit. 184. sect. 4. de Acuti foliô, Trifoliô &c. confer Barthium p. m. 69. ad Eclog. primam de cythisô.

(366.) Confer meum tractatum vom Blockesberge ex diversissimis Auctoribus.

(393.) Gaudentius Merula in memoralibus lib. 3. c. LXI. serpentes in *trifoliô* nunquam reperiri scribit *Plinius.* Ejusque grana XXX. trita & cum vinô exhibita, esse auxiliô demorsis à serpente, & scorpiis.

Item pag. 137. lib. 2. c. 54. Marmora in templis sudantia, futuram pluviam vaticinantur. Funes etiam canabini præter solitum contractiores, aquas prædicant. Similiter *trifolium* ad imminentem tempestatem folia contrahens vigescit. Idem refert Peucerus p. m. 373. b. de divinat. (161.) Hildebrand von den Hexen / p. m. 240.

Ein Gauckeler zu Franckenhausen reisset einer Mage einen Possen.

Zu Franckenhausen machte ein Zauberer viel Verblendungen und Wesen/ heftete eine Taffel/ die mit Kalck und Röte besprützet/ an eine Wand/ und wer dieselbige anschauete durch ein

Loch

Löchlein/ der sahe Wunder und Abentheur. Nun hatte er auch einen Hahn/mit einem grossen und langen Schnabel übern Marckt in der Lufft herfliegen/ darvor jederman erschrack/ und sich hoch verwunderten. Eine Magd sahe den Hahn auffliegen/ und sprach: Ich se henicht daß der Hahn einen Balcken/ sondern ein Graß Stengelein in dem Schnabel schleiffet. Solches verdroß dem Schwartzkünstler.

Am folgenden Tage/ wie er abermahl seine Teuffel-Schule exercirete/ kompt die gute Magd mit einer Bürten Graß beladen/ auff ihren Rücken/ wirfft sie von sich vor allen Volcke/ hebet und schürtzet sich auff/ biß an den Nabel/ als were sie durch einen tieffen See oder Teich gangen/ und ging also übern Marckt/ die Leute sahen das Wunder/ aber sie hatte keinen Menschen gesehen/ und also hat ihr der Zauberer gelohnet /weil sie seinen Fuhrman/ den Haußhan mit dem Baume verspottet hatte.

(53.) *Cardanus subtilis. lib. 8. p. m. 476. de plantis.* Si plantæ suum servent ordinem, nonsolùm partibus certis constant, sed etiam numerô foliorum. Adeò solers etiam in minimis natura fuit, cujus causam intellige: Cùm motus plantis deesset ad generationem; utrumque sexum coegisse necesse fuit, unde plures persæpe in unum coeunt.

Cardanus p. m. 794. lib. 16. de scientia subtili. sentit mirum in modum procellas trifolium advenientes, cogitq; se contrahi ac crispat. Humidissimum enim cum sit, & nervosum; frigore & aeris crassitie contrahitur: solitum jam se mutare, ac modò astringere, modò dilatare. Itaque nec in omnibus illius speciebus forsan continget. Nec multò minus in omnibus aut semper erit manifestum. Vide orationes duas habitas Lipsiæ, anno 1613. cum Joh. Philippus Dux Saxon. Rector Academ. foret, in carminibus additis, quaternione L. in carmine Ottonis Schwalenberg. J. U. D.

Herba satis nota est ; triplici gaudens foliorum
Nomine : *Trifolium.* Namq; tribus vix dare plura solet.
Quatuor ac folia emittat si stirpe virenti ;

Æsti-

Æstimat inveniens omen id esse bonum.
Sidere ter fausto sic Lipsica in urbe coruscat
Saxoniæ *Quatuor* pulchra corona ducum.

Marx Friederich Rosen-Creutzer in Calendario ad annum
1641. ubi commemoravit quasdam herbas ad Planetam ☿ per-
tinentes, addit IV. Den Klee / Trifolium dessen sind unterschiedliche Sorten: Denn etliche riechen / ein ander ist ohne Geruch / etliche sind 3. blätterricht / etliche haben 4. Blätter rc. Wen̄
ein Ungewitter / schweres Wetter oder dergleichen verhanden;
spüret mans bald am Klee / wenn er die Blätter fallen lesset / und
selbige im Sommer welck werden / und unter sich fallen. Der 3.
Blätterende Klee gedörret und eingegeben; ist nütz wieder das 3.
tägige der 4. Blätterende aber wieder das viertägig Fiber.

(320.) De Nummô Constantini vide p. 9. Antiq. Augustin. Dial. 1. Antiquit. Item Kornemann. de miracul. Vivor. p.
m. 294.

De Cythisô vide Coler in Oeconom. p. m. 541. lib. 13. c.
319. de Apibus.

(141.) Lemnius de occult: Naturæ Miracul. lib. 3. c. 8.
p. m. 319. superstitio quid? Est veræ religionis imitatrix, atq;
ex vitiosâ æmulatione, *anilis* affectio, ex imbecillitate men-
tisque inopiâ, atque ignorantiâ divinitatis emersit &c.

Desider. Herald. p. 82. superstitionis proprium Epitheton
est *Anilis.* Cum enim sequior sexus sit ad superstitionem pro-
pensior; unde mulier τῆς δεισιδαιμονίας ἀρχηγὸς dicebat Stra-
bo lib. 8. Ubi ad sexus infirmitatem & levitatem ætatis quoq;
imbecillitas accessit; tum nihil est in rebus Religionis tam ri-
diculum, tamq; absurdum, quod non suscipiatur.

Ludov. Cal. Rhodig. lib. 6. Lect. Antiq. cap. 4. ut hebetissimo
quisque est, ita facillimè superstitionum vanitatibus mancipa-
tur, quas ingenium vegetum doctrinâ nitoribus defecatum ex
cultumq; præcipuè aversatur, illuditq;.

De *Trifoliô Quadrifoliaceô* referebatur mihi ab anicellâ
quadam rei Herbariæ gnarâ: Wenn ein solches einem Knaben

J iij   (ihme

(ihme unwiſſende) ins Kleid genähet würde; ſo ſolle er wohl lernen können.

Dicebatur itidem mihi ab aliis; rarisſimè circa veſperam, imò nunquàm reperiri inter Trifolia quadrifolium :
Quòd licèt ſuperſtitiosè aſſerant; tamen contingit quoniam
circa veſperam contrahunt ſe, ut & aliæ herbæ quamplurimæ:
Undè ſanè difficillimô conatu aliqua reperimus : Verum utut
ſit, egomet tamen inveni aliquot exemplaria çirca crepuſcu-
lum.

Tetraphyllon gefunden vor dem Trunce/ ehe man friſe was
getruncen/ als Brandwein ꝛc. ſo man noch nüchtern iſt; ſell
ſehr gut ſeyn: ſagen die alten Weiber.

(12.) Virgil. lib. 3. Georg, v. 291. hunc locum à Lucretiô
accepit, ſed meliorem fecit; eundem imitatur Nemeſianus,
ſed quidem inſelicius, in Cynegeticis, vide p. m. 77. Virgilius
Erithræi & Farnab. p. 77. confer T. Lucret. lib. 4. v. 1. &c. I-
tem lib. 1. ſub finem. p, m. 28. Citantur hi verſus iidem p. m,
222. orat. XXIII. Jacob Crucii in Suadâ Delphicâ.

(8.) Horat. l. de Arte Poet, p, m. 270. in medio.
NB. Habebam hanc declamationem poeticam annô
1654 die 1. Junii, ubi nos ſeptem Baccalaurei creabamur. Pro-
motor erat D. Rivinus, Decanus D. Kromeyerus. Poſt recitatum
carmen locô elogii à D. Rivini accipiebam ex Virgil. Tale in-
jum Carmen nobis &c,

AVXIt ſeptenos BaCCIs ſVb LVCe prIorI
JVnI RIVVs, eI has CVLta Corona DeDIt!

id eſt annô

vel : יוחנן שלש מזתל זבא

יוחנן פרתר

CANON XIX.

Wenn ein Geſpenſte ſich hören leſſet; ſo muß man
ſich nicht umme kehren; ſonſten wird einem der Hals
umbgedrehet.

Wie

Mit diesen Dinge ist es so richtig / als mit einen umbeschisse-
nen Kinde: Wenn man sich umb sihet; so wird der Halß
umb gedrehet / ja der Kopff auch zugleich mit. Wie es anders erkläret wird; solches suche in meinem Blockesberge da du
befinden wirst / daß der böse Menschen-Feind dennoch mannigmahl aus dieser Kurtzweil ein Ernst machet / und mit den Jesuiten auff gut Homonymisch verfehret Siehe! wie

> Errorum genitrix si & æquivocatio semper.

Doch mercke auch / das solcher gedachter Misanthropus dem
Menschen-Kindern nicht allezeit rücklings nach schleiche; sondern auch mannigmahl von vorne entgegen komme / nach den folgenden / so *Vossius lib. IV. Instit. orator. p. m. 158.* hat: Synechdo-
che est in illâ spectri πεὶ Φράσει apud Juvenalem lib. 1. sat. 5.

> *Et cui per mediam nolis occurrere noctem.*

Nam quemadmodùm, εἴδωλον, sive spectrum, hoc loco
signari, ex eô planum sit, quod mediæ meminerit noctis; spe-
ctra autem, prout ab Appulejô in Apologiâ quoque appellantur, sint *noctium occursacula:* ita & synechdochen esse, ex eô pa-
ret, quod & alia sint plurima, quorum occursus diu noctuque
fuerit ominosus: ut inter cætera *Æthiops*, qui it circò, si Ro-
mano exercitui è castris prodeunti occurrisset, tanquàm εἰώ-
νισμα Φαῦλον, malum omen, confestim occideba ur; quemadmodùm Appianus auctor est lib. 1. ac Plutarchus indicat in
Brutô item occursus evnuchi; quem & ipsum, tanquam malum omnem, detestabantur; ut scribit *Lucianus* πεὶ Ἀπο Φρά-
δος. Nec ratio de *Evnuchis* obscura est, quandoquidem eos,
quasi à consortio humani generis extorres, ab utroque sexu,
aut naturæ origo, aut clades corporis, separavit: ut scribit
Mamertinus, oratione eâ, quâ pro consolatu gratias egit Ju-
liano Aug. Imò *Claudorum* quoque, ob imperfectionem, ac
simia, aut *felis*, ob deformitatem, itidem infaustus habebatur
occursus. Quâ de re vide, quæ Heraldus ad Martialem lib. 7.
Epigr.

Epigr. 86. annotavit. Biß hieher Vossius d. l. Ein mehres suche unten in *Cebelii* Wercke oder Quarcke. Mercke auch / daß die Gespenster sich gemeinlich umb Mitternacht sehen lassen : umb welche Zeit also ein jeder sich billich zu hause halten soll / nach dem *Virgilio* :

Sepsit se tectis, rerumq; reliquit habenas .

Wie auch nach den Homerum . welcher dieselbe Zeit nennet ἀ-βροτον, als da keine Menschen billig sollen anzutreffen seyn / oder angetroffen werden / ohne zu Bethlehem : ja da die gantze definitio Platonica Hominis falsch ist / (vide hîc definitiones nô semper esse veras : discernantur enim tempora, & concorda-bit scriptura :) neinlich da ist ein Mensch nicht bipes ; sondern entweder quadrupes ; nach dem er wie ein Fiddel-Boge im Bette gekrümmet lieget : oder gar Apus : warumb ? Quia tunc neq; pes, neq; manus suum officium faciunt, cessante itaque officiô, cessat nomen : Quando *Studiosus* actu non studet ; tunc nihil minùs est, quàm *Studiosus* : ni mavis dicere, quòd sit *Studiô Sus:* Befinden sich aber Nachtschwermer / so lesset es sich von ihnen disputiren / ob sie also nach dem Homero , Menschen seyn / o-der nicht ? Heidfeldius in Sphing: Philosoph, und andere mehr (Besiehe künfftig meine Geographica scripta) nennet solche Gassatengeher / oder Stratioten / *Antipodas* : ich nenne sie Un-menschen : warumb ? Resp. auch / zum andern umb diese Ur-sache : weil Homo herkommet von ὁμοῦ simul, und also / welche im Bette bey ein ander liegen / vielmehr den Nahmen würdig seyn : als etwan solche Bacchanten , welche zertrennet herumb termini-ren ; und wie Errantes oves, oder vielmehr Hædi, vagiren ; vol-givagam Venerem sectiren. Doch möchte einander viel Oehls-götze / Philologus wolte ich sagen / dergleichen Andabaras viel-mehr Menschen nennen wollen : als jene sterentes / weil *Homo* auch herkommet von *humo* : Wer also mit der Erde zuschaffen hat : ist vielmehr Homo : als wer im Federgemache sich mit den Flöhen ärgert / und von ihnen beissen lässet : Sed priùs est verum de *Plagiario* , *Placiario* dicere volebam :) wenn sie die liebe Erde mit ihren Plampen und kalten Eysen zu stechen / hauen und pflegen ;

daß

daß sie immer ihr Maul mögte auff thun / und die jenigen / (welch e
(nach den *Virgilium lib. 6. Æneid.*) in viscera matris ferrum vertiren) dafür küssen / das ist / wohl gar auff fressen und verschlinge.
Weiter mögte noch einander sagen / daß die Lemures und Polter-
Geister / eher und mehr Menschen seyn; als die ruhenden : weil
diese contra definitionem Platonis plumati seyn : jene aber im-
plumes : es sey denn / daß die Strassen-Räuber / Küsser wolte
ich schwatzen ; (sæpe enim ἡ γλῶττα ἄραρχέ τῆς Αἰρολαις,
secundum *Isocratem*) Plumasten auff den Hüten hätten / und
sich auff solche Art der Definition verlustig macheten. Doch
gnug von den reformirten Poltergeistern / und Irrwischen; von
den Teuffischen Geschmeisse kommet ietzo noch ferner für die Frage; warumb sich solches zur Mitternacht hören lasse? Was nun
andere darauff antworten; solches wirstu in meinem Blockes-
Berge anzutreffen haben : Ich für meine Persona halte dafür / das es do geschehe propter omnimodam absentiam solis ;
als welche Sonne / auch beym Psalmographo, ἀλεξίκακ®. genant wird; für welche die *Helluones* oder Hellhunde nicht dauren
noch auff kommen können ; weil sie Lucifugæ, oder Kinder der
Finsternüsse / nicht des Liechtes / seyn. Solche Finsternüsse aber
begiebet sich eigentlich umb die Mitternacht; da die Sonne apud
Antipodes oder bey den Gegenfüssigten ist / oder Meridianum sub-
terraneum durch streiffet : und sie also gar nicht ab alterutrâ parte ihre radios averruncos auff unsern Horizonten bringen kan /
welche noch vor / und flugs nach Mitternacht etlicher Massen zu
uns penetriren ; welches man aus deme abnimmet / da ein Berg
irgendswo seyn soll / welches eine obere Seite / gegen Abend gelegen / von den reflexis radiis der Sonnen / solle illuminiret werden /
biß zur Mitternach hin : die Abend-Ost-Seite aber / soll bald nach
Mitternacht die Sonnen-Strahlen erlangen : und soll also des
Berges Obertheil / oder Spitze / fast durch die gantze Nacht er-
leuchtet und beschienen werden : ohne zur justen Mitternachts Zeit /
da kein Schein befindlich seyn soll.

Sed, stante hôc, quæ ratio est Dæmonis Meridiani ?
oder / nach dem Psalm / der Seuche die im Mittage verderbet ?

von welcher in Tartariâ / und anderswo / gnug gehöret / gesaget /
und gelesen wird: (vide commentatores in Psalm.) Ja es habē
ihr Absehen oder Scheusahl / auch für solchen Mittages-Verder-
ber / die Sechswöchnerinnen: welche umb all die Wunder / im
Klock 12. des Tages / nicht alleine blicken / es sey denn noch ein
Mensche bey sie: ja / wenn sie vorher ausserhalb dem Bette gewesen / und in Kleidern gesessen seyn: da kriechen sie alsobald (appe-
tente horâ XII.) wiederumb ins Luder / und ruffen zu sich in der
Stuben einen andern Menschen (damit sie nicht alleine seyn) hinein.   Num Cacodæmon cum Meridianô generali seu univer-
sali, motu primô, undiquaq; circumfertur? Ad puerperas
spectat etiam *Lilith*, de quâ im kriechenden Wandersmanne unter der Erden.

CANON XX.

Wenn man einem andern den Kovent zutrincket /
und solcher gesegnets; so krieget er
Läuse.

Je freylich! warumb nicht Flöhe? die sind noch was erli-
cher / und beschemen den Besitzer so sehr nicht / in deme sie davon
hüpfen / und sich hurtig, oder vielmehr hurigt erzeigen; als die
Läuse / welche mause-still sitzen / und sich ehe mit auff hencken lassen / als daß sie ihren lausigten Herrn verlassen.   Resp. Warumb
kömmet aber dannenhero den Läusen nicht viel mehr / als zu:
Sintemal sie ein Hieroglyphicum, der Freundschafft / Bestän-
digkeit und Verharligkeit seyn / dahingegen die Flöhe / wie jener
Knabbum in der Passion / ihrem Nahmen gemäß / davon fliegen /
wie ein Holländer reißaus nehmen / und ollarem amicitiam præ
se feriren? Resp. Hodiè *law* non datur, cui *law* competit. Sed
extra jocum: Warumb krieget der Läuse / der dem andern bescheiden thut? Resp. Es sind æquivocische Läuse: das ist / er
krieget *Law*, oder *Landm*, warumb? weil er nicht Baurenstolz
ist / und den zutrinckenden nicht verschmehet; sondern ihm seinen
zugebrachten Trunck lieb seyn lässet.   Aber solche Läuse krieget
man

man heutiges Tages von gemeinen Manne gar leise/ und auff keinerley Weise: weil es zum Mißverstande gerathen/ und deutsche Läuse/ das ist/ Spot und Hohn daraus geworden ist. Wer nun also sich für den heutigen Läusen fürchtet; der trincke ja bey leibe dem andern keinen Kovent zu/ oder der ander thue ja nicht bescheiden/ und antworte drauff; prost: sondern so er ein verständiger Prosius seyn will/ so schweige er stockmause still/und lasse den ersten immerhin sauffen/ biß er genug habe/ oder das Maul hängen lasse/ nach dem folgenden:

Trinck ich BIER/ so bin ich faul/
Trinck ich KOVENT/ so hängt mir das Maul:
Trinck ich WEIN/ so werd ich voll;
Ich weiß nicht/ was ich thun soll.

Item

Trinck ich WEIN/ so verderb ich/
Trinck ich KOVENT/ so sterb ich:
Es ist besser/ ich trinck WEIN und verderb
Denn daß ich KOVENT trinck und sterb.

(Nota benè :)

Das andere editiones an stat des Kovents hie allenthalben/ Wasser lesen/ oder sauffen: Doch seyn sie vielleicht einen reichen Schlampampen ἰσοδυναμοῦσα, und eines so breit/ als das andere lang ist: da zu ich aber nein sage/ weil Pindarus mir mit seiner Leyer stets in den Ohren lieget/ und immer drauff leyret: ὕδωρ μὲν ἄριστον. Also bleiben die prædicata vielmehr vom Kovente/ als dem Wasser wahr: albdieweil es niemand/ als ich selber/ verneinet: sed quia nullâ autoritate polleo, & bibitione continuâ loræ cerevisiæ ut Pamphilius Palleo; so wird es bey den alten terminis wohl verbleiben/ und der Kovent durch mir kein Caballus civium, das ist Bier/ oder Poetarum, das ist Wein

werd

werden; wenn ich auch schon allen Egyptischen Kovent / wie Xan-
thus das Meer/ aus söffe.)

Lasset also das Kovents gilt dier/und **wohl bekomme es**
dier/ oder Gott segn es dier / bleiben: und nehmet dafür einen
Krug **Reuterling** und saget darzu in die Wette / ich wil diers
bringen: Resp. so darff ichs nicht holen. Warumme den e-
ben **Reuterling** ? Resp. weil er ist per anagramma ein gut
Kerl: Item Gelt Juncker oder **gluck herein**. Davon dieses
kling Gedichte Räßelsweise von mir vor diesem gemachet worden:

   Keusche Euterpe gelinget mein Nahme
     Dier zu errathen und machen bekant;
     Solstu erlangen ein köstliches Pfand.
   Ceres / die gelbe Frucht führende Dame/
     Hat mich gebohren: mit Nimfen besaame
      Ich mich durch Mulzibers eysernen Band/
      Nachmals ins Jovis* vermauretes Land/
      (Daß ich erregetes Liebes-Feur zahme)
      Werd ich gesendet; nach diesem verkauffe/
      Und zum Geschencke der Siris getaufft.
   Vielen / dieweil es mein Nahme gebieret/
     Bin ich ein guter und lieblicher Kerl;
     Besser und nützlicher/den eine Perl/
   Welche die Brüste der Nimpfen bezieret.

*id est in
Fässer võ
Eychẽ ge-
macht.

Siehe / (hop/ hop/ he: Scharwenzel!) das passieret; das
verlohnet sich der Mühe / daß mans einem ehrlichen Kerl/bringe
höre aber / was der **Puff**/ oder **Rastrum** darzu sage:

Rastrum.	**Puff.**
άναξ.	άναξ.
Ars mure.	Pfu.
Stürmär.	Rastrum.
Rast/ rum.	Armbrust.

Wer wolte nicht gestehn/ daß sich das Bier in Halle/
Mit unsern Leipzischen in Schwiegerschaffte wohl stalle?
   Dieweil sie beyderseits in Wirckung einig seyn:
   Hie murr der Ars davon/ da † donneres gar herein.
Pfu dich derhalben du/ du Hällsches Puff-Gewitter/
Schaff auch das Rastrum ab/ den murmerischen Ritter/
   Es treuger/ daß der Bauch von ihm Rast haben solt;
   Auch mangele aller Ruhm den er gern haben wolt.
   † Der Hällische Donner enim dicitur.

CANON XXI.

Wenn man den Schluckfen hat/ so kan es vertrieben werden/ wenn man in einer Kannen-Bier ein bloß Messer setzet/ und in einem Odem z. Schlücke oder Söffe thut.

Gar recht saget Matz Drumpe: Ich will mit gedachten
Sachen dier das Schlucken bald vertreiben: aus der Kanne will
ich dier erstlich einen guten Schwedischen Trunck geben/ und dich
wacker in floribus lassen trincken/ das du ohne Odem holen und
Bart-wischen cupâ certes Magistrâ, und stugs drauff mit dem
blossen Messer die Köhle/ oder caligulam, abstechen; was gilts/
es soll dier das Schluckfen vergehen: Experto crede Ruperto:
bropatum est. Ey gar zu scharff macht Schärte/ saget Klaus
Greiffmutz/ ich erschrecke nur den schluckfenden/ oder sage ihme
ohn verhoffen vor/ daß er was gestohlen habe: oder mache ihn zu
lachen/ und spreche: so ers Hertz habe/ so soll er noch einmahl
schluckfen: denn vergehet ohn einiges Blut vergiessen das auff-
stossen. Resp. das sind seine Phantastische/ Theophrastische wie
ich sage/ Reh/ meth ja/ oder remedia. Ja ja. Wo kommen
aber die ersten gefährlichen Rüstungen und Abwehre her? Resp.
von den tapfferen Helden in sauffen den sieben alten Deutschen:
von solchen liese man beym *Tacito de Mor. Germ.* das sie allent-
halben/ auch in den Scheucken/ oder beym Truncke/ gewehret und

mit Waffen erschienen seyn. Die hastu also schon das Bier und
das Messer (wiewohl es die heutige Höffligkeit verkleinert hat/
und da es vormahlen etwan ein Dolch mag gewesen seyn; ein klei-
ners Messer drauß gedichtet hat.) Welche gar eigentliche Hiero ·
glyphica oder characteres chatorum Germanorum seyn; dafür
sich jederzeit fast der Teuffel in der Hellen gefürchtet hat/ und alle
Feinde gescheuet haben; Ich geschweige denn/ daß das schlucksen
nicht dafür vergehen solte; sonderlich so mans zur Hand nehme/
und etliche starcke Baurensöffe drauff oder damit thäte. Mercke
aber daß die alten das schlucksen nicht anders als einen pochen-
den Feind/ oder trozigen Wiederpart auffgenommen haben/ und
dannenhero mit dergleichen Rüstungen solchen Schwein-Igel zu
vertreiben bedacht gewesen seyn. Resp. die Kanne Bier ist alleine
zur Sache gnug/ daß man drauß einen Soff oder etliche ohne O-
hren holen thue; so wird sich das schlucksen bald verlieren: Resp.
Es muß auch ein Gewehr darbey sey: das Bier vor den Deutschen ; das Rappier vor den Wiederspenstigen. Resp. Es kan
auch wohl gar alles beydes fehlen; weil das schlucksen mir einig
durch Einhaltung des Atheus weg gebracht wird. Resp. Ey Nar-
renwerck! womit wolte denn einem frembden die Manheit der
Deutschen zu verstehen gegeben werden; so nicht die rechten instrumenta mir zum Scheine darbey weren. Germanus itaque
unâ fideliâ duos seu potius tres de albat parietes: Retentione
spiritûs; singultum avertit: Bibendô ḱim reprimit, & præ-
sentatione armorum hostes exterret: Sonderlich aber muß dz
liebe trincken nicht darbey mangeln; es möge denn soviel helffen
als es wolle: Hilffe es nicht/ so schadet es auch nicht/ sagte jener
ineptus ad amuleta. De potatione Germanorum vide olim
Notas meas in Ovvenum.

CANON XXII.

Wenn mann einem über die Beine schreitet; so wird solcher nicht grösser.

Ja über eine Spanne wird es wohl nicht seyn/ wenn es nur noch
so viel

so viel iſt / daß er ſolte gröſſer können werden / im wehrenden über
ſchreiten. Hieraus ſieheſtu alſo / wo die kleinen Leute alle her
kommen. Item woher die ſcritobini , ihren Nahmen haben /
nemlich vonſchrekten über die Beine: dannenhero ſie auch nicht
ſo gar groſſe Leute ſeyn ſollen / nach den Geographis. Ey diß iſt
ein treffliches Mittel/ dadurch man die vim augmentativam kan
inhibiren/ die ſtaturam decurtiren: Ja trefflich iſt es auch/weil
man es flugs bey der Hand/ oder vielmehr bey dem Friſſe har / und
einem / ders begehret / bald ſuppeditiren kan; und nicht allererſt
nach Zonam torridam oder über die Linie weg ſchiffen darff;
davon man deſſelbigen gleichen ſchwatzet / das wer zum erſten male
drüber weg fahre; hernachmahls die gehabte Leibes Länge behalte / und nicht höher wachſe. Aber

Ire per ambages, cùm ſint compendia præſtò,
Stultitiæ ſummum dixeris eſſe gradum.

Ferner mercke allhier die Urſache (ſo noch von keinem Hiſtoricô
entdecket iſt/) warumb der Pabſt/ auffs wenigſte einmahl/ an dem
Käyſer hat ein Scritobinus wollen werden; da er aus dem Pſal-
mô . in wehrendem Actu , geſprochen/ super aspidem & baſiliſcû
ambulabis: nemlich er wolte domaln auch nicht / daß der Käyſer ſolte gröſſer und höher werden / oder über ihm weg/ und über
den Kopff wachſen ; derentwegen ſchritte er ihm über die Beine/
und gebrauche als ein ander Zauberer / noch zum Uberfluſſe / etliche Wörter darbey: damit es ſo gewiß geſchehe / und das incre-
mentum auff höre.

Sed creſcat Cæſar
Quantum lenta ſolent inter viburna cupreſſi.

Decreſcat autem viciſſim Papa: ſed cujus jam tum autoritati,
ſtatim à tempore Lutheri . multum deceſſit: als welcher ihme
nicht alleine den Bauch genommen; ſondern auch über die 3. ſache Krone gerathen iſt / und ſie faſt kaum einfach verlaſſen hat.
Aber aus wenne wird Internecio totalis kommen? Reſp. Ex
IMPE-

IMPERATORE, tam certò, quàm sequens Anagramma ominosum ex illô resultat h, m,

IMPERATOR,
Anagr.
AMOR PETRI,
ROMA PERIT.

Spurcus *Amor Petri* menciti, *Roma peribit*;
Hancq; *Imperator* auferet.

(2.) Wenn/ und zu welcher Zeit/ wird aber solche Panclotria vorgehen? Resp.

M, DC, LVVVI. 1666,
dant per Cabalam

M.	30.	L.	10.
D.	4.	V.	200.
C.	3.	V.	200.
		V.	200.
		I.	9.

37.   629.

666.

Hoc est: ibi Antichristus revelatus cadet, & abolebit illum.
DoCtor MartInVs LVterVs.   1666.
qui, per *anagramma*, sit
Restans tortor M. DC. LVVVI.
scil. Antichristi.

(3.) über wem wird aber das Verderben ergehen; oder wer wird eigentlich/ umb gedachte Zeit/ herhalten und büssen müssen? Resp. man hat hier ein solches Thier (auf anweisen S. Johannis in Apocalypsi) zu suchen/ welches in seinem Nahmen die Zahl 666. führet: davon ich zwar viel geredet Anno 1656. im Pabst-Calender; doch kan auch noch zum überflusse dieses dahin referiret werden;

V	200.
R	80.
B	2.
A	1.
N	40.
U	200.
S	90,
O	50.
C.	3. TAVUS.

666

Von diesem Urbano, merck auch folgende Grillen

U	200.
R	80.
B	2.
A	1.
N	40.
U	200.
S.	90.

613.

P	60.
A	1.
P	60.
A	1.
R	80.
O	50.
M	30.
A	1.
N	40.
U	200.
S	90,

613.

Hier sihestu / daß auß URBANUS, nichts anders hat mögen werden / als ὁμοφήΘ· PAPA ROMANUS. Welches man gleichsam 10. Jahr vorher gesehen / eher was drauß geworden ist. Denn Anno 1623. ist er erstlich geworden ein

P	60.
O	50.
N	40.
T	100.
I	9.
F	6.
A	1.
X	400.

666.

Doch gnug/von dem Urbanus / welcher per anagramma fuit.

Baur Sun/

Raub uns/

Brav nuß

Sau-Brut.

Gnug/ sage ich/ anietzo von dem *Urbanus Octavus.* Weil er nicht mehr per anagramma sub urnâ vocatus,

Das ist von dem Strecke / oder Schreitebein/ das ist / dem Tobte/ verkürtzer ist.

Weil es nun dieser so eben/ nicht ist: ist es denn etwan des Eul-Volcks Rum/ das ist/ per anagr. *Kromwellw*, id est Anglici Populi (qui locô insignium habet ululam,)seduct? also:

CroMVVeLDIVs: 1666. oder

A	1.
K	10.
R	80.
O	50.
O	50.
M	30.
V	100.
V	200.
E	5.
L	20.
L	20.

666.

Resp. Nein: denn es hat noch viel gefehlet / daß der Narr were Pabst gewesen: ob er schon etliche mahl seine Phantaseyen gedraschelt hat. Wer ist er denn etwan?

TheoDorVS Beza | CaLVInVs
　　　　　　　　　　CVVIngeL.　　666.　　　pbhh

P	60.
E	5.
Z	609.
A	L

666.

ober

P	60.	L	10,
I	9.	O	50.
G	7.	I	9,
N	40.	O	50,
A	1.	L	20,
T	100.	A	H
I	9.		
U	200,		
S	90.		

666.

Leyi

C	3.	S	90.
A	1.	U	200.
T	100,	I	9.
E	5.	S	90.
N	40.	T	100.
A	1.	I	9.
I	9.	C	7.
E	5.	A	1.

666.

ſ ü　•　－　　Reſp.

Resp. Beza und *Calvinus*, (per anagramma) ille *Aniculus*, haben ihr Recht schon weg: was ferner die Jesuiten betrifft/ so ist es wohl nicht ohne/ daß sie Jesuwider/ oder Jesu zu wieder seyn/ und dannenhero billich unter des Antichristi seinen Schwarm zu zehlen seyn doch seind sie der Antichristus selber noch nicht gäntzlich: Resp. Wer denn? Resp.

666. EX CarDInaLatV
666. DeCLaratVr pontIfeX
666. spVrCVs DIaboLVs
666. Trans sVbstantIator CVLpanDVs
666. PoterIo CLeptes eXhorrenDVs
666. Hæres IarCha fraVDVLentVs
666. ProDItor trVCVLentVs
666. HeteroDoXIæ CVLtor
666. orthoDoXIæ teLVCtator
666. CoDeX LatInVs
666. ReX CrVDeLIs
666. CoLaX, IVDas
666. PetrVs AC PæVLVs perDItor
666. FILIVs perDItIonIs sCrIptVræ
666. PseVDo-TheoLogVs EpIsCopVs
666. VVLgI seDVCtor
666. VItæ ConJVgIaLIs DIssIpator
666. AnnVLI pIsCatorII DIVInator
666. ApostoLVs seDVCtorIVs
666. sVppLeX IDoLoLatra
666. EXseCranDVs e BabILone
666. LVI CofVgIenDVs

    Sed quis ille? Resp. meus Acrologus Rythmicus:
PAPA ROMANUS EST ANTICHRISTUS CERTUS.
666. PersIDVs CaVLæ servator
666. A VLæqVe DeI CVrator

666. Præ

666. P ræCo eLIXanDVs,
666. A tLaseX CanonIzanDVs,
666. R VINA ex CœLô Data,
666. O rbIs CLaDes perVeXata,
666. M VnDICoLa VanVs,
666. A Vtor DoLI VefanVs,
666. N VnCIVs peDeffer faLsVs,
666. II eteratot DoCtrInæ haVt faLsVs.
666. S CeLerosVs InDeX.

666. E frotes CeLáns IVDeX.
666. S eDens Vt beLVa bI-CornVta.
666. T aLare Vefte CorpVs InDVta.

666. A VarVs pLaCentæ nVnDinator.
666. N VgosVs DeI LVCrator,
666. T rIaDos faCra tortVosè eXpLanans.
666. I aCtabVnDè obrVtos LVe fanans,
666. C LanDeftInVs aVferens thefaVros.
666. H erVs CLerI, DeVorans taVros.
666. R eLLIqVIIs ItrItè InDVLgens,
666. I n thronô, CeV DeVs, effVLgens,
666. S CortI anqVIsItot LIbIDInosVs.
666. T ot prInCIpIbVS feDItIosVs.
666. V nDe cft trIpLeX papæ Corona?
666. S Vpereft à IVre, DIaboLoqVe & BeLLonâ.

666. C IVIs In InDVLgentIIs.
666. E VIDens & VIgens In LICentIIs.
666. R IXofVs DeCLarator,
66'. T eXtVs LegIs DeCantator.
666: V erVs pLVtoI In CorDe,
666. S CLaVVsqVe fatanæ In forDe?

Hæc

666. aX LVDICrô.

Reſp. 666. VVVnDerLICh.

Reſp. Wie wird aber ſein eigentlicher Nahme ſeyn?

Reſp. 1. 40, 100. 9. 5. 8. 80, 9. 90. 100. 200. 90.   1. 5. 80. 666,

ANTICHRISTOS   A——ER

oder   Lexand

ᴀLeCſanDer, RoManVs pontIfeX.   1666,

oder

ᴀLeCXanDer ſeptIMVs.   1666.

oder

ᴀLeXanDer Ante- ChrIſtVs   666,

Hs Pontifex Romæ, & Antichriſtus. 5. 90. 60. 50. 40. 100. 9. 6.
5. 400. 80. 50, 30. 1. 5. 5. 100, 1, 40. 100, 93, 8. 80, 9. 90. 100,
200. 90.

Summa 1666.

dieſer wird geſtürtzet werden

Anno

1666. DoMInI ſaLVatorIs IesV ChrIſtI.

Ja / in dieſem offte erwehneten fataliſchem Jahre / da wird dem
Armen Pabſte wacker über die Beine geſchritten werden. GOtt
gebe / daß es auch über ſein Geſchlechte ergehen möge.

Reſp. Wo iſt denn ſein Geſchlechte? Reſp.

Alexander ſeptimus,

αναξ,

Palàm è Turcis ſedens,

Es lapis Turcam edens,

Das Turcis ſemen, Alpes.

Nemlich es iſt der greßliche Türcke / der Orientaliſche Antichriſt.
Welches erweiſet die

Genealogia

Alexandri VII. Papæ

&

Moderni Imperatoris Turcici.

Marcus Marſilius

Leardus Marſilius.   Margaretha Marſilia nupſit

Solimanno

Cæſar

I.	I.
Cæfar Marfilius.	Mahometh Bejazetus.
I.	I.
Alexander Marfilius.	Amurathes.
I.	I.
Laura Marfilia. Nupfit. Chifio.	Ibrahimi
	I.
Fabius Chifius, nunc Alexander VII. PAPA.	Mahometh, modernus Turcicus Imperator.

Marcus Marfilius, unà cum filia Margaretha, in quadam Italia caftellô, à Turcis captus fuit, & abductus annô 1525. Intereà Leardum filium in Italia reliquit, qui procreavit Cæfarem Marithum. Hic Alexandrum, Alexander Lauram Marfiliam genuit, & hæc nupfit Chifio, ex quô Laura concepit & peperit Fabium Chifium, modô Alexandr. VII. Pap.

Margaretha Marfilia Solymanno fuit ducta in uxorem, quæ genuit Mahomethem Bajazetum. Hic Amurathemi Amurathes Ibrahim, hic Modernum imperatorem Turcicum Mahomethem.

anno 1658.

Bißhero von der *Genealogia:* an ietzo wollen wier ein wenig neues von der *Etymologia* des Wortes PAPA hören.

*Legitimè ut faltim pro fucceffore putandas
Sis Petri Ac PAuli, dicitur inde PAPA.]*

Nim. video Etymologicos valdè follicitos effe in indagandâ origine vocabuli PAPA. qui mihi tamen, fi fciam fententiam pro hôc vel illô vocis Etymô ftabilire volunt; Imô fe jam (multis nugarum planftris coacervatis) ftabiliffe credunt; multis abeffe videntur parafangis, quin rem acu, quod dicitur, tetigerint, feu, quod pueri in fabâ clamant, invenerint:

crede

80;

credo enim potiùs vocabulum hoc consutum esse ex initialibus litetis *Petri ac Pauli*, hôc modô:

Successor P. A. P. A, id est Petri *Ac* Pauli *Apostoli*, ad exemplum Maccabæus, Æra, Rambam &c. Ultra jectum, Constand. &c.

Consensit autem ferè mecum, licet aliud agens & intendens, *Lipsius in Dissertat. de Idolo Hallensi*; P A P A nihil est aliud, ipsi vi & notione vocis, quàm *Pater Pastorque* totius orbis Christiani perpetuus &c, *Burckh, de Autonom, part. z, c. f. inf.*

Aber gar genug vom **Pabst**: jetzo wollen wier noch ein wenig anders von des **Pabstes-Meister**/ vernehmen.

Schwanen-Gesang.

wachsen. Gans.

Wie jene † **Gans** verbrand/ da hat sie prophezeyet/
Daß sie zwar vor dem Feur nicht möchte seyn befreyet/
Nach aller **Gänsen** Art: doch würde/ sang sie auch/
Ein * **Schwan** nach hundert Jahr erwachsen aus dem Rauch/
Und/ wie ein **Phœnix** soll/ aus ihrer Aschen kriechen;
Der würde warlich nicht den Scheiter-Hauffen riechen.
O **Rom**! was meinestu/ wer dieser Vogel sey?
Herr **Luther** ist der **Schwan**/ er ist vorn Feur frey:
Er schwimmet unverjagt/ bey * seines Lebens Zeiten
Mit ‡ **Weißheit** angethan/ dieselbe auszubreiten/
In alle Flüß umbher/ wo X **Türck** und **Päbst** seyn:
Er scheuet keinen Strom/ auch nicht den stolzen ß **Rheben**.

Notæ.

Gans est *constantissimus* ille *Martyr* ante suum vivi comburium *Constantia*, de *Martino* Luthero vaticinium luculentissimum edens: Bohemicè *Anserem* denotans, collega *Hieronymi* & Doctor *Pragensis*, *tandem Anseris* hujus nolens-volens etiam decantare adhuc tenetur: h. m.

Pragensis,
Gans · Preiß.

Com-

Combuſtus verò, Annô 1415. & ſtatim Anno ſequenti
1416. habuit Comitem ſuum pediſeqvum unanimen prædi-
ctum Hieronymum in Martyrio, quod exſculperet, quaſi ex hâc
ſequenti Cabbalâ ferè ὀμοψύχω.

J	9		H	8
O	10		I	9
A	1		E	1
N	40		R	80
N	40		O	50
E	5		N	40
S	90		Y	450
H	8		M	30
U	100		U	100
S	90		S	90
S	90			
U	100			
S	90			
	913			912

puritatem & ſinceritatem horum virorum, transtuleratiönes
etiam nominum judicant.

JERONIMUS.

ἀναγρ.

VISNE MORI ?
URISNE ? IMO,
OMINE RUIS.
MINOR JESU.
HOMINIS VER
IN MEO RISU.
IS VIR OMEN.
OMNI VIRES.

M   JURIS

```
IVRIS OMEN.
VIR SEMINO.
IMO VIRENS.
VI SEMINOR.
```

Johannes Huſſus   Joannes Huſſius
  ἀναγ.   ἀναγ.
Jeſus Hanß-Sohn.   Non ſis vas Jeſu,
                           Vivis , & ſonans.
                           His unus Jonas es.
                           Is Jonas, Venus.

Vt *non* electum *vas ſis*, ſeu buccina *JESU*,
  En ! cantarunt Papiculæ igne ſuô,
Et cineres Rheno mergant : ſed , ſicut *Jonas*
  Quondam emerſiſti *vivus es*, atqve *ſonans*
Eſtque haud abſimilis *Veneri*, quam è ſemine quon-
     dam.
  Seu maris è ſpumâ conſtituere ſatam.

Schwan
wachſe.
Indigitatur ,et quis *digitô Joannô* monſtratur cy-
gneus noſter Taumaſiander Lutherus, qui juxta
veritatem vaticipii contra Papatum poſt ſecu-
tum fatale præterlapſum inſanexit ; Et quemadmodum omni ſuâ vitâ , dictis & geſti um
ſteria qv. revelavit , & admirandus fuit. Hi,
non minùs nomine ſubjiciendus admirabis eſt:
En enim in nomine **Schwan** tibi primò expreſ-
ſum ab Huſſiô proſtat : Deinde, quôd verò le-
gitimus reverus ille olor ſit , hoc animadver-
te & perpende.
    Doctor Martinus Lutherus.
       ἀναγ.
  O Rom ! Lutter iſt der Schwan.

                        Nota

Nota porrò : quod *Martinus* non factus fuerit *Martyr.* it: daß der Schwan (per anagr.) habe sollen wachsen : die Ganß aber verfangen werden : Nach der Rede / so Johannes der Täuffer von Christo hielte : Er soll wachsen / ich muß abnehmen.

* Lebenszeit / quod ne quidem Huslus qu. fecit, ut vivus, more Anseris tutus nátare potuerit. vivus inquam , sed non mortuus : siquidem tunc cineres ipsius proliferi liberè Rheno innotare permissi sunt.

‡ Weißheit / poterit vel intelligi ipsius Euthea sapientia vel (2.) candor eygneus puritas & innocentia orthodoxiæ, vel (3.) Etymon *Albis,* Leucoream præterlabentis in quô per omnem vitam alas expandit ; degit, & qu. svavisonans cygnus incoluit.

†   De *Turca* hòc Bene nota:
     Doctor Martinus Lutherus
           αναγρ.
    Trude tu. Hussi Olor Turcam ?
    Tradet Hussi Olor Trunam !

¶ *Rhenus,* cui cineres combusti, ut diximus, *Hussi* injecti sunt : Gessit verò & ille qui typum hujus Anseris ; siquidem post parvam immutationem vocis *Renus* ; *Adler* emergere videtur : qvi *Renus* tunc quidem , qv. *urens* fuit, absolutè verò parcarum prædestinato tempore, factus est *Ruens,* ut qui & Lutherum timuit & exhorruit, & *cineres Hussi.* tanquàm materiam ex quâ, lubens Albi nostro insinuavit, tradidit, & cygneo fœtui salutare semen & ansam præbuit. Nota etiam æquipollentiam Rheni von Rein / & Lutheri von Lutter. Incidit autem hujus Nobilissimi Oloris annus *Natalis* in annum à Nativitate Salvatoris 1483. *Emortualis* verò annum 1546. quod deprehendere licet in Nomine ipsius, per cabbalam, modo seq.

D	4.	M	30.	L	20.	
O	50.	A	1.	A	1.	287.
C	3.	R	80.	U	100.	555.
T	100.	T	100.	T	100.	704.
O	50.	I	9.	H	8.	
R	80.	E	5.	E	5.	1546.
		N	40.	R	80.	
287.		U	100.	U	200.	
		S	90.	S	90.	
		555.		704.		

Scribe fam: *Doct'r Martinum Lanterus,*
et habebis per cabbalam 1483. exactè, quò natus eſt.

Nota quoque:

V. D. M. I. Æ.

V. ixit *D.* octor *M.* artinus *I.* slebienſis *A.* anno

V. D. M. I. Ae. id eſt, anno 1506.

Tunc anno ætatis suæ 23.

64.) Sed cur Papa abolebitur? Reſp,

PONTIFEX.
quia
PONTIFEX.

Ex Salvatorem Noſtrum Pilatus Apellis
Ad crucifigendum tradidit, atque dedit;
Sic quoque Papa, hujus facit æmulus omnibus annis.
Quis *Pontificem, Pontificem* ergo neget?

Sed argutiarum myſticarum ſat eſt: promovebimus itaque pedem à prævaricatore noſtrô, ne & nos prævaricemur. Sed nolumus tamen eô modô pedem promovere, ut eum qv. retrahamus, & veſtigia priora relegamus, das iſt/ daß wir wieder ꜩurücke wollen ſchreiten/wie die Weiber für rathſam halten; in dem ſie einen ſolchen/(der einen andern über die Pſine geſchritten hat/) ꜩohieten/er ſolle wieder ꜩu ꜩücke ſchreiten: ſo ſchade es nicht.

Nein/

Nein / ich wolte lieber dem Pabst noch einmahl über die Beine vor sich / als zurücke schreiten : so es von nöthen were.

Was hälteſtu aber nochmahls von der Hemmung der potentiæ augmentativæ , nach geſchehene Uberſchreitung? Reſp eben ſo viel / als das kein Graß wachſen ſol / wo der Türcke hinkömt: R. Es iſt ia war / daß da kein Graß wächſet / wo er hinkömet / nemlich in die Hölle / Reſp. Es iſt auch wahr; wo Er hinkommet / da wächſet Graß und Kraut. Nemlich anagrammaticè

Turka
Das
Kraut

Ey wunderlich Kraut / damit ich meine Haut nicht mit füllen / noch anrühren mag: Ja freylich Vrtika: item , wo eine Hexe oder Unmenſch / und Unhold hintritt; Da ſoll auch kein Graß dornach wachſen : Reſp. Quia mala mulier eſt ipſa mala & iniqua herba nach den Plautum, welches die veſtigia eines Weibes ſo bald folget / als (beym claudiam de raptu Proſerpinæ) Das Getreide hinter die gehende cerere hernach ſchoſſete. Joh. Mäyer / Quedl. in Calendario ad annum 1660. de ſiderum aſpectib9 & rerum ſignis. Jn 4. Buch Chorz c. 6. wird geleſen: Ecce appropinquant mala & non tardant, Drum ô Europa, ô Germania , werde fromm und einig / denn groſſe enderung iſt vorhanden / Elend in allen Landen und wir Menſchen ſeynd ſelbſt ſämptlichen und einſtimmig unſere eigene Propheten / und unſers eigen unglücks Verkündiger und Weiſſager / ſchreyen / ſagen und klagen zugleich / die Boßheit / und Schalckheit / Liſt und Betriegerey ſey auffs höchſte geſtiegen / die Welt ſey Alt und Ungeſtalt / ihr Kopff der Himmel bebe / ihre Augen / Sonne Mond und Sterne / verlieren ihren ſchein / der Bauch ſey auffgeblaſen / und ſchwülſtig / die Waſſer wollen nicht mehr in ihrem Cire und Neſter verbleiben / darinn ſie Gott verſchloſſen , und leben dennoch in voller Sicherheit / Wolluſt / üppigkeit und Hoffarth. Und das iſt nicht erlogen / ſondern zu betrauren / Germania quomodò veſtibus ita mentibus eſt variata, mit neuem Gelde und neuer Kleidung kömmet

mee neues Unglück in die Welt/denn hiemit endert sich auch das
Gemüth der Menschen. Denn Geld überwindet alle Dinge in der
Welt / durch Geld thun sich fromme redliche Leute erheben / und
werden übermütig. Tyrannen halten sich damit auff; Jedennoch
wer zu schencken hat/ist wie ein Edelstein / wo er sich hinkehrt/wird
er klug geachtet/und wird den hungrigen das Brod nicht gegeben;
aber Wasser thut man zu Wasser tragen. Und das der Welt klugheit ist die gröste Weißheit. O wie stund es so wol in der Welt/da
die liebe Einfalt und Auffrichtigkeit noch wanckete / da Schelmstück ein Schelmstück / Rollwage ein Rollwage und ein Rock eine
Gaupe genant ward: Da sichs aber umkehrete/ und ward gesagt:
Ein Schelmstück/ honestô vocabulô eine Fratze/ seu Posse ein
Rollwage eine Kürtze/eine Gaupe/eine Mütze; da war es schon
schlimmer in der Welt. Vor Alters sagt man Hundert duppelte
Dütgen/war das nicht gut Geld? Wo seynd sie aber geblieben? sie
seynd verschwunden aus der Welt / hergegen schlimmer Geld sich
eingestellt. Nun aber spottet und spricht die Welt. Die Leute
müssen von hohen Gaben und tieffer Erkäntniß und voll Geistes
seyn/ die uns solches sagen. Aber höre doch die frevele Welt/ solte
auch wol die Warheit hinter solchen Worten stecken/ und mehr
als allezu genaue zutreffen? Wir stecken gewiß in grosser Gefahr/
und kömmet neu Unglück noch immer empor / und solches bringen
mit sich die zeiten. Unsere Vorfahren/ die lieben Alten/ haben schon
vor hundert Jahren von dieser Zeit gesaget: Ab Annô sexagesimô
caveat sibi omnis homo.

    ist;   Wenn sechtzig Jahr einher schweben/
        So hab ein jeder acht auff sein Leben:
        Welche dann nicht werden erschlagen/
        Können dann von grossen Sorgen sagen.

 Scil. mutationes maximas ob populorum ferorum & bar-
barorum irruptiônes, noch mehr aber meine ich stehet zu zielen
auff das 1666. Jahr/ Annus sexagesimus sextus. Annus est em-
phatic९, & totius orbis paroxismus magnus, oder mag wol sagen
ipsum est tempus, in quô altissimus incipit visitare seculum
                                   quod

quod ab eô factum eſt, ſcil. in quô videbitur locorum mutatio
& populorum turbatio, fore ut gens adverſus gentem , & regnum adverſus regnum conſurgat, tunc intelliges hæc nimirum fore tempora noviſſima, weiln alle Zahl Buchſtaben darin
zuſammen lauffen/ und wol kan geſagt werden.

 Wenn M D C L X V I. wird gezehlt/
  Peſtilentz/ Krieg/ Armuth ſchreckt die gantze Welt
  Welſchland/ Hiſpanien/ Franckreich leiden Noth/
  In Orient wird ſein theuer das Brodt.
  Unfried in Teutſchland wird entſtehen/
  Die Urhäber verlſtern Land/ Leute und Lehn.
  So auch der Adel aus übermuth/
  Auffruhr anrichtet/ ſo koſtets ſein Blut.

Et ſic rerum mutationes, haben alſo ſchwere Zeiten für uns:
Sintemaln die Stunde uns näher iſt/ denn da wirs gläubten/ und
wäre Gott nicht mit uns dieſe Zeit/ und hielte ſonderlich dem Türcken den Zaum/ er bliebe nicht ſo lange von dieſem Spiele. Geſchrie-
ben DoCTor MartInUs LUtherUs, kompt alle Zahl-Buchſta-
ben darinn zuſammen/ iſt weites Auſſehen/ es lieget was groſſes
hinter dieſer Zahl verborgen/ und bedeutet was ſonderliches.   Will
GOtt Wunder thun/ bringen auch dieſe Buchſtaben mit ſich:
ILLVMMInatorIens ſoElIs JUDæIs: Oder oſtIUM CœLI JU-
DæIs aperItur. certè definire non poſſumus. Eventus commit-
temus. Joh. Mayer in Calendario 1660. hæc hac de re habet.
M. Johann. Huſs Prof. Pragenſ. als er Anno 1416. zu Coßnitz
wieder zuſag ſicheres Geleites/ dch verbrandt worden/ hat er mitten in der Flamme geſaget: Poſt centum annos vos Deo & mihi
reſpondebitis, und ferner geweiſſaget: Cygnum meum ex hoc
anſere natum, non aſſubitis, das iſt/ über hundert Jahr wird ein
Schwan ſingen/ den werdet ihr wohl ungebraten laſſen/ und zielet
auff Lutherum den er einen Schwan genandt/ Er aber die Ganß
geweſen/ denn Huſs auff Böhmiſch heiſſet eine Ganß.   Wie auch
geſchehen/ denn hundert nach ihm / wie er geprophecyet und ver-
 kündet Lutherus, als anno 1517. ſich herfürgemacht / und das
              Babſt-

Babſthum angefangen anzuwacken/und zu reformiren/ ſo beſſe
baß im Gedächtnis zubehalten in ſolch χρονοδίςιχον gebracht
worden/worinn die Jahrzahl

Anſer VIX VrtVs ſequitur (qVID ringeris) ECCe
aLbVs oLor Cantans DIVa, LVtherVs Is eſt.

Und von dieſen Johann Huß hat Jacobus de Thoram auch
zu vorgepropheceyet/alſo:

Verſus notans annum MartyriL

BIs QVarta ILLVXIt MensIs QVIntILI, ut HVGVs
ConstantI Constans VstVs In Vrbe perIt.

Ein anderer hat es ſo verfaſſet:

Papa neCas HVſſVm, neCat Iste fortIor IgnI
Fas neC neCas, fato te neCat Ipſe pIo.

Der Blatz oder Stätte darauff er verbrandt/ wird auch heutiges
Tages gezeuget/und wil kein grün Graß darauff wachſen.

Anno Chriſti 1502. hat Johann Hiltenius Monachus
Franciſcanus im Kloſter zu Eiſenach/als ihm ſeine Ordensbrüder
ins Gefängniß geworffen/und übel darinnen gehalten / weil er
aus eiferigem Geiſte etliche Clöſter Abuſus geſtraffet und verworf-
ſen. Sich aber alſo entſchuldiget / und geſaget: Se nihil contra
Monachatum docuiſſe, ſed venturum anno 1516. Qui ſit Monachos everſurus, ac cui repugnare plane non queant , und iſt
auch das Jahr Lutherus kommen / und angefangen das Bapſt-
thum zu ſtürmen/und eben was Johann Hilten geweiſſaget von dieſem Luthero/hat auch Savanoralla gepropheceyet / als er Anno
Chriſti 1498. zu Florentz verbrandt worden/weil er auff den Ablaß
Kram und Mißbräuche der Kirchenſchlüſſel und des Bannes ge-
prediget/in dem er geſaget: Die Baarfüſſer werde balde ein geiſtli-
cher reformiren.

Andreas Protes zu Leiptzig Auguſtinianorum Provincia-
lis hat auch aus ſonderm Geiſte vaticiniret von Luthero/und offtermals dieſer Worte ſich verlauten laſſen: O lieber Bruder / biß

Chri-

Chriſtenthumb hat eine ſtarcke und groſſe reformation von nöthen/
welche mich düncket/daß ſie balde folgen werde/ und da er angemah-
net/er ſelbſten ſolte der Kirchen reformation vor die Hand nehmen/
er aber ſich entſchuldiget/er ſey numehr von hohen Alter / und nicht
mehr ſo ſtarck / daß er ſolche hohe Wercke auff ſich nehme und auff-
richte/es iſt aber ſchon einer vorhanden/der wird die Irrthumb be-
hertzet und unverzaget ausfegen.

D. Flecke Prior in Kloſter Steinlauſeck bey Bitterfelda geleſ-
gen/da er D Lutheri propoſitiones wider Tetzelium gefunden/und
wenig darinnen geleſen/ſol für Freuden auffgeſprungen und geſaget
haben: Jam, Jam is venit, qui vos recté tractabit Monachos & Sa-
crificulos, der wirds thun/der iſts/letz letz iſt er kommen / der euch
Münche/wie ihr es verdienet/tractiret/und reformiren wird. Und
als anno 1502. Fridericus der Churfürſt die Academia zu Wittenberg geſtifftet/ in ejus inaugurationem hunc Fleccium Concionari
rijuſſit , dieſen D. Flecken die Einweihungs-Predigt anbefohlen
zuthun. Qui inter alia prædicta hoc etiam tanquám Propheta
protulit, ab iſto, inquiens , Cándido noſtro monte (ſolebat hoc
nomine Wittebergam appellare) gentes univerſi orbis ſapienti-
am & candidam petent, daß aus demſelben weiſſen Berge alle Welt
Weißheit und Lehre halen würde.

D. Mellerſtadius, Profeſſor Witteberg. hat auch gar ein ſon-
deres Auffſehen auff Lutherum gehabt/und anno 1514. geſaget: Attendite attendite diligenter Adoleſcentuli Monacho Luthero,
eo enim ingenio præditus eſt,quo nemo alius , & profecto in
præſtantiſſimum virum evadet, dieſer Münch wird alle Doctores
überwinden/und die gantze Römiſche Kirche reformiren/und weiter
geſaget: Hic Monachus omnes aliquando Doctores confundet,
novamque doctrinam afferens,univerſam Eccleſiam reformabit,
utitur enim Prophetarum & Apoſtolorum Scriptis, & ſoli verbo Chriſti confidit,quod nullus ulla Philoſophia Scholaſtica nec
alia confundere & evertere poterit.

N   CA-

CANON XXIII.

Wenn man den Zunder mit den Fingern anrühret so fänget er nicht.

Es trifft gar genaue zu: Freylich fänget er von den Fingern nicht?von den Funcken muß es geschehen/ so mit macht aus zusammenschlagung des Stahls und des Kyselsteines hervor gebracht und gezeuget werden. Sonsten magstu wol hundert mahl auff den Zunder greiffen/ehe er fangen wird: Greiff einen lieber ins Visir oder Augen/ so wirstu viel geschwinder Funcken heraus bringen. Sed unde non scintillabit oleum.

CANON XXIV.

Der Zunder muß von eines Mannes Hembde gemachet werden ; sonsten fänget er nicht.

Recht so. Denn die Männer sind hitziger Natur: Simile autem simili gaudet. Welche vor solche ihre Natur noch unterschiedliche Funcken hinter sich im Hembde verlassen haben; die sich aus Furcht/ Schrecken und Entsetzen/ (wenn man über sie das Stahl und den Stein bringet/) tanquam formæ latentes hervor thun und aus dem Plunder (wie Tages vormahlen/bey den Hetruriern aus der Furche) herfür springen. Doch muß sich einer allhier einbilden/ und starcke vires imaginationis machen; daß das Feuer keines weges aus dem Stahl (furtô seu dolô Promethei, id est, incendiarii,) gestohlen werden und drinen keint bestallung habe: Sondern nur daß das Stahl und Stein bedreuungs wegen über die Lumpen des männlichen Hembdes geschüttelt werden; damit es sich ergebe/ accommodire, und unter den Gehorsam des gemehres sich gefangen nehme lasse; oder also die behaltene und interessirte Funcken von sich lasse: Eben wie etwan vor Alters die Furcht bey den Kindern recht gemachet ward:wenn sie bey den Römern sagten: Hannibal ad portas: oder heutiges Tages bey uns; schweig/ oder der popantz/ S. Niclaus/ der Knecht Ruprecht

(& nescio.

(& nescio quod μωρμιλύκιον,) kompt. Oder vor diesen bey den Teutschen; Schweig oder der Druyd kompt/ daher endlich sol entsprin-
gen sein das Sprichwort: Dat di de dröse hale/ wie ein Autor/ in
verteutscheten und weitläufftiger erkläreten Hortô Philosophicô
Mart. Mylii m:iuet. Wiewol Meurerus vor diesem P. P. Lipsiæ in
Meteorolog. quæstion: p. m. 383. wil / daß das Wort Drüse her
kommen solle à χοιράς, άδος, plur: χοιράδες.

Noch andere / und zwar die meisten / wollen/ es komme von
Drusô, dem Römischen Angst-Vogel. vide Schottelium in der
Sprach Kunß / de laude Germ. lingvæ: Kempium in Frisia etc.
Also daß/ wenn die Altväter ihre muthwillige Päntsche haben wollen
zu Chore treiben/ oder zu die Furcht bringen/ sie sollen gesaget haben:
Da die de Drose hale! eben wie man in der Marck zur Sommers-
zeit die herrumblauffende Buben bedreuet; wenn man saget: Bliff
tho Huß/ edder de Roggenmöhme mit de langen schwarten
titten kumpt/ doch/ damit ich auch mein Gedencken drüber an den
Tag gebe; so stehe ich nicht in den Gedancken/ als wenn Dröse von
Drusas herkomme: weil nemlich erstlich das Fluchwort (so die höl-
lischen Hall Weiber in gemeine an sich haben/)daß dich die darr
hole/ oder bestehe! nicht wol von Dariô herkomen kan: Ob es schon
miteinander so nahe verwandt zu seyn scheinet/ als das vorige kaum
ist. Oder solte einander sagen; es were darre so viel/ als de Arrius
der Erzketzer: solches rat mir gleichfalls nicht zu maule.

Zum andern haben die Alten Märcker/ meine redliche Lands-
leute/ solches verwünschendes Sprichwort: Dat di de düster hale. dieses kan ebenfals nicht wol von Δυσάρης, dusares (vide Delph:
Phœnicissantes Dickinsoni de hoc vocab:) hergenomen werden:
Eigentlicher/ meines bedünckens/ kömpt es her von δύω δυσόμεν-;
weil es düster wird/ wenn die Sonne untergehet: oder / wie die Alten
gewehnet haben/ weil das düstere.) Caligo seu Tenebræ) von oc-
casu, seu occidentali plagâ herrühret/ da es hinter Spanienwerts/
ex mari Hesperiô, über die Erde herkäme. Wie denn auch Finster
so viel sol seyn/ qv. finis terræ. Davon besihe Scherzum in der
Sprach schule / weil also die Alten Teutschen der Nacht und Fin-
sternisse feind gewesen seyn (welches man auch daraus sihet / in deme

N ij   sie diem

fie diem præposuére ita ut hic noctem duceret nach den Tacitum
de M. Germ.) so haben sie malevoli ihren Adverfariis und inimicis
solches Düsterwerck überm Haffe gewündschet.

Drittens ist auch dieses Sprichwort bekand: Dat di de
Böse hale! doch ist ebenmässig nicht vermutlich/ dass es von einem
mit Nahmen Böse/oder Böso/viel weniger Busiride tyranno möge
herrühren/ (mercke vom Busiride/daß er an seinem Nahmen so grosse Beliebung gehabt/und gleichsam drüber zum Narren geworden
sey; in deme er aus Gleichstimmigkeit solches seines Nahmens einem
Ochsen (Bos oder βῦς) hat machen laßen/ und drinnen die reos ge-
martert.

Zum vierden saget man: Dat di dat Raete schlage/oder
zustoße: Nun hatte ich auch nicht dafür; daß es von Rodegast
dem alten Dreckgötzen oder Teuffelsbilde der Teutschen entspringe.
&c. Summa es sind Drüsen/Darre/Böse/Düster/Rae/ Teut-
sche Plagen; Was wolte man solche von weiten aus andern Ländern
und Nahmen herziehen? &c.

Ebenmässig ist es auch so gemeiner mit folgenden Teutschen
Sprichwörtern/ als: Dat di de Not hole: Dat di de Plage Kum-
mer ankäme. Dat di de Kranckt hale. Dat di de Düsel hole. Dao
di de Säcke hale. Daß du die schwere Noth kriegest. Dat du ver-
blassest. Dat du vertwifelst. Dat di alle dat Unglück beftah. Dat di
nümmer Guts wedderfahre. Dat du verdwaßelst. Dat du vertimest:
f. verquimest. Dat di Gottes Blomen Hart. Dat di Düsser un Jener. Dat di Gottes Marter ankäme. Dat di dat Krütz ankäme. Dat
du erstickest/dat du sterbst/eh een Jahr to eune geith. Dat du ver-
schmachtest. Dat du vergeist. Dat du versülpst. Dat du verschwinnest.
Dat du an Galgen kümmst. Dat du ümbkümbst. Dat du verlamest.
Dat du een Been to brickst. Dat du an Rack kümmest. (num à Cacô
Virgilii & Ovidii? &c.) Dat dir de Racke kriegest. &c. &c. vide
de ejasmodi proverbiis multis per m. 248. Jocofer. Otthon. Melaud.
item Agricolam in Teutschen Sprichwörtern.

Sage heraus erstlich/wie fein/daß wir Teutschen/selber! be-
chen können: Zum andern/daß alle diese Sprichwörter in Teutsch-
land (drinnen per anagramma, auff solche Art viel Schandleute
seyn:)

seyn)entsprossen/und nirgend anders woher aus Tyrannische Nahmen genommen seyn.

Doch genug hievon: Jch komme auff unsern Zunder numehr
wieder/doch nicht mit dem Finger; (denn davon sol er nicht fangen)
sondern mit dem Stahle und Steine und frage numehr per-
emptorie ; warümme er das ausgeschlagene Feuer auffange/so ferne er aus Mannes Hembden gebrandt worden? Resp. weil er von
Männern mehr irrdische Materie (weil Adam aus der harten Erden erschaffen worden:) Bon Weibern aber/ihres Nahmens Ge-
mäß/mehr weichlichte (mulier mollier:) Materie (in deme sie aus
Fleisch erschaffen worden & venus ex Mari est) an sich hette.

(1.) Quia Mares *fragrantiores* (& inde *flagrantiores*) sunt; (qvòd
patet ex nonnullis, ut Alexandrô M. aliisq́;)quam fœminæ: quæ,
si optimè olent, pessimè olent, secundùm comicum. Imò si olent,
mutuatitius est fucus, sonsten stincken sie wie die Böcke / olent hir-
cum. Jam verò fragrantia venit ex sulphure, secundum chymicos :
& quò fragrantius aliquid est, eò majorem copiam sulphuris habet.   Antecedens autem verum est de viris, ergò & posterius.

(3.) Weil die Männer kleiner seind und tragen zum Hembden/
als die Weiber : Quò porosior autem fomes est, eò difficilius scin-
tillas imbibit :

4. Weil die Männer constantiores, stabiliores, und retentiores
seyn; die Weiber aber inconstantes, infideles & minus retentæ, sed
potius dolô danaidis porosiores. Itaque scintillæ magis persi-
stunt in masculinô fomite, quàm in fœmininô, ex quô consestim
aufugiunt, parumque durant.

    Ei/ das sind Wunder/ von diesem Zunder/
        Und solchem Plunder: Krich under/
    Krich under/ die Weil iß dir Gram :

Resp. Holla/was der Kuckuck thut: Was haben hier die Ziergurten
verlohren? Resp. wir wollen einen begraben : Warümme denn so?

         CA-

CANON XXV.

Wenn die Hunde so ungewöhnlich und gräßlich heulen; so stirbet gemeiniglich gerne einer aus dem Hause.

Ey was du sagest? Weine nur nicht ein wenig darzu / sonsten müste ich dir die Augen mit einem Wetzestein treugen; daran es mir an itzo gleich fehlet. Resp. lache mich doch nicht aus du grinse Petze. Resp. Nein/du narrische Kethe: ich meine es so arg nicht: sondern ich lobe hiemit vielmehr deine Weißheit/ da du sagest/ daß einer aus dem Hause gemeiniglich sterbe/ wenn die Hunde darbey/ oder darfür heulen. Freylich stirbet gemeiniglicher einer ehe draus als drinne/ im Hause: deñ aus betrifft die gantze Welt/ ohne selbiges Hauß darbey die Hunde heulen: Nun ist wohl glaublich/ daß keine viertel Stunde hingehe/ da nicht hin und wieder/ hie und dar einer sterben solte. &c. Doch wollen wir auch davon anhören/ was Linemannus in seinem deliciis Calendario graphicis davon schwatzt/ auff folgende Art:

Woher kompts / daß die Hunde Heulen und die Eulen schreyen/ wenn in der Nähe ein Mensch sterben soll?

Bey erörterung dieser Frage möchte mancher erstlich begehren zu wissen/ ob sichs auch also in der That verhalte/ daß nemlich die Hunde/ Katzen/ Eulen/ so ein lamentiren und Heulen des Geschreys erregen/ wenn ein Mensch in der Nähe sterben soll. Zwar war ists/ daß ich in meinem jungen Studenten Jahren kaum bin darin zubringen gewesen/ daß ichs hette gläuben sollen/ daß die Hunde eben deshalben heuleten/ weil ein Mensch in der Nähe sterben werde: Aber die offtere Erfahrung/ wieder welche ich nichts sprechen kunte/ dazu kam/ habe ich nicht allein solches geglänbet / sondern auch gesuchet/ durch was für Mittel ein solches geschehen möchte. Die Observationes alle beyzubringen ist unnötig/ und darzu weitläuffig; dennoch auch davon mit wenigem.

Es

Es bezeugens nebenst mir viel Auffmercker daß Hunde in der
nähe des Krancken geheulet haben/ und so lange herumb terminiret/
biß sie zu des Krancken Thür gerathen/ da sie gerade in die Thür hinein geheulet haben; Ich weiß eine vornehme Gasse allhie bey uns/ wor-
inne auch abgelegene Nachbarn aus dem Hunde Heulen und vielen
Geschrey haben prognosticiret/ es müsse ein Krancker in der Gasse
seyn/ welcher bald sterben würde/ und ist solche vorhersagung nicht ir-
rig oder vergeblich gewesen/ weil der eventus gar nicht oder doch gar
selten sie betrogen hat.   Wenn nun gefraget wird/ was die Ursache
und das Mittel sey/ wordurch die Hunde/ Katzen/ Eulen etc. zu ihrem Geschrey veranlasset werden.   Als spreche ich/ daß aus dem mit
dem Tode ringenden Menschen ein durchdringender subtiler Vapor
oder Dunst heraus steige/ welcher wegen seiner subtilen und durch-
dringenden Natur sich vom sterbenden biß in die ferne verziehen/ welchen obbenandte Thiere vernehmen und zum Geschrey gereizet werden : Solches zubehaubten werde ich etliche Causas probabiles anbringen.

1.   Daß ein Vapor aus dem Menschlichen Cörper ausgehe/ welcher obgesagte Thier afficiret/ mag gemercket werden aus den Katz/
wie selbige/ so bald der Mensch nur todt ist/ sich nähern/ und kaum
mit fleissigem warten und abjagen mögen abgewehret werden/ daß sie
den Verstorbenen nicht gar befressen.   Nun können solches die Katzen
nicht unmittelbahr in der ferne mercken/ denn da were kein contactus
naturalis, folge derowegen/ daß ein subtiler Dunst von dem itzo verstorbenen Menschen sich in die Ferne gemachet habe/ welcher ist gemercket worden. Ist nun dieser Dunst des Todten gleichsam ein Huy/
von denen abgelegenen Katzen inne worden/ als wird kaum zu zwei-
feln seyn/ das bey denen mit dem Tode ringenden nicht ein subtilerer
und geschwinder Dunst/ sich in die ferne solte begeben/ als da der
Mensch allbereit gestorben :   Daß nun solcher Dunst die Hunde am
meisten afficiret/ ist zu mercken erstlich/ daß ein Hund ein sehr behend
und in die ferne riechendes Thier ist/ darnach so ist bekand/ die Sympathia der Menschen und der Hunde/ welche dem Hunde anzeiget
den Todt/ derer die er sehr zu lieben pflegte. Nicht mehr ist zu verwun-
deren/ über der Eulen-Geschrey/ denn das sind Thiere/ welche bey ihren

rem schwachen Gesichte starck riechen könne / und weil sie hoch
wohnen / mag solcher subtieler Dunst umb so viel ehe sie antreffen / als
wol nicht die Hunde. Auch kan man ihre Geselschafft bedencken / so sie
mit ihrem wohnen anzeigen / welche uns hinweiset / das sie ihre Sym-
pathisches mit leiden mit ihrem Geschrey / wie die Hunde mit ihrem
Heulen gegen ihre mitinwohner den Menschen anzeigen / bey den
Katzen dörffte solches der Antipathia zuzumessen seyn.

2. Wenn ein Pest verhanden in einer Stadt / befindet sichs / daß
den Abend und die Nacht über auff allen Gassen und Vorstädten der
Hunde kautschen und heulen continuirlich gehöret werden : was wil
hie jemand bessers zur ursache anbringen / als weil bey der Pestzeit
hin / und wider sterbende Menschen verhanden / als wird von subtilen
Dünsten nicht allein eine Gasse gefüllet / und in selbiger nur allein die
Hunde rege gemacht werden / sondern alle Gassen der gantzen Stadt
werden also insiliret und also in demselben so vielmehr Hunde zum
Kautschen und Heulen angetrieben werden.

3. Daß solches so ein subtiler Dunst so aus dem sterbenden Cörper herrühret / verursache / mag nicht wenig probabile gemachet werden aus folgendem experimento toties observato. Wenn ein Dieb
oder sonst armer Sünder sol gerechtet werden / und das irgends Raben biß in die nähe solcher Gefangenen ein Tag oder zwey vor ihrem
Tode kommen / werden selbige also afficiret / daß sie ihre ausserhalb ge-
merckten Dünste ungewöhnliche Groch Groch ausgeben / laß ihm a-
ber der günstige Leser dieses kein lächerliches seyn / denn wem ists nicht
bekande / wie das Geyer / Raben und Krähen-Geschlecht mächtig weit
in die ferne riechen können; fraget jemand was sie riechen? ich spreche /
es ist der subtiele Dunst / welchen der arme Sünder bey seiner grösten
Todes-Angst auslässet / oder ausschwitzet / und halte diesen Dunst
weit subtieler als eines Natürlich-sterbenden Menschen / weil er aus
gesundem Leibe / und grösserer Angst / als bey sonst natürlich-sterbenden nicht kan gefunden werden / ausgelassen wird.

4. Daß bey den Krancken ein sonderlich afficirender Dunst
ausgehet / mag dargethan werden / aus folgendem experimento, welches sich noch neulich bey meinem sehrwerthen Freunde zugetragen:
Daselbsten ein saugendes Kind hat müssen einer Ammen zu nähren
über-

übergeben werden: selbige sauger es einen oder 2. Tage/ da vergehet ihr die Milch/ diese wird abgeschaffet / und eine andere angenommen (Weiber von guter Constitution und Gesundheit) selbiger gehet es ebenmässig also/ da sie aber nicht mehr das Kind gesäuget/ ist ihnen die Milch wieder kommen/ das zarte Kind ist drauf gestorben. Aus diesem ist offenbahr/ daß ein sterbdünstiges inficirende materie aus dem krancken Kinde/ denen Ammen zum Brüsten gelanget/ welche auch die Milch ihnen hat benehmen können. Ist derowegen wahr/ daß ein suptieler Dunst bey dem Sterbenden vorhanden / welcher wenn er außdünstet/ auch in die Ferne inficiren und afficiren könne.

5. Mann weiß/ daß in Pest Zeiten/ niemahls gefährlicher bey einem Krancken zu conversiren sey/ als wenn er biß zum sterben gelanget; ist ein argument, daß bey denen sterbenden Menschen solche Notable Dünste ansteigen/ welche/ wie gesagt/ nicht allein die Hunde zum heulen/ die Eulen zum schreyen/ sondern auch vielandere Wirckungen verursachen können.

6. Ein selbiges ist bekant aus den Läusen/ welche wegen solcher Dünste den sterbenden Menschen verlassen. Es sey aber nach probablischer weise/ hievon gnug gesagt.

CANON. XXVI.

Wenn ihrer zwey miteinander/ oder zugleich trincken: so trincket der eine dem andern die Röthe ab.

Hier siehestn/ warumb man in den Communitäten/ und sonsten anders wo an den Tischen/ nur einen trincken lässet; und sich sonderlich hüter/ damit man nicht zugleich mit einander trincke: Nemblich daß etwer seine Röthe nicht verliehre; welches geschiehet/ wenn ihrer zwey miteinander trincken/ aber verstehe es aus einem Geschirr oder Gefäße zugleich/ drinnen rother Wein ist: Da kan es sich begeben/ daß der eine dem andern die Röthe weg trincket/ so ferne jener hüpsch zechen und zihen kan/ wie etwan der Hercules vor Zeiten/ da er der schlaffenden Junoni solte auffm Schosse/ an die Brüste/ geleget worden

O   den

den ſeyn: Der drauff in geſchwinder Eyle (als ein hurtiger vocati-
vus oder Bierſchröter/ oder Milchetrincker/) ſeinen Pantzſch ange-
füllet und die beyden Backen vollgeſacket hat; biß die Juno / über
das Gezülpe erwachet / und den Bauerſtegel von Pilze hinweg ge-
ſchüppet hat / der ohn Gefähr aus Unbeſonnenheit wegen Beſtür-
tzung die Schnautze auffgethan/und die Backen-Milch verſchüttet
hat; daraus hernachmaln am Himel rund herüm die Milch-Straſ-
ſe entſtanden iſt: Woraus man den (wegen der groſſe und ümbfang/
die Menge der Milch/die weite der Backen/und die gröſſe des Mauls
abzunehmen hat: Tanquam ex ungve Leonem:

Solte nun ein ſolcher Schmorotzer und Helluo/ mit einem andern Fingerhut trincker/ zugleich über eine Kanne rothen Wein gerathen; Ey wie würde der arme Schneider Knecht/ und enghälſige
Gantß oder Ziegenbock einbüſſen/und ſeine Röche verlieren. Oder es
kan dieſer Canon Philoſophicus auch wohl ſo verſtanden werden:
Wenn ihrer zwey miteinander trincken/und gleichſam certiren (ſive apertè, ſive tacitè, quod ultimum ut plurimum ſit , welcher am
längſten könne außhalten/damit er das Bacchus Feld erhalte / ne ſe
ultimum occupet ſcabies. &c. ſo trincket einer dem andern die Röche ab/nemlich welcher der letzte iſt / und den andern zu Boden ge-
ſoffen hat; derſelbe wird zweiffels ohne über ſolches ſein bemühen
roth geworden ſeyn/und hingegen den andern nicht ſo wohl Scham-
roth/ als Käſeweiß gelaſſen haben. Daß aber ein ſolcher müſſe
roth werden/der wacker lange die Naſe in der Kannen halten kan;
erſcheinet daher-weil Salus/ein rothbärtiger Schelm heiſt. item weil
die Jüden rothe Bärthe haben; doch ſolche / welche zu Moſis Zei-
ren / von dem gepulveriſireten / und zu aurum potabile gemahlten
güldenen Kalbe das meiſte getruncken hatten. Und wovon kommen
noch heutiges Tages anders woher die zinshäne/die Kupfferſchmides
Geſichte / die Feuerfaxe/die Larven/welche ſo roth ausſehen/ als ein
zornichter Caleeuiſcher Hahn? Reſp. Nirgends anders woher/ als
vom ro then Weine / und vom braunen Biere. Doch ſind gleichwohl ſolche Leuche lobens werth / welche ſich dermaſſen im Bachus
Krögen / (Kriegen wolte ich ſprechen) üben / daß ſie Purpuram
davon tragen: Nach dem Spruche Terentii. erubuit, ſalva res e

Und

Und wider das ungereimte Sprichwort: **Rothbarth nicht gut war/** sprach Moses. Doch gehets ohne Bemühung und Aengstigung nicht ab/ehe einer Magister in potando wird/oder gar auff der Trinckstube in Doctorem promoviren kan; nach diesem.

Wer in sauffen sol werden rechte roth/
Der hat vorher gar grosse Noth. item:
Multa bibit, rubuitq; puer, sudavit, ovavit.

Doch kans mancher geschwinder practiciren/daß er einen habitū in der Röthe erhalte: Wie etwan die Francken/nach den Taubmannū, welche ihre cervices supiniren, ut possint plenos evacuare scyphos,& simul provocare ruborem.

CANON XXVII.

Es ist nicht gut/wen̄ man getruncken hat/und lesset die Kanne auffstehen / einem andern drauß zu schencken.

Warūm? Weil entweder jener einen zu hitzigen Magen hat/ daß er nicht länger warten kan/oder einen Streich verziehen; sondern so inbrünstig auff das Bier Faß eyfert/und verpichet ist/ daß er es auff der Stelle verschlingen gedencket. Oder weil zu vermuthen ist/ daß das Bier in Eyle werde auffhören; wenn man ohne auffhören/ und niedersetzen Runda binellula (nach dem Pindarum, denn der hat es auch schon gekönt und auff uns kommen lassen. Vide Smidium in Notis ad Pindarum) singet/oder κυκλοποσίαν exerciret/ das ist/die Kanne herūm gehen lässet. Wer nun also gedencket lange Bier zu haben und das Gesöffe wil produciren; der thue jo die Kanne erstlich zu/und behalte sie eine halbe Stunde/bey sich/ehe er ansetzet und trincket: Item wenn er schon getruncken hat/ehe er die Kanne übergebe/ so wird das Ding schon gut werden. Noli dicere moveatur mare. Resp. Wie aber zu rathe; wenn man einen Hescshers Krug hette/ der ohne Ehr, öhr) were: Oder einen Becher/oder ein Glaß etc. in welchen Geschirren allen mit einander der Bacchus (wie Terminus zu Rom im capitolio,) oben offen/oder ohn zugedecket stehet; das ist/keinen Filtz oder Diebesdeckel auff sich hat?

O 2   Resp.

Resp. Wo nichts ist / da hat der Käyser sein Recht verlohren.

Wo nichts ist / da bleibet nichts über /
Nim mich auff und füll mich wieder:
Das sind schöne Faß-Nächts Lieder /
Die bey uns hoch hält ein jeder /
Als in Schencken das Gebrüder.

Bey uns / sage ich: Denn solches behauptet ja aller dings /

Germanicus /
per anagr.

Naß im Cruge.

_____

Ein Teutscher.

ἀναγρ.

Jeche den durst.

Bistu ein Teutscher-Mann? So leb in deinem Stande
Den Brüdern nur gemäß und Jechs aus dem Lande
Den durst mit Bier und Wein: Halt dich im Cruge naß;
Versage keinen Trunck: Sauff auß das gantze Faß!

Germanicus.
per anagr.

Er saͤtzgesman.

CANON XXVIII.

Wenn man ein Radt über das Thorwerck machet / so hat man Glück im Hause.

So lehren die klugen Bauren; von welchen die Fortuna vielleicht ihr Radt in den Gemäldern bekommen und genommen hat.
Aber was für ein Radt? Traun, nicht ein Pflug Radt / wie sie meinen / oder Bauren Radt! sondern ein Städte Radt / oder Politisch
Radt / oder vielmehr Rath / das ist Consilium politicum; Wenn solches über eines jedweden Hause ist / so ist Glück die Hülle und Fülle
verhanden / wie auch die heilige Schrifft damit überein stimmet. Ps.
15. v. 22. Die Anschläge werden zu nichte / wo nicht raht ist /

wo awo aber viel Rathgeber sind/besiehen sie/und also müssen notwendig über den Hoff oder zu Hofe Räthe sein. Hieher gehöret auch prov. 20. v. 26. Ein weiser König zerstreuet die Gottlosen/und bringet das Rad über sie Ursinus in Acerr: philol. p. m. 262. §. 52:

Rota Fortunæ.

Cum Chaganus Avarum Rex ferociter superbiret, seq; cunctarum gentium Dominum jactaret, Theodorus Medicus, prisci ducis ad eum legatus, narratione veteri mitigavit barbaricum typhum: Audi inquit, Chogane, proficuam narrationem. Sesostris Rex Ægyptiorum illustris & oppidò felix, opibus clarus, inexpugnabili potentatu, plurimas & ingentes nationes servituti subjecit. Undè & in arrogantiam ruens, curro ex auro & lapidibus pretiosis constructo, sedit super eum, & subjecit jugo de exsuperatis regibus quatuor trahere currum. Cumq; hoc fieret insigni festivitate, unus ex quatuor regibus frequenter vertebat Oculum retrorsum, & contemplabatur, cum volveretur rota. Quem percontatus Sesostris ait: Cur post tergum offirmas oculos? Hanc, inquit ille, totam miror instabilem atq; taliter se moventem, & alias modo excelsa humiliantem rursumq; humilia exaltantem. At vero Sesostris parabolam intelligenter animadvertens, legem posuit, ne currum reges ulterius traherent, sic Paulus Aquilejensis, lib. 17. semibarbaré.

CANON XXIX.

Wenn man ein kleines unmündiges Kind/ nennet ein Würmichen/ Igel/ Ding/ Thier. etc. so beschreyet man es/ und gedeyet nicht fürder.

Ja/wenn es propriè zugehet/ so mag es wol war seyn: Nemlich/ wenn (da GOTT vor sey!) ein Kindelein gar elend und jämmerlich were; würde man es eigentlicher und mit besserm Fug ein Würmichen etc. heissen; da würde es freylich war seyn: Daß es nicht gedeyen möchte: Zwar nicht nach der Sage/ sondern nach der Sa-

che

cho an sich selber : Aber wo bleibet die Warheit deß geistlichen Ge-
sanges ?

> Hier lieg ich armes Würmelein/.
> Kan regen weder Hand noch Bein.
> Vor Angst mein Hertz im Leibe.springt/
> Mein Leben mit dem Tode ringt ꝛc.

Resp. Es trifft genau mit unser vorigen Erklärung über ein:
Weiter höret auch das Gedeyen auff/ so man ein Kind/ein (per a-
nagr.) Dinck oder Ding nennet : Hier lernen wir was neues aus der
Mägde Physica/daß ein Ding oder Res nicht aller Creatur oder
Geschöpffe zukomme. Ja daß es die Natur wol gar destruire, und
das Gedeyen benehme / so man sonderlich ein Kind also nennet.
Woher daß? ex Megdaphysica.

Ferner muß man auch kein Kind ein Thier nennen: Worauß
aus der Physick des Cardani : Welcher omnes homines nicht wil
Animalia geheissen haben / doch alludirn die Teutschen vielleicht
auch noch zum überfluße an das Wort Θηρα, das ist/eine lauß/wel-
che ihren Namen hat à Θηρω, corrumpo verderben/ das Gedeyen
benehmen.

Ein Igel muß auch kein Kind genant werden : Warumb?
weil Igel per angr. ich leig: oder furuus; solches gedeyet auch nicht
mehr.

> Sih! mein lieber Matz;
> Das ist ein schöner Fratz.

CANON XXX.

Wenn ein Kind gedeyen soll/ oder nicht beschryen
soll werden; so muß es Brod und Käse / auch wohl einen dreyhellers Pfennig / bey sich
haben.

Warum Käse? Caseus est nequam , quia digerit omnia
sequam: Aber wenn man den leichtfertigen Schelm im Leibe hat/
nicht aber am Halse. Wie man meinet. Wie wohl von beyden Lotichius

chius de nequitiâ casei, aliiq; caseo-mili, oder Kese meuse/nicht ein
Haar halten, Aber Keß/ ist meinen Magen gemeß.

Zum andern muß auch Brodt darbey seyn / wenn ein Kind
gedeyen soll. Ja freylich/ maximè, denn ein regula maxima œcono-
mica ist es:

Caseus & panis, sunt medicina sanis.

Verstehen aber wieder / so sie im Magen ein conjugium beym
Menschen halten / oder allda ihren Hochzeit Schmauß halten oder
geben. Ausserhalb aber dem Leibe helffen sie so wenig als die poma fugientia dem Tantalo nützeten.

Drittens/ so muß auch Geld nicht weit davon seyn / oder pe-
cora campi dar seyn/ wenn das Gedeyen ohne beschreyen rechtmässig
soll fortgehen: Traun Geld schreyet die gantze Welt. Warumb denn
auch nicht so ein kleuier Held? (das ist ein kind) dieses Mittel wird
nun am besten lociret, so es in loculos collociret und einquartiret
wirt: So præstiret es ein köstliches Amuletum und Averruncum:
Denn wer hat Geld: Der kömt auch wol durch die Welt / quid quid
neget Ovidius: Cantabit vacuus coram latrone viator. Ich meine
sie würde einen willkommen heissen/ so einer kein Geld mitbrächte.

O cives, cives! quærenda pecunia primum.

Solches ist ja Julius Cæsar inne geworden / wie ihn die Seeräuber
bekommen/ da es ihnen umb Geld zu thun gewesen: Ohne welches er
auch kein Gebein noch Gedeyen hette würden davon gebracht haben. Pecunia ist optimus nervus rerum agendarum: dieß es ist die
forma externa hominis, wie Kese und Brod die interna, wer sich
mit beyden formis wol versiehet, id est, prospicit, der wird nicht ver-
sehrt/ das ist à malô oculô lædiret werten: Sehen mahl es ein kräff-
tiges præsidium bey sich hat und à duabus illis formis, totus homo
optimè est formatus & informat9 faciunt enim ad bene esse: Ergo
tan eines nicht beschirn werden; der sie beyde bey sich hat/ und als ein
Marck arenter herumb führet, aber nicht allerdings am Halse? wie
wol zona vor diesen (wie etliche critici erweisen können/) auch unter
andern am Halse ist gehencket worden: Kürzlich: Hastu nur Brod/
Saltz/ und Pfenninge, es mögen aber drey Hellerspfenninge/ oder
vier

vier Hellerspfenninge seyn/ wenn es nur sein viel ist/ etwan ein paar Metzen oder Scheffel :)bey dir : so kanstu mit allem rechte sprechen/ besser als der arme Stümpffer , Bias : omnia mecum porto.

CANON XXXI.

Wenn man frue und noch nüchtern rülpset oder Ulrich ruffet/ das ist/Ulrico libamina bringet / oder der vitulinæ opffert/so ist es eine Kunst.

Freylich: Ars heisset aber eine Kunst/ drinnen præstiret,in dergleichen Grobianus den besten Artificem,sed talem artificem,qui facit usus erat. Hat doch jener / mit inferiore gutture Plautino, es so weit gebracht; daß er Harmonicè damit musiciren, und dem Pilato allerhand Lieder damit præsentiren können. Ich geschweige mit superiore gutture,oder ructante podice formato. Dieses aus der Kunst.Noch ferner ist auch bey solchem auffstehen der Ructu die Ethikè(Saton Ettien est edere.)oder Ethica nit zu vergessen. Sintemal daraus / tanquam ex equô Trojanô, die beste und Cardinal-Tugend prosiliret und Triumphiret , oder vielmehr Tripudiret. Warumb?man saget / wenn einem der Igel im Pantsche rege wird; daß er vor die Herberge dancke.

CANON XXXII.

Wenn man nüchtern nieset / so wird einem was geschencket werden:Oder man wird zu Gevattern stehen.

Das erste ist wahr/und das ander ist nicht erlogen: Wie denn? was das Geschencke anlanget / so bestehet solches in Nuntiô lætô vitæ, oder guto Lebens Post. Sintemal wenn einer wacker umb sich brauset / und mit seinen resolvirten Speichel ein halbschock Leute besprützen kan; auff solches Hertz noch keine Ruhe geacket hat; sondern frisch/wie eine Pommerantze zu schätzen ist Doch muß man sich hören lassen/daß die Stube wackelt/und den Sturtz nicht verbeissen/ oder den Laurenissen das Maul stopffen/daß ist/den Angelum vocalem zum stummen Buchstab oder literam mutam machen: Sonsten kan es wol geschehn / (wie es sich der wol ehr begeben hat;) daß
einer

einer erſticket und drüber ſtirbet ; wenn die Spiritus oder Humi und
Vapi ſuffociret und reprimiret werden. Welches kein Geſchencke
ſondern Beraubung iſt: Mors enim eſt vitæ privatio. Wiltu alſo
was zur Verehrung haben ; So nieſe oder prüſte immer wie ein alt
Pferd drauff: ſo wirſtu auß dem ſternutamentô nicht ſterben/ noch
proſterniret werden: Sondern Glück und Stern haben/und ſana mentem
erhalten zur Außbeute/oder Andencte; doch muſtu zuſehen/
daß du früe nieſeſt: Denn Morgenſtunde hat Gold im Maule/
(Munde wolte ich) reimen) greif nur zu ſo wirſtu gleich einen Quarck
erſchnappen/und beraſten. Solteſtu aber nüchtern nieſen können:
ſo lege dir ja Nieſewurtz oder Helloborum zu/ und bore die Naſen
löcher damit auff ; ſo wirſtu helle gnug tönen/und alſo in continenti
dein Geſchenck bekommen; ja ſo du es dahin bringen werdeſt; daß
du gleich nur dreymahl/und nicht mehr nieſeteſt; ſo kanſtu auch wohl
gar ſeelig werden/nach der Theologie vetularum. Reſp. inter ſternutationem Naturalem & artificialem: Von ſich ſelber muß es geſchehen : Helleborô ſhic non opus eſt. Natura ſagax & prudens eſt,
von verô Ars. Reſp. aber weñ man ihr/ tanquam ſtertenti, mit dem
Helleborô zu hülffe kähme und auffmunterte ; oder erinnerte; vielleicht wehre es auch gut : Reſp. Naturam expellas furcâ; nihil inde
juvabit. Ferner ſo du nüchtern nieſeſt ; ſo wirſtu auch zu Gefattern
ſtehen : Freylich die Pate iſt daß Getöne/deſſen Mutter/ Apertura
oris. &c. Die Hebeamme / Wehemutter und andere zur Tauffe mit
gehende Weiber ; ſeyn die herümſtehenden/oder contubernales; wel-
che/bald nach der Tauffe/zum Gefatter ſprechen: Wohl bekomme es
dem Herrn: Salus, Proſit. Deine Pfankuchen ſeyn; wann du dich
begratiarum actionireſt. Sihe! was alſo das Nieſen für ein herrliches und auſpicatum omen ſey ? Davon gar ſiniſtrè und perver,
ſè die Alten iudiciret haben/als benen das ſternutare keine ſtrenas;
ſondern ſterben bedeutet hat ; nach dem D. Hildebrand. in Rituali o-
rantium cap. 8. §. 3. p. m. 128. Alii proceſſiones orantium Grego-
rio M. tribuunt, ſub quô Romæ peſtis adeô ſæva exorta eſt, ut vel
ſternutando & oſcitando homines animam afflarent. Habuit
tum Gregorius homiliam, in quâ ad preces cum ſolenni & hactenus inuſitatâ Procedendi formâ fundendas plebem admonuit.

P. confer

confer Autor Horribil. Histor. lib. 1. p. m. 458. ex Sabellio lib. 6.
Ennead. 3. & Thucydide de peſtilentia Athenienſi, anno ſecun-
do belli Peloponneſiaci : Uti etiam inter alia ſymptomata per-
multa *ſternutatio*, raucitasque prorumbebat.

D. *Jacob. Fabric. in diſp. de catarrho* §. 9. dicit catarhi cauſam
eſſe crebram & multam *ſternutationem*, crapulam continuatam,
frequentem ſub ſole apricationem. &c. Langius in Florileg. tir.
Phyſiognom. p. m. 477. a.b. cleanthes hominis mores ex conſpectu deprehendi poſſe dicebat. Cum autem (qui hoc audierant)
cuperent verum ſcire : hominem cinædum, ſed multis laboribus
ab ineunte ætate exercitatum adducunt : ut artis ſuæ ſpecimen
ederet. Cleanthes igitur cum, hominis faciem, item manus callo-
ſas, & ſole aduſtas vidiſſet, & aliquandiu ſiluiſſet : juſſit hominem abire foras, ille cum diſcederet, *ſternutamento* concuſſus eſt :
quo audito, *Cleanthes* ait : ſatis naturam hominis intelligo, mol-
lis eſt. Non enim facile *ſternuunt*, qui ſub dio laborant. Laert. lib.
7. cap. 7.

Taubmannus in Plauti Pſeudol. p. m. 960. Ominandi ſcientia
inquit *Scaliger*, a veterum ſuperſtitione diligenter culta fuit : quam
κληδονισικην vocabant. Quod Auſonius ait, ejus tres ſpecies eſſe :
non dubito, quin hæ fuerint : πͭαγμος, πͭαλμος, & tinnitus auris.
De ſternutatio ne multi; ut Propert. Aridus argu um ſternuit o-
men Amor. Cujus ominationis ſolicitudinem cum depreca-
bantur Græci, dicebant. ζͭυ ϲωϲον. In Epigrammate ϗͭδϵ λϵγϵι.
ζͭυ ϲωϲον, οταν πͭαϵη. Idem Taubmannus p. m. 473. ad Epidic. Act.
1. ſcen. 1. *ſalvo* V. N. Pœn act. 5. 2. Hac etiam voti formula (ut in
transcurſu moneam) bene comprecabantur ſternutantibus Pagani & gentiles; *ſalvo*. A quibus ille mos ad Chriſtianos quoque de-
volutus ; quem hodieque obſervamus : Dum ſternuantes bene
ominatis verbis ita excipimus: Der Herr wolle dirs geſegne/Gott
geſegne/Gott helff: Quod Græcis ζͭυ ϲωϲον: quaſi Latine dicas :ſer-
ver, aut ſoſpitet te Deus. Nam ſervari, item ſalvere germana
Inter ſe ac pene gemella ſunt. Plinius lib. 28. cap. 2. Cur ſternu-
tamentis ſalutamur ? imo ex homine interdum ſuo ſternutantem
compellabant: Ut Petronius. Gyton collectione ſpiritus plenus,

conti-

continuò ita sternutavit, ut grabatum concuteret.   Ad quem
motum Eumolphus conversus, salvere Gytona jubet.   Sed hæc,
de ritu benedicendi sternutantibus, obiter ex Præcidan. Donzæ
in Petron:

Sternutamenta inter omina esse docet Alexander ab Ale-
xandrò, & si sint matutina, nefanda ominari, si verò meridiana,
firmissimi auspicii esse veteres arbitrati sunt. Lib. 1. c. 26. Genial:
Dier:

Corvinus ad Epistol: Disberri: Muem: 11. Linguâ Glogolitica
vel Slavonica habet (ni fallor) aliquod H, quod pronuncianti
Tu quasi sternutanti חיים שובים acclamares: Chottier in Fa-
ce Histor. c. 263. cap. 42 origo bene apprecandi in Sternutamentis
& oscitationibus.

Sternutamentum omnes experiuntur, sed non omnes illius
causam norunt. Notio spectat ad Medicos, Hippocrates 7. Sen-
tentiarum scribit: *Sternutamentum* fieri ex capite, cerebrò cale-
factô, aut humectatis cerebri ventriculis, capite reddito inani:
aër namq; interclusus extra erumpit, sonum edit, quoniam per
angustum ipsi exitus est: Verùm cum ; Sternutamentum bonæ
indicium sit valetudinis, ut pleriq; docent, quid causæ est, cur
Sternutanti bene apprecemur? *Origo* inde processit, quod sub
annis 591. homines promiscuè *sternutamento*, aut etiam *oscitatione*
animam repente efflarent, quod ne sternutanti aut oscitanti eve-
niret, incolumitatem precabantur, quam consuetudinem etiam
Ethnicos usurpasse, & boni ominis causâ falsos suos Deos invo-
casse, ut & Christianos tempore primitivæ Ecclesiæ, os in sternutatione signô crucis muniisse, scribit in suâ chronographiâ R. P.
Jacobus Gualteri, probatque testimonio Tertulliani, qui vixit
seculô secundô à Christô natô (ad annum Christi 590.)

Salmuth in observat: Medic: centur: 11. p. m. 67. 68. Sternutatio
à sanguine mordicante.   Quomodo sternutatio cum Epilepsiâ
conferatur, notum est, scl. *primo* ratione madicantis, & stimulan-
tis: *deinde* ratione formæ externæ, convulsionis qv. cuiusdam: &
tertiò, ratione formæ internæ, contractionis sc. ventriculorum
vel nervorum cerebri. Novi ego quendam qui quoties sternutat,

P 2   dum

dum nares emungit, sanguinis guttulam excernit: neque etiam
sternutatio prius cessat, vel si sternutaturus, non recte illa succe-
dat, dum excretionem promovere studet, sanguinis quoque gut-
tula exit.

Idem p. m. 56. centur. 1. obf. XCIII. Sternutatione non succe-
dente, Epilepsia. Doctori cuidam praestantissimo, horis matutinis
sternutatio excretio consueta non succedit. Natura aliquoties
eam tentat, sed frustra. Ipse negligit, neque emunctione narium
naturam adjuvat. Rursus cerebrum conatur excernere, sed frustra. Concidit ergo in terram Epilepticus, ac redit paroxysmus
quinquies aut sexies, ac eadem die ultimo paroxysmo extingui-
tur. Quo sane casu cautiores reddi debeant aulici quidam,
(quorum multos novi,) qui dum elegantiores haberi volunt,
non sputa tantum deglutiunt, sed & sternutationes imminentes
cohibent; sicq; excretionem cerebri maxime naturalem suppri-
munt: Xenophon. quod 1. de Cyri Regis Persarum institutione,
mihi fol. 6. tradit apud Persas turpe admodum; & ignominiosum
fuisse, non solùm frequenter expuere, & nares emungere, sed etiam mingendi, vel alterius ejusmodi rei gratia, euntem aliquem
palarum conspici: Aut enim nimiam voracitatem, aut segnitiem
inde conjiciebant: tantam nimirum crudorum superfluorumq;
humorum copiam ex modico nutrimento, vel assiduo labore, atque exercitio haud provenire posse judicantes. Utrum igitur tales & praedicti Aulici nostri forsan videri nolint, sane ignoro. Ipsorum tota vita id facile testabitur.

Zeilerus parte 2. des Handbuches: p. m. 268. vom Tießen
und was wider das starck Tießen gut sey/die 461. und daß theils
ein Glied durch vermuthen wollen/die 14. Epistel.

Cassius jatrosophista in problem. p. m. 22.

Cur cum aliquando sternutatio difficulter procedit, si
convertamur ad lucem solis, facilius sternutamus.

In causa est radius solis, qui inferioribus nasi partibus se
insinuans, instar festucae sternutationem excitat, meatus irritando. Aut quia sternutatio fit spiritu subeunte & irritante nares:
radius autem solis, quae intra nasum sunt, calefaciens magis in va-
porem

porem ipſa vertic , ſpiritumq́ue promovet : qui cum validior
effectus eſt, ſtatim locis irritatis ſternutamentum perficit.

Cur ſternutamentum rarò unum ſit, & rarò multa ? Fiunt e-
nim ut plurimùm bina: In promptu cauſa eſt. Nam meatus
etiam naſi habentur bini : & quoniam per ſpiritus excuſſionem
ſternutatio ſit uno, ſternutamento in altero meatu facto , ſimul
& alter afficitur.

Idem pag. 16. Cur ſola ſternutatio noctu aut non ſit , aut
rarò, in illis qui ſecundùm naturam ſe habent: alia verò ferè o-
mnia, tum interdiu, tùm noctu contingunt ?

An quia ſternutatio quidem ſit à calore quodam, locum ,
unde prodit, movente : quare ad ſolem quoque proſpicimus,
cum ſternutare libet. Dormientibus verò nobis calor in oppoſi-
tum locum agitur , proinde partes dormientium inferiores ut
plurimùm incaleſcunt, merito igitur non ſternutamus poſtquam
à capite receſſit calor, qui movere ſolet contentum in ipſo humo-
rem. Hic enim dum expellitur, ſternutatio ſit. Quare probabilis
hæc eſt cauſa; ob quam hæc affectio nocte non accidat.

Cur perfricantes oculum ſternutamentum compeſcimus?
An quia humor ita reſpirat ? illachrymat enim oculus poſt attri-
tionem. An quia plus caloris minorem corrumpit abſumitq́ue, o-
culus autem attritus majorem, quàm qui naſo continetur ca-
liditatem acquirit: quamobrem etiam ſiquis naſum perfricuerit,
ſternutamentum deſiſtet.

Anonymus quidem ; ſternutatio eſt morbus, ratio quia ſuper-
ad in ſternutantibus unum elementum aër vel ignis ; ſed ignis
maximè, oritur enim ex ſanguine in corde & hepate collecto, cujus humores ſubtiliſſ : per venas caput petentes, adeoq́; nervos
ſubtiliſſ :attingentes tandem ei magna copia (prout homo cali-
dus eſt, collecti à nervis) motum iſtum inconſuetum & nimium
nervorum iſtorum ſubtilium reſpectu ſentientibus, ſeſe motui
iſti dilatando opponentibus cum tandem ſumma vi totos ſeſe op-
ponendo ejiciunt, hinc commotio fermè totius corporis quia
nervi totius corporis ſeſe opponunt. Dicitur autem valida ſternutatio (ſicut ſocraticus) per accidens nimirum ideo, quia na-

tura-

tura est tam valida, ut queat eiicere & resistere. Quod si fieri nequit per externum irritamentum, est lacessendum (quod tunc excitat per accidens sternutationem, quia sunt in medio nasi nervi, unde fit principium odorationis, nervi omnium sunt subtilissimi qui cum nimis inconsulta incipiant exire, summa vi sese humoribus ibi collectis opponunt, dicitur inde cor firmum, quia sunt nervi cordis in capite. Summam istam perturbationem à calore factam ejecerint, quæ nisi fuissent ejecti, doluisset caput, interdum malè cedit, præsertim in naturis admodum infirmis, sicut non expellere valentes multô humore collecto tandem obruantur, sic ut summa ruptura capitis prorumpant: Eadem ratio accidit in *coitu*, Nota hic quoad verba Cassii nim, ad illa Barthium annotasse p. m. 76. ad quæst. *cur sola sternutatio* &c. Vide Aristotel. Probl. 33. 15. ad quæst, *cur perfricantes* &c. Problema hoc apud Aristot. sect. 31. probl. 1. plenius & emendatius expositum legitur iisdem penè verbis. Idem Aristotel. repetit hæc sect. 33. Problem. 8. Ad quæst. *cur sternutamentum &c.* quære ittdem Aristotelem 33.5. *Pontanus in Atticis Bellar. p. m. 812. Sternutationes*: de quadam Afrorum gente Joannes Leonis in descript. suâ lib. 1. Cap. 30. Nec me mediocriter oblectavit, quod die veneris non semel ab illis factitatum vidi. Hôc die concionis causâ ingens hominum numerus ad ipsorum templa confluere consvevit. Jam si cuipiam sub côcione incidat *sternutatio*, id omnes confestim unô ore, unóq; impetu sequuntur; sicque tantum inter illos strepitus, qui non nisi unâ cum concione finitur, ut vix quisquam fructum ex concione aliquem referre posset.

Scherzus in der Sprach-Schule p. m. 241. Von des Nieseꝛ wunsches Ursprung ist droben gnug gesaget im Worte Litaney Nemlich pag. 54. Als zur Zeit des Pelagii 2. Bischoffs zu Rom/ unzehlich viel Volcks an grossen heimlichen Beulen (peste inguinaria) gestorben/ aus Ursachen / daß sich die Tyber trefflich ergossen/ und in ihrem Abnehmen viel Kröten / Schlangen und Ungeziefer ausgewimmelt hatte/ welche die Lufft vergifftet / und obgedachte Beulen verursachet hatten, also das auch viel Leute nur durch Niesen und Jehnen/ zu welchem man flugs im Wundsch zugeschrien Gott

helffe

helffe dir ꝛc. Daß noch biß auff diesen Tag blieben) gestorben sind.
Anno Christi 580. Dresserus part. 1. &c. Pontanus. &c.

CANON XXXIII.

Wennman in die Stube gehen will/ und kehret sich in der Thüre herumb; solches ist nicht gut.

Alle tritt in Gottes Nahmen/ saget der Vater Pabst: Er fluchet nicht/ er schwieret nicht/ so hole ihn auch der Teufel nicht: Also
saget/ ihr lieben Freunde/ Courr Unverstand/ thar glaube aber ein
ander aus Irrland. Warum? der Römische Papst ist ja ein Kind des
Unglaubens: Ergo holt ihn endlich der Teufel. ℞. ist er doch selber
ein Beelzebub. Ergo beisset eine Kree der andern kein Auge aus.
Non enim exercetur sævities, nisi in dispar genus. Doch gnug von
diesem Stücke. Resp. nein Bruder/ verziehe noch einen Streich: Es
kan der gute Pabst freylich nicht so schlechter dings verworffen wer-
dennoch gesaget; daß er in allen Sachen böses thue. Denn thut er alle
tritte in Gottes Nahmen und gehet so fein pedetentim fort: (so fein
sachte: Daß der Herr nicht fäle.) so wird es sich mit ihme kaum
zutragen mögen; daß er in die Stubenthüre sich umkehren solte/ und
also ein Ding begehe/ daß nicht gut wehre. Aber warumb ist es denn
gleichwol böse/ und nicht gut; so sich einer inder Stubenthüre um-
inewendet? Resp. weil es ein zeuge ist eines inconsiderati oder unbe-
sinnen Menschen; welcher nicht alles mitgenommen ti ser in die Stube oder das Gemach hat gehen wollen; sondern etwas vergessen hat/
welches er gedencket nachzuholen: Summa: solcher perversus und in-
versus homo, saget gleichsam NON PUTARAM. davon Cicero
libb. offic. wenig gutes und nichtes besonders häle. Wiltu also
lauter Bona opera thun/ so sacke alles auff/ und packe alles an/ ehe
du zur Stube hinein schleichest! damit du ja nichtes vergessest/ und
also mit den thörigten Jungfrauen/ oder geschäfftigten Picelherina/
und verkehren Mägden genötiget werdest numme zu kehren: Mache
es mit Bias, daß du sagen könnest: Omnia mecum porto; wie etwan
der Depositor, wenn er seinen Kunst Sack übern Buckel zur depo-

nir-

nir-Stube hineinwerts träget. Und ſihe dich ja nicht ümme / als er
man des Lotts ſeine Fraue; welche es die Fortuna Reſpiciens ſchlechten Danck wuſte Reſp. Sed quorsum ſpectat converſio & reverſio
in Theologicis? ubi ſæpiſſimè dicitur: Revertere ad me, dicit Do-
minus. Reſp. daß iſt ein Aliud: Diſtinguendum eſt inter Phyſicam
& Theologicam reverſionem. Jenes heiſt bekehren: dieſes uffi-
kehren. Auff gut Phyſiſch hält man leider in gemein von bekehren
hier nichts: Als wen man in tieffen Drecke gegangen iſt, daß man alsdenn einen Beſen nimbt, und bekehret da ſeine Stiefel wol mit abe.
Auff dieſen Schlack und Schnack / kömpt es auch keinen gut und
nützlich für; wenn er ſich in der Stubenthüre umme wendet : Mehr
aber hält man im wiedertheil davon ; ſo man die Kannen und Glä-
ſer in der Stuben fein rein ausgeſoffen hat, und ſolche auff dem Tiſche
oder Nagel umkehret, alſo / Negutta superſit more palatinô : Welches die Meißner eine weiſſe Hoſe nennen / wie Meurecus ſaget in
meteorol. p. m. 255. wenn er ſpricht. Nubes feſtiles nigræ, ſunt
humore abundantes. Sicut pennarum calami, quò nigriores ſunt,
eò plus humoris continent, quò candidiores, eò minùs humoris habent, & ſunt ſicciores. Ita vitra, quò coloratiora, ita plus vini habent, quò candidiora, eò minus. Hinc illa paganica ſeu veri-
us, barbarica noſtrorum hominum Philoſophia, cum jubent ebi-
bere, usq; dium fiat caliga calba (alba ni ſallit autor) Eine weiſſe
Hoſe, quod Saxones dicunt. Gar üt. (confer Taubmann in Plaut:
ad nagelum libere.) Daß das ummekehrn unglückhafft ſey, beweī-
ſen auch folgende Hiſtorien. Ein übelthäter / hinter dem alleweil die
Häſcher her geweſen waren, kam in ſeiner Fluche in ein fremd Hauß;
da thme der Haußvater / welcher mitleiden mit dem verbrecher hatte, riethe, er ſolte flugs hinten in ſein Hauß lauffen / da würde er bey
einer ſchwartzen Thüre einen Brunnen ſehen / drinnen ſol er ſteigen
und ſich verbergen. Was geſchicht? dieſer laufft bald hin und findet
zwar den Brunnen / dahinein er alsbald hette ſteigen können und davon kommen: Allein weil er falſch berichtet war, daß der Brunne ſolte bey einer ſchwartzen Thüre ſeyn; gedachte er ſich doch erſtlich zu
verantworten, und dem berichter die unwarheit vorzuwerffen / lieff
derohalben zurücke und ſagete: Herr, ihr habet gedacht der Brunn ſey

bey

bey einer schwartzen Thüre: Nun verhält sich ja solches nicht so/ den
Brunnen finde ich zwar / und bin auch fast hinunter gewesen/ allein
die schwartze Thüre habe ich nicht können antreffen etc. Resp. Was
hindert es/ich habe mich etwa versprochen: Lauffe du nur/und verkrie-
che dich in den Brunnen. Resp. Ey ihr sollet aber recht gesaget haben / und mir nichts vorgelogen haben: Sihe in deme kommen über
den unnöthigen Zäncker die Gryphes / ziehen ihn in einen andern
Brunnen;da er denn halten muß/ und den Kopff bald drauff verlieren. Da er hingegen hette können davon kommen/ wenn er nicht när-
risch umgekahrt wehre. Aliud.

Es stehen viele in den Gedancken/ wenn man dem gethanen
Eyde oder versprechen / durch einige betriegliche Auslegung helffen
könne/ daß alsdenn die Schuld des Meyneydes oder unwarheit dem
Betrieger könne beygemessen werden. Gleichwol haben fast alle Leute
einen Abscheu für dergleichen Treulosigkeit ; als welche das Band
der menschlichen Gesellschafft auflöset/und zerreisset. Inmassen auch
die teutschen HistorienSchreiber es dem Bischoff Hatto von Meintz
nicht verschwiegen haben/ was er für untreu an seinem Verwandten dem letzten PfaltzGrafen aus Francken begangen. Es wurde
derselbige/ Nahmens Albert/ bey Käyser Ludowigen des Arnolphi
Sohn beschuldiget/ ob hätte er dem Keyser seinen Sohn ermorden
helffen. Darüber belangete ihn der Keyser in seinem Schlosse Al-
tenburg bey Bamberg / und weil der Ort von Natur feste/ und
ihme übel beyzukommen war/gab sich der Hatto an/ er wolte den Al-
bertum in des Keysers Gewalt bringen. Begab sich darauff zu Al-
berto in sein Schloß; ihme vorsagend/ wie er seine Sache bey dem
Keyser gehandelt/ und es so weit gebracht/ daß sich derselbige leicht
würde versühnen lassen/wenn er nur selbsten ihn anspräche. Verhieß
ihm darneben mit einem Eyde/ wenn die Handlung nicht fortgehen
solte/ wolte er ihn unverletzt wiederumb in sein Schloß führen. Al-
bertus ließ sich bereden / und begab sich aus seiner Gewahrsam/ und
als sie beyde eine Ecke geritten waren; gab Hatto für / es köndte ge-
schehen/daß sie auffgehalten würden; wolten derowegen wider um-
kehren/ und das Frühstücke essen. Also kehreten sie wieder ins
Schloß/assen miteinander/ und nach verbrachter Mahlzeit/ begaben

Q   sie

ſie ſich widerumb auff den Weg/ und zu den Keyſer ins Lager. So
bald aber der Pfaltz Graff alda ankam/ ward der gefänglich angenom-
men/ihm der Proceß gemacht und der Kopff abgeſchlagen. Und als
er ſich auff des Biſchoffs zuſage berieff/ gab dieſer für/ er hette ſie
vollzogen/ als er ihn zum Früſtücke zurücke geführet hette.   Aber die
Chronicken geben ihme gleichwol dieſen beſtändigen Dienſt/ daß der
treuloſe Hatto genennet wird/ und ſetzet einer/ von Heinricô Petroiô
herauß gegeben / es ſey der Meyneydige Biſchoff vom Donner er-
ſchlagen/ und ſein Leib von den Teufeln in den Feuer ſpeyenden Berg
Ætnam geworffen worden: Daman dieſe Wort in der Lufft gehöret:
ſie peccando lues, ſicque luendo ruas. Ferner was von Teller unit
mit ehren zu halten ſey/ werden wir in folgenden vernehmen.

CANON XXXIV.

Wenn man alles fein rein aus und auffiſſet/ ſo wird
es morgen ein guter Tag oder Wetter
werden.

Biſher aus der œconomiâ: Aus der onomiâ redet man ſo:
Wenn 2. Eſel mit einander ſpielen oder ranzen; ſo wird es
morgen gut Wetter: Aus der Rapſodiâ aber weiſſaget D. Ba-
cularius alſo contrariè: Baculus ſtat in angulô; ergo cras pluet.
Sihe/ daß ſind grundreiche aſpectus und Aſtrologiſche richtigkei-
ten / die den Calendermachern theils nützlich wehren: Theils ſage ich/
weil kein Zweifel iſt: daß ſich ihrer etliche beſſen principii nicht gebrauchen ſolten/ in deme zweiffels ohne unterſchiedliche ſeyn mögen/
welche vielleicht alle Tag fein außeſſen/ und reine Schüſſel machen/
ne mica ſuperſit. Danntenhero ſie denn auch alleine ſo ſchön Wetter
den andern Tag drauff zu erwarten haben: Wie denn?

Cantabit vacuus coram latrone viator.

Nochmahl/ auff was Art denn? Ii, wenn ſie heute alles auff freſſen /
alſo daß ſie morgen eſuriales ferias haben / und mit den Bettlern
Faſten halten/ und Carni-vini-pani-ſprivium celebriren; ſo iſt es
ja alsdenn fein rein/ ſauber und helle umb ſie: gleich wie am Him-
mel/ wenn keine Wolcken da ſeyn/ und die Sonne frey auff uns zu-
ſcheinen.

scheinen kan. Auff diese weise scheinet ihnen auch die Sonne
eher ins Hauß/als sie Brot hinein bekommen: Die Kannen
und Gläser sind die Wolcken/wenn solche in den Hals hinein gestürtzet werden; so regnets/ Ja es gibt wohl gar Wolckenbrüste und
inundationem microcosmi. Die Speise/ als Fleisch/ Brot/ rc.
repræsentiren gleichsamb Donnerkeule und andere Gewitter/ und
warumb solches nicht? machen sie doch Gewitters genug/ so man
überflüssig geneust und zu sich nimmet/als strepitus ventris, singul-
tus stomachi, sufflatus abdominis, &c. Wenn nun aber die
Schmachthänse/post evacuationem patinarum, den andern Tag
kein Essen oder Trincken zu sich nehmen; So haben sie auch sich für
dergleichen Unheil und Ungewitter nicht zu befahren/oder befürchte.
Ja sie werden auch iram Vajovis nie verspüren/oder fulmina post
prædicamentalia ejaculirn vonnöthen han ; quia illa in tertium
plerumque diem differt (experto crede Ruperto) Anus, oder das
alte Weib/so ne detur vacuũ Valer: seu Capuce: Doch ist zu geden-
cken/daß er den vorigen Tag/weil er die Schüsseln säret/sich wol fülle
müsse/ wie die Papisten/ alias, posterâ luce latrantem habebit
stomachum, qui quodammodô violentiam venti seu Æoli repræ-
sentat; unde crastinum tempus non omninô defecatum foret,
und würde allerdings kein guter Tag zu erwarten seyn : Höret hier
ihr Practicken (in penultima ist dieses Wort kurtz/in jure lang.)
Macher/ was ihr nicht wisset: Damit eure Almanach alge-
mach correctionirter werden/und nicht mehr Princeps aliquis ex
aratore oratorem, oder Rastrologô Astrologum machen dürffe/
nach den Sabinum, meinem Landsmann (welcher Jacob: Pontanus
in seinen Attic. Bellar.p.m.223. auß Verdruß und Mißgunst/ (weil
er ein Teutscher gewesen/oder sonderlich aus Marchiâ bürtig/ welche doch viel Archias oder gute Poëten gegeben/ die gar wol dexin
und principatum inter multos exteros haben: Wie denn Abel itidem Poëta quidam sympatriota Marchiam nennet Poëtarum ge-
netricem.) incertum nennet: Daß er ihn aber mit fleiß so nennet/
und seinen eigenen Nahmen nicht habe vorbringen wollen ; sihet
man darauß/ weil er auff diese weise/ noch dreyerley andere Epi-
grammata mit ihren epigraphis citiret, semper dicendo ejusdem:

Es sey denn daß dem guten Pontano eine Kloster-Jungfer
Sabinigen den Titul vorneam vor deß Sabini Buche zum possen
weggerissen/und librum æternum (quia caruisset principio,) zum
Schabernacke verlassen hette; daß er ex ignorantiâ gedachten Sabinum nicht hette nennen können. Doch müste solche Kammerkaze
den Titul beym Pontano in der Jugend herauß getratet haben; da
er noch nicht cognitionem Autorum allerdings gehabt hat: in
provectiori ætace kan es nicht wol geschehen seyn: Sintemahl er da
all weile diesen Autorem wird gelesen und erkandt gehabt haben.
Sed cur Sabina Sabinum acephalum reddidisset? Resp. quia

GERMANUS,
qui per Anagramma intonat:
REGNAMUS.

Frustrà à Virgilio & *Romani* tempore nostro Rerum dicuntur Domini, Gentesque togatæ; Nos Regnamus enim, clamat *Germa-*
nus, & subijcimus nobis *Pitulos*, sceptroque potimur. Illos *Ruris*,
Pontanus ist dem Sabino nicht gut gewesen; weil er ein Teutscher;
deme insgemein die Italiäner/Frantzosen/&c. Jesuiten mißgönnen/
wenn sie was gutes geschrieben haben: Vom Vossio weiß man/ daß
er den Peucerum in seiner Idololatriæ processu hin und wieder auß-
geschrieben/aber nicht citiret hat: Scaliger soll gar von gedachtem
Peucerô gejudiciret haben/daß es schade umb ihn wäre/ so ferne er
ein Teutscher sey: Ich geschweige vieler andern plagiariorum:
Aber ihr guten Calinwasser/ wir Teutschen seyn nicht durzig/und
lassen uns wissend nicht gerne teutschen/ Nobis Mercurius pro-
prius est: Nimm diß hin auff den Kauff Pontane, in hâc re depor-
tare senex. Denn was du für recht gehabt/ meinen Landesman/ den
Sabinum inglorium, und sine nomine oder ignominatum lauffen
zu lassen/in supprimendo Autoritatem/solches recht habe ich anje-
zo gehabt/dir solche Fehler vorzuhalten.

Fœnum habeo in cornu, hinc me, tu *Romane*, cáveto)
Es seyn aber des Sabini (an manch hundert Oertern citirete) Verse
folgende:

Dixerat

Dixerat Astrologus cœlum sine nube futurum
Principe sylvarum lustra petente suo.
Dixerat ast contrà, ruiturum è nubibus imbrem,
Vertere consuetus bobus arator humum.
Vix ingressus erat princeps nemus ilice densum,
Cum subitò pluviæ præcipitantur aquæ,
Laudat aratorem princeps, ipsumque doceri
Astra, sed astrologum sumere rastra jubet.

Doch möchtestu sagen/ wenn solches ein Calendermacher in acht nehmen solte; so würde der Calender sehr kahl werden; und der Autor gar kahl damit bestehen. Sintemahl als die andern Gewitter alle mit einander müssen außgelassen/und nur auff alle Tage kommen gut/helle Wetter. Aber gleichwol non semper ridet Apollo:

Resp. Ey! nicht so spitzfindig: Es fehlet ja gleichwol noch einem Astrologo nicht allezeit an Vorrath: hat er nit immer penu ;so hat er doch auch nicht stets penuriam: si hodie male; non ita semper erit:

Sed tamen æternus non erit ille sopor.
Rarò heisset zwar Gebratens/beym depositore: aber in meine alten codice finde ich doch gleich auch einanders æquipollens, nemlich aliquando. Also siehestu/daß nach unserem Grunde kein Astrologus sich prostituiren würde/und falsche Calender schmieden möchte: Wie etwann vor etlichen Jahren der Israel Hübner gethan/ da er eine solche Finsternüsse der Sonne verkündiget; daß man auch bey hellem Tage nicht würde sehen können: dessenwegen denn geschehen/ daß umb selbige angesetzte/und damaln erschienene Zeit/ die Pennäle zu Leipzig beym liechten Tage/den executirtem νυκτικόρακα mit der Leuchte nach Hause gebracht haben. Aber apage, packe dich du

Israel Hübner.
Per anagr.
Isabeln Hurer.

Welcher præterea (nach vieler ehrlicher Leute Aussage) ein rechter Venus Bube solle gewesen seyn/ und anietzo soll Apostisiret haben: da er sonderlich der Römischen Isabeln wacker nachhuret/ und den Lutheranismum schändet.

Q 3   Aber

Aber damit wir wieder über unsere Schüssel kommen/ und rein
auffessen/ damit es Morgen gut Wetter werde; So kan allhier noch
erinnert werden/ daß vielleicht simia Dei. cacodæmon. solches den
Leuten eingebildet / und auß der Schrifft beygebracht habe / da die
Israeliten nach Gottes Befehl/ das Osterlamb gantz ohne reliquien
und analecten haben auffessen müssen ; so ferne sie einen guten folgenden Tag haben geniessen wollen/ &c.

Doch was sagen die Esel darzu? Resp. ita, sie stimmen mit ü-
ber ein/ und sagen , Daß/ wenn sie spielen/ auch Morgen gut Wetter
vorhanden sey. Siehe das sind sagaces ẽ̃ni : welche tempestatem
crastinam eher riechen können/ als herbam spicam &c. similem,
quã utinam suam corrigere debent. secundum Fabulam. Arrige
hic aures Pamphile, und buge deine Klunte flugs drauß/ so du ein
paar Esel spielen siehest/ daß du Morgen mit ihr könnst spazieren reiten: Resp. Ich halte der Teuffel schläget sich mit dir! Er wird sie ja
nicht flugs sollen anheben zu ziehren: Es ist ja morgen Frühe noch
Zeit : Zum andern wird er ja nicht/ nach deinen Worten/ auff sie reiten sollen; Sondern vielmehr gehen. Resp. ad primum : Mulieres dum moliuntur & comuntur annus est. Sie zaudern/ und wird
mit der Wäscherey sein sebe kein Ende. Ergò statim Pamphilus debet Virginem vitiare, oder vitare, wolte ich sagen : Nam qui non
est hodie, cras minus aptus erit. Zum andern mustu wissen/ daß
ich nicht gesaget habe; Pamphilus solle auff seine Eromene (wie Europa auff den Ochsen) reiten/ sondern spazieren mit ihr reiten: Du
bist vielmehr ein grosser Hache und Grobianen Foltisirer/ der du vorher sagetest ; Ich solle nicht auff sie reiten/ sondern gehen : mit
ihr gehen wirstu gemeinet haben/ du alberer Götze; Man muß ja auff
die Erde (Resp. Ich meinete auff die Fußsohle:) gehen/ und nicht
auff die Erato : quidquid sit, quod consonent. Wie wol jenes/
nemlich daß ich auff sie ritte/ noch verantwortlicher were/ als dieses
nach den Horatium :

Ludere par impar, equitare arundine longâ :
Aber was ist arundo longa? Resp.

Junge

Junge Mägdgen schmahl und lang/
Sind der Studenten Recklebanck.

Doch genug von dieser Hippocomiâ; Wir kommen wieder über die
Esel her/wie der Habicht über die Hüner/ und wollen darauff vielmehr was herümb stützen. Aber halt stille/was spielen doch da die
kalisiones oder Creutzhirtigen so hübsch? stichet jeder Haber/ oder
werden sie eelstrô Apulejanô sô mutig? Resp. Sie haben ein humi-
dum cerebellum, und vermercken damit (wie der ander Wetter-
Prophet/ der Hahn) die morgende Lufft Beschaffenheit/wie der Adler das Aaß: Kürtzlich/ es wird Morgen gut Wetter werden. Sihe
Asme cum punctô: Accidit in punctô quod non speratur in annô. Es hat lange geregnet; so träger es sich gleich zu/ daß uns die
Trägen/oder lustigen/ Esel gut morgendes Wetter verkündigen.
Worauß wissens aber die kurtzweiligen und hochweisen Esel? Resp.
darauß es die spielende Mücken wissen: Resp. Sed extra petitionem
principij, peto jam verum principium: Resp. Auß dem maen (Sa-
tonicè,) Alba serenat. Nemliches sind die Esel treffliche Stern-
kucker/ und reciprocè (wie ein Esel gegen den andern schreyet) etliche und zwar die alberne Sternkucker treffliche Esel; besser als der
Elephant/ davon in Epistolâ quâdam Lipsij: Nemlich sie können
bald lünsen und mercken; Wenn (nach dem) rubicunda stat/ der
maen roth umb den Kamm/ als ein Kalekutischer Hahn außsiehet/
daß drauff Wind folget: das ist/ daß sie von ihme wacker werden/
geprügelt werden; ita ut ex inferiore gutture non obturato, tanquam datâ portâ omnis vis venti evolare cogatur. Item können
sie auch bald mercken: Wenn der Maen weiß scheinet/daß es denn/
helle und fein werde werden: Nemlich wenn der Müller vom Mehle
gantz beweiset außsiehet / daß alsdenn das Korn bald zu mehle ge-
schroten sey / und sie auß dem Wschröo werden außgespannet wer-
den/&c. Resp. Est æquivocatio in voce maen/distinguendum
enim inter virum & lunam. Resp. Das magstu im Lateinischen sehen; im Teutschen erkenne ichs nicht: Denn ich bin ein Schwabe:.
Ha Jäckel/ der Maen kömt:

Resp. Laß kommen? so könne wir desto besser gesehe: So sagete der Lauscher dem Apffeldiebe/ als er den Herrn der Aeyffel ver-
spüre:

spürete herbey zu schleichen. Doch vergiß auch diese Künte nicher/
wenn die Esel spielen (nemlich mit der Karten : Welches ich mein
lebelang niche über tein mahl gesehen habe : wiewol ich sie beym Eulenspiegel im Psalter haben lesen gehöret : und beym Erasmo einmal
auff der Leyre spielen: Nach dem : ονος προς λυραν,) so wird es morgen gut Wetter. Sed prius est inauditum seu invisum: Ergò &
posterius non persuasibile: Nam quis divos unquam tam habuit
faventes ; crastinum ut sibi polliceri possit? si jam dubitatur de
subjectô, multò majus dubium erit circa accidens; Auß der
Schrifft lernen wir/daß/wenn man von künfftigen bescheiden reden
wolle ; man darbey sagen solle: Wenns Gottes Wille ist/ oder ob
Gott will/und nicht der Esel. Es weiset uns die Heilige Bibel wol
freylich offte zum Thieren/daß wir von ihnen Weißheit erlernen sollen: Aber daß wir von den Eseln den Morgenden Tag/ und zwar ob
er solle gut oder böse seyn/ erlernen solten/ wüste ich nicht/ wo es zu
lesen stünde. S. Lucas schreibet nichts davon/so mahlet er noch
viel weniger davon/&c.

Doch bleibestu bey deiner Regul/ wie der Baur bey seinen 5.
Mahlzeiten: Daß/wenn die Esel schreyen/und man reine auß-
isset; Morgen gut Wetter darauff erfolget: Nein / concesso
hôc, mustu mir denn auch gestehen, daß wenn vice versâ, gut Wetter ist ; Den vorigen Tag die Esel gespielet haben/und daß man rein
außgegessen habe: Item/wenn man rein außisset/&c.daß alsdenn die
Esel spielen; und wenn die Esel spielen/ daß man alsdenn rein auß-
isset/siehe/ was daß für schöne αναρειφυντα seyn/ und sich so artig
convertiren lassen; Als deß Esels Fliegenwedel für der Lateinischen Kunst/ oder die Schüssel auffm Tische nimmermehr.

CANON XXXV.

Wenn man unterm Tische leuchtet/ so schlagen sich
die anwesenden Gäste gerne.

Freylich: nach deme sie sonderlich/ vor dem hinunter leuchten
wacker gedoppelt und gespielet (doch nicht wie die vorhergehenden
Esel)

Esel) haben / und darüber in zancken gerathen wären; so könte es
wol nicht unmüglich oder ein seltens seyn; Daß einer auß rachgier/
ein fach wagen solte/wer dé andern auffs ander Bier eins zutrincke:
Denn im dunckeln ist gut munckeln/ da schwappet man einem in
die Augen/ daß sie funckeln; wenn sie auch vorher star blind gewesen wären. Ferner kan es auch wol kommen / daß der hinunter
leuchter/die erste Außbeuthe zu erwarten habe; All dieweil mans für
ein Schelmstücke hält/ so einem das Liecht vor die Nase vom Tische
genommen wird: Sintemal man auch nach der Schrifft kein Liecht
untern Scheffel setzet; sondern mitten im Gemache/ oder auffm Tische / daß alle Gegenwertige sehen können was sie sagen. Mercke
auch daß die remotion des Liechtes gleichfals bey den Adamiten,
Schläge mit sich bringe; aber mit der Adams Peitsche / wenn sie
drauff das crescite, und multiplicamini in düstern spielen.

Doch daß ich auffs vorige wiederumb gerathe; so sage ich/ daß
die Schlägerey auch wol vielleichte daher offtermals gerathe; weil
man mit solchem Liechte unterm Tische die hinweggeworffenen Kar-
ten-Blätter antrifft / welche etliche gute Spiele dem andern haben
verderben können; Dannenhero denn derselbe drauff zu eyfern ursache nimmet/biß endlich verba ad verbera gerathen.

CANON XXXVI.

Wenn die Aelster schreyet / so beköm̃met
man Gäste.

Was denn für welche? Phantastische/oder Einbildungen/wel-
che alsbald bey den Abergläubigen mit grossen Troppen einziehen und
Quartier finden. Nam sæpe sinistra cavâ prædixit ab ilice cor-
nix: sed quando? si mens læva fuit.

CANON XXXVII.

Wenn das Liecht eine Rose brennet/so wird
man Gäste bekommen.

Verstehe Meteorologische: als Humores: doch liß hierüber
die commentatores in locum Virgil. Georg:

Scintillare oleum, putres concrescere fungos.

A

CA-

CANON XXXVII.

Wenn man einem andern sein Brot gibt / davon
man abgebissen hat; so wird der ander uns
feind oder gram:

Resp. Wenn wir nur nicht Gram (Niedersächsisch) oder
Grummet (hordum) werden/und uns der Ochse zu Basan auff-
frisset; so mag er immer hin gram seyn: Er wird uns wol wieder
gut und graßgrüne werden. Post simultatem (heimlichen Groll)
vocabulum illud classicum & verè latinum, sequitur *simultas* vocabulum barbarum (id est, concordia, quæ facit *simul*, & homines secundum Etymon *ὁμοῦ* esse: quum discordia faciat dissen-
sus, & dissessus, seu dissidere, &c.) Doch ist zu mercken/ daß etliche
Editiones (ab edo, ich esse) oder Maulwürffe/ variiren/ also: Daß
man einander gram werde. Darüber Critisire ich / daß es
grundmäßig sey: Sintemal ich selber einen solchen Maußkopff
scheel ansehen würde/ welcher mir mein Brot/ daß ich angefangen
hette mit der Brotaxte zu dividiren; nehmen/ und es in seinem Back-
ofen schauben wolte. Certe (secundum Terentium) dolerem,
mihi tantum bolum surreptum esse: Ja/lieben (nemlich ein biß-
gen gegenwertiges Brot) und nicht genlessen/ daß möchte auch
dem Teuffel wol verdriessen. Dem Teuffel sage/ welcher *Dia-*
bolus heisset/ à *duo* & *bolus*, wie Jacobus à Voragine in Calendariô
Papisticô oder Lombardicô Smidij, saget. Weil er denn Men-
schen/ als ein grosses Berstein Brot/ in zweyen Mundbissen verschlu-
cken soll können. Und warümb solches nicht? Hat doch D. Faust ein
gantz Fuder Hew verschlungen. Solte nun aber dem Teuffel ein bis-
sen entrissen werden/ Ich meine/ er würde saur sehen/ und dem andern gram werden / und solche Beschaffenheit hat es auch mit den
Menschen: Denn Homo homini Diabolus; Ich halte aber / daß
diese Regel ihren Ursprung von den Parasitis oder Schmarotzern habe: Wiewol andere meinen von den Zunden; Nam, dum canis os
rodit, socium quèm diligit odit. Ja es kommet endlich mit ihnen
drüber auch wol dahin/ daß es heissen mag: Quæcunque conveniunt

unt uni tertio oder significantius, in uñ tertiõ, seu ad unum ter-
tiam (id est, duo catelli oder Cynici ad unum os, das ist/zwey
Hunde hungerige Ganymedes oder Galanen/über ein Maul (denn
mehr hat sie wol nicht:) der Galateæ gerathen) conveniunt etiam
inter se: Das ist/ sie bringen 3. Mäuler zusamen/und machen Ter-
geminam, oder Tria ora Dianæ,seu trifaucem vel trilinguem Cer-
berum, aber sie bleiben nicht rein/heisset die Glossa ferner/(nach dem
Reime/

    Zwey Hunde über ein Bein/
    Bleiben selten rein:)

Das ist / in deme sie conferruminationes labiorum machen/ und
molles morsiunculas intendirē,tunc movent salivam, si non Mer-
curialem. tamen cupidineum, das ist : Sie zu beissen sich/ daß die
Hunde das Blut möchten lecken.

    Siehe/so gehet es daher/wenn einer dem andern das Brot vor
dem Maule weg nimmet 1

CANON XXXIX.

Wenn man ein Kind zweymahl gewehnet : oder
nach deme man es einmahl gewehnet hat/ zum an-
dernmahl anleget ; so kan es im Grabe hernach
nicht faulen :

    Freylich/wie wolte es im Grabe faulen; Wenn es an der Mut-
ter Pitz oder Brust faulen zet? Und sonderlich sein lange; Ja so
lange / daß es endlich so starck drüber wird / daß es der Mutter eine
Leitter nachtragen/und ihr nolenti volenti nach der Trinckflaschen
Klettern kan. Oder wiltstu es also erklären: Wenn ein Kind solte
in seiner Mutter Leib wieder gehen können/ contra Nicodemi Phy-
sicam. nach deme es einmahl gnug gesogen; Ja endlich alt drüber geworden wehre/ und hernach abermahl gebohren würde/ undDithy-
rambus Bacchus, oder Hyppolytus Virbius, oder recoctus peleus
seyn; Und also noch einmahl sich stillen oder träncken lassen ; so könte
es ja freylich nicht / oder hette vielmehr nicht / im Grabe faulen
können.

        Sed

Sed hoc opus, hic labor est : Pauci quos æquus amavit
Iupiter, aut ardens evexit ad æthera virtus.

Aber damit ich auch hierbey sage/ was andere nugiren / so ist dieses
bey vielen ratum fixúmque, daß/ wenn ein Kind proprie zweymahl
gewehnet werde/ es hernach im Grabe nicht faulen könne ; sondern
unverweßlich in der Erden etliche Jahr lege/ sein volliges gutes Geblüte habe / und das nechste von seinen Kleidern oder Sterbekittel
(vielleicht wie Agnus Vegetabilis Moscoviæ, &c.) verzehre ; Ja
also die gantze Freundschafft auß- und absterben mache/ oder mortali-
tatem inferire ; Es sey denn/ daß solchem Sarcophago der Hals mit
dem Spaden oder Schauffel abgestoßen werde ; Da der Würg-En-
gel inter consanguineos auffhören solle. Auff diese weise habe ich
die Leute hin und wieder schmecken gehöret : welche mir auch eine
und die andere Historie oder Begebenheit der Sache vorgeschwatzet
haben : Sonderlich aber weiß ich mich zu erinnern/ daß ichs zu Halle in Sachsen gehöret habe ; da es sich also etliche mal soll zugetragen haben ; Dannenhero sie heutiges Tags alle mortuis in sepulchro
Erdkräntze oder runde Törffe umb den Hals/ wie ein Kragen oder
Hälsgen legen/ welche dergleichen Freßigkeit verhüten/ und

Mortem, non
Mordentem
Omnia
Rostró
Suó,

machen sollen/ &c. Doch besiehe hievon Kornmannum de miracu-
lis Mortuorum.

CANON XL.

Wenn man den Kuckuck zum ersten mal im Jahr
schreyen höret/ und ist alsd enn ohne Geld ; So hat
man das gantze Jahr über kein Geld zu erwarten/
und muß ohne Gelt bleiben.

Ruffet der Kuckuck vor Johannis / oder nach Johannis?
Resp. Er ruffet Kuckuck. κόκκυξ κοκκίζει φυός ἐν πιᾶλοισι. singet
Hesiodus

Hefiodus; Alſo wird man ihn auch niemaln zum erſten mal ſchrey-
en hören/ (materialiter intelligo) ſondern Kuckuck. Denn ich
wüſte mich nicht zu entſinnen; Daß ich mein Lebetage einen Kuckuck
heite ſchreyen gehöret; zum erſten male:

    Es ſinget der Vogel zu jeder Friſt/
    Wie ihm der Schnabel gewachſen iſt.

Nemlich des Kuckucks ſeine ſtetige ſtimme iſt/ Kuckuck; Da denn
der Kuckuck ſeinen eigen Nahmen außſchreyet/und eigentlich Oveſ-
tvuꝮ, oder A vis ſui nominis iſt / nomen & omen habens. So
ferne aber ungefehr einmal geſchehe ſolte/daß ein gallinæ albæ filius,
oder Unglücks Vogel/ einem Kuckuck dieſe Wörter / zum erſten
mal: ſchreyen hörete / dem würde warlich durch das gantze Jahr
Geld fehlen: Aber es iſt eine conditio impoſſibilis: alß ſi digitô te-
tigeris cœlum, dabo tibi thalerúch.

    Da mihi tres taleros, pulvis & umbra ſumus.

Du aber Geldſtechtiger lieber Freund/ nimm dich alſo in acht / und
halte dich umb die Zeit/ wenn ſich der Kuckuck vernehmen leſt/ mit
etwas Geld gefaſt ; ſo wilſtu das gantze Jahr Geld haben. Wenn
es auch nur ein Pfenning ſeyn ſolte; Stecke ihn nur zu dir: Doch
muſtu ihn wol verwahren/und nicht außgeben; ſonſten iſt die Karte
falſch. Und der Kuckuck hat gelogen/ oder du macheſt ihn vielmehr
zum Lügener.

    ô cives, cives; quærenda pecunia primum
    Poſt nummos cuculum.

Traun/ dieſes iſt eine feine inſtruction, welche jener in Arte diteſce-
di vergeſſen hat/und alſo biß hieher die gantze Hudeley defect und
unvollkommen gelaſſen.

    Ja/ nimm es nochmal in acht/und trage allezeit einen Heller
bey dir/ ſo reichen dich auch die Hunde nicht an. Item du biſt alſo
Nummatus, and Nominatus : Denn das Geld machet den Held.
Item du biſt auch allenthalben angenehm : Nam

    Munera, crede mihi, placant homines, cuculosque.

Doch muſtu deinen Pfennig nicht drüber außgeben; ſondern umb
ſolche Gunſt zu erwerben; ihn nur zeigen/ und dich damit Brüſten:
Denn

                     R 3   Omnia

Omnia ſi perdas, nummum ſervare memento.
Quis ſemel amiſſô, poſteâ pauper eris.

Und machetest also abermal den guten Kuckuck zum Lügner. Sey also nur ein Nummibaſius, und kein Nummidaſius oder Nummidoſſ- us. Denn

Zuſagen iſt Edelmänniſch/
Halten iſt Bäuriſch.

Obſervà autem Phraſin : *ſervare promiſſa* ; id eſt, ſolvere, item reti- nere : Poſteriorem acceptionem tu quoque retine am- babus.

CANON XLI.

So lange die Suppe/ das Mueß oder EyerKu- chen/&c. noch auff dem Tiſche prötzelt/oder auffhüpffet und gleichſamb kochet/ ſo lange wird die Köchinne von ih- rem Manne geſchlagen werden.

Prügel immer zu : gib ihr meinet wegen auch eins/ denn ich bin ihr auch nicht gut : Auff der andern Seite auch eins/ ſo wird ſie nicht ſchieff · Siehe! alſo muß man einer hitzigen Köchinne/ wenn ſie zum Weibe wird; und auß der Kirchen vom Herde das Feuer des Zorns mitnimmet/und bey ſich im Köpffe oder Hertze wider ihren Mann herumb führet; begegnen. Nemlich/ ungebrante Aſche/ (et- wann einer Elen lang und Fauſt dicke/) muß man über ſolche nat- ter Lohe/ und ärgerliche Flammen ſchütten und dämpffen/ ehe eine Feuers Brunſt drauß werde/ und ihrem Kerle der Bettel überm Kopff weg brenne. Immer zugeſchmiſſen/ ehe das Holtz vergehet. Und dieſes iſt eigentlich der Verſtand vorgeſetzes Canons : Nem- lich ſo lange eine Köchinne/das iſt Fraue/ hitziges Eſſen überm Ti- ſche bringet und auffſetzet (das iſt/ ſich ſelbſt böſe/und Jachzörnig er- zeiget : Denn das Eſſen bedeute Weiber ; Welches auch auß dem er- hellet ; wenn man ſpriche : Wer ein Weib hat/ der hat halb Brot/ o- der halbe Zukoſt/über nicht/ daß ſie es unterbringe ; ſondern mit verſchlinget : Nemlich ſie friſſet die eine Hälffte/die ander Hälffte ihr Mann : Und wird auff ſolchen Schlag der Mann viel eher fer- tig;

tig; als wenn er alleine mundirete : Nam

    Ædificare domos, & corpora pascere multa, &c.

2. Ferner verstünde man es nur von einer Suppe: So wird eben-
mäſſig padurch ein Weib vorgebildet: Denn ſie als in corpus juris, ꝛc.
drauff ſich ihr Mann leget/ omnes neruos intendiret, noctes dieq;
ſudiret. omnem operam variet &c. Jus iſt ſo/ ꝛc. quod jure ho-
ſternô ihr Mann panem aletum friſt,

    Weiter hat auch das Weib/ Feuer in ſich/ ſo ſie ein Zorn-
Braten iſt: Solches bezeuget folgendes.

Für.	Hell.
Frül.	Helena.
Für.	Orcus.
Frül.	uxor.

Inſaturabilium tria nominat entheus auctor,

    Infernum, ac ignem, ventris & inguen Evæ.

Verùm accuratè, dictum perpende, vel unâ

    Fœmineo in ſexu cuncta notare potes.

Quidquid nunc autem iſthæc in muliere videbis,

    Hoc olim in ſtygio cernier Igne datur.

Herauß ſiehſtu nun/ wie das Weib Naturâ Philologicâ (ob ſchon
Natura Phyſica das contrarium ſtatuiret) calidiſſimum ſit animal, das hitzigſte Thier.

    Findet aber ein redlicher Mann nun/ in dergleichen ſeinem ei-
genen Eſſen/ oder Suppe/ unmäſſiges Feuer; ſo hat er das ander
Jus und rechte; ſolches wacker zu fühlen: Das iſt/ nach ſeinem zornigen Furirn oder Hals beſchl zu fühlen: Daß ihr die Feuermaur
wackele/ (das iſt/ der Kopff vom ſtarcken Wundbrauſen bebe) und der
Hert ſchüttere/ (das iſt/ der Arſch vom Blaſen zittere:) und die
gantze Küche/ culinaſich entfache/ das iſt/ der ſchelmſche Leib Lucina per anag in ein ſchauren bekomme.)

    Hey/ noch einmal drüber her! Schlag den Teuffels Balck/
daß das Hals räucher/ oder vielmehr arrauchet/ und gefühlet werde:
Denn ein Weib/ Eſel/ und Nuß ſeynd in einem prædicamento, paſ-
ſionis nemlich/ weil man ſie ſchmeiſſen muß. Doch höre ein wenig
auff/ und laß die Maus lauffen.

                               Mulier,

Mulier,
diay :
I lemur !

Inverse *mulier*, quod sit vel dæmone peior.
Indicat à nobis I *lemur* ergò male !

Gehe / daß dir die Schae entfallen / und mache deinem Manne das
tägliche Essen nicht immer so heiß / daß er dich nicht schmeiß.

CANON XLII.

Wenn die Köchinne das Essen anbrennen lässet / so ist sie verlobet / oder versprochen.

Ja / mein Schelm / freylich ist sie vielmehr zu versprechen /
als gutes von ihr zu sprechen : Item zu verloben / als zu loben ;
so ferne die particul Ver / in der Zusamensetzung mit andern Wörtern / die Sache verkehret / und zu Schanden machet. 1. Doch
kan die Köchinne auch wol recht verlobet oder desponsata seyn ;
Nemlich dem Vulcano von Brannenborg. Wie man denn in
meinem Vaterlande also von der Sache redet : Die Köchinne ist
von Brannenborg / oder die Speise ist zu Brannenborg zuberei-
tet ; wenn es nemlich angebrandt ist.

(3.) Oder wiltu den Text so außlegen / wie die Köchinne / das
kalt Gebratens : daß nemlich die Coqua, oder Cocus retrolectus
zu kock / maximè propriè verlobet sey / und auß Unbedachesamkeit
(welcher die Verlobeten ergeben seyn : Nam pluribus intentus, minor est ad singula sensus : Das ist :

Hat die Köchinne aufsicht auff ihre Mätz /
So ihr verehrt der Liebes-Leibes Schütz /
So hat sie nicht sonderliche Gedancken auff den Grütz.

Oder :

Gedencket die Köchinne an ihren Kerl / wie er sie heist hohl /
So vergisset sie unter dessen ihren Kohl.

Oder :

Sinnet die Köchinne auff ihren Schatz.

G 2

So verſäumet die arme Kammer Katz/
Mitlerweile ihren Platz: Das iſt/placentam,
Wie in der Marck ein Kuchen genennet wird.
Sihe! daß heiſſet: *Muribus* intentus *minor* eſt ad juscula ſenſus.
Das iſt; Wenn die Köchinne auff ihr Hertzliebes Mäußgen ſpin-
teſiret; ſo verſinnet ſie ſich wenig auff ihr Müßgen.

CANON XLIII.

Welche die Katze lieb hat/ die bekommet ei-
nen frommen Mann.

Warumb? 1. weil Katz und Schatz ſich ſo fein reimen. 2.
weil vermuthlich iſt/ daß die Jungfer ein leutſeliges Mäußgen ſey:
und ſich dannenhero ſo wol mit ihrem künfftigen Manne vertragen
werde/ als ſie vorher ſich mit den Katzen hat ſtellen können. Wel-
ches/ſelber 1 von allen nicht præſumirlich iſt : Weil ſie ſich nicht
ſämptlich mit den Katzen vereinigen: Ob ſie ſchon mit einander
Katzianer Volck ſeyn: In deme die Mägdgen/ Kammer Katzen: ihre Geſpülen aber Mauſe Katzen gctitetuliret werden/ geweſen ſeyn/ ſollen/ &c.

Höret diß ihr Patzen:
Und liebet die Katzen/
So krieget ihr von Matzen/
Viel Mäulgen und Schmatzen.

Denn was ein guter Hacke will werden : daß krümmet ſich in die
Zeit:

Havit maturè, quæ vult *havica* manere.

Hingegen/ welche ein Katzenveit oder Katzenfeind iſt/ die wird
wol kein Matzen Freund werden: Nam

Uvit maturè, quæ vult *urtica* manere.

Aber ich meine/daß von dieſer Kwackeley eben ſo viel zu halten ſey/
als wenn man ſaget: Weme die Pferde wol ſtehen/ und die Weiber
abgehen/der wird bald reich: Zwar was das Widerſpiel betrifft/ da
iſt es wol wahr/daß man denn nicht reich wird/wenn einem die Pferde abgehen: Wie hievon im folgenden Schertze zu erſehen:

S   Hip-

Hippotaphium.

Hie bey diesem schwartzen Raben
Ligt das arme Pferd begraben/
Daß/ nachdem es wolte finden
Ablaß seines Reuters Sünden/
Hat es seinen Fuß zerbrochen/
Wie sie umb den Ochsen stochen/
In dem Dorffe das ihr kennet/
Welches man sonst Beliz nennet.
Jetzund liegts in diesen Gründen/
Und kan keinen Ablaß finden/:
Bey dem Thal und schwartzen Raben/
Welche keinen Ablaß haben:
Bitter daß sein letzter Reuter/
Seiner sich erbarme weiter.
Daß er/ mit viel Geld/ die Seele:
Auß dem Fegefeuer zähle/

Colloquium Daphnidis & Alphesibæi.

Præfatio.

Es hat ein jedes seine Zeit/
Und seine recht Bequemligkeit:
Als weil es nächten sich geschickt/
Daß man sich mit dem Trunck erquickt;
So wird es sich doch heute nicht
Geziemen/ daß man jene Pflicht
Von neuen wieder holen solt/
Und leben wie ein Trunckenbold.
Denn heute dieser jetzig Tag/
Muß gar viel auff ein n andern Schlag
Gefeiert werden in der Still'
Und weil einfällt der 1. April/
So muß dem Joeus diese Zeit/
Ergeben sey/ und eingeweyht:

Man

Man muß jetzt Nasen groß und kleyn
Ansetzen/daß sie witzig seyn.

Colloquium ipsum.

1. Ach mein allerlibster Freund/
   Weistu was für wenig Tagen/
   Leider! sich hat zugetragen/
   Mir elenden unverweint?
   Und was mir für Creutz zuhanden/
   Gott erbarm es ist gestanden?

2. Nein mein bestes Brudern-Hertz/
   Es ist nichts zu mir gekommen
   Von dem obgedachten Schmerz/
   Welches ich wohl vernommen:
   Sage wo dirs übelgehet/
   Und wo der Unfall entstehet.

3. Hör/ wie neulich ich zur Lust/
   Etwa kaum vor 14. Tagen/
   Mich auffs Feld begeben muste/
   Mein Gemüthe zu behagen:
   Alsbald traff mich ein Unglücke/
   Drinnen ich mich gantz nicht schicke.

4. Ey/ mein Bruder/ mustu denn
   Deine Lust auffs Feld so eben
   Suchen/ mit dem Jrdischen?
   Hertestu nicht können leben?
   Wenn du wehrst zu Hauß geblieben:
   Und da deinen Lust getrieben?

5. Hör mir doch noch weiter nauß/
   Was ich denn für Unglück litte:
   Wie ich so spatzierte auß/
   Hat das Pferd/ darauff ich ritte
   Seine Füsse gantz verdorben/
   Und ist jetzt darvon gestorben.

6. Es ist dir gar recht gethan.

Denn

Denn du weist/ wer wol gesessen/
Solt sein Rücken lassen han;
Warumb bistu so vermessen/
Das du dich zu Pferd begabest/
Und dich nicht zu Hause labest?

7. Es gieng gleich an einem Ort/
Da ich mich wolt hinbegeben/
Der berühmte Ablaß fort/
So könt ich hierein nicht leben;
Sintemahl da viel vorgehet/
Worauß einem Lust entstehet.

8. Was für Ablaß! bistu wo
Neulich ein Papist geworden/
Daß du so geschwind und fro
Mit dem Roß bist nach den Orden
Jener Ablaß-Krämer gangen/
Umb Vergebung zu erlangen.

9. Ey/ was spottestu mich viel/
Der ich umb des Pferdes sterben/
Bin betrübet ohne Ziel/
Daß ich auch fast muß verderben;
Weil ich jetzt darfür rechtschaffen/
Sehr viel Geld dem Kerl muß schaffen.

10. Hältstu diß vor Spott gesagt?
Ich muß vor die Warheit streben/
Weil du mir es ja geklagt;
Kanstu Geld vor Ablaß geben/
So kanstu auch dieser Sünden
Ablaß/ mit Geld/ bey ihm finden.

11. Ey! laß daß sein eingestellt/
Und betrübe mich nicht weiter;
Sag' wo ich doch nehme Geld/
Jenem Mops und Bärenheuter
Meine Schulden abzugeben/
Daß er mich laß friedlich leben.

11. Bistu

R. Bistu selbst nicht ein Jurist/
   Der die Sach' wie Wasserflüsse/
   Durch geschwinde Kunst und List/
   Drehen und auffhalten wisse?
   Sag' das Pferd hab schon den Schaden/
   Vorgehabt an Füß und Waden!

CANON XLIV.

Es ist nicht gut/ wenn man übern Kopffe siehet.

Am bösten kan es schwerlich seyn/ so es eigentlich mit dem sehen übern Kopffe zugehen soll: Sintemal der Kopff müsse übern Rücken oder Schultern hangen/ und umbgebogen seyn/ wie eine abgestreiffete Mönchs Kappe. Da es traun eine schlechte Bewandniße mit dem Häupte/ oder über Kopff sehen/ haben würde; si caput esset pendulum, ut inflexum papaver. Doch ist hie ein unterscheid zu mercken; daß es bey allen nicht flugs verwerfflich sey/ was bey uns nicht gilt.

Laudatur enim ab his, culpatur ab illis.

Wie denn? Traun die Herrn Francken halten viel vom übern Kopff sehen; dessentwegen sie auch von ihrem Landesmanne/ dem i aubmanno, ein grosses Lob erjaget haben; wenn er sie folgender massen herauß streichet/ und das Genicke bricht.

Laudo meos Francos, qui se cervice supinant,
   Ut possint plenos evacuare scyphos.

Dieses gehöret hin ad diversitatem morum respectu diversorum populorum, davon Cornelius Nepos eine wertige Erwenung thut/ in gegen halt der Römer und der Griechen. Doch ist zu wissen/ daß gleichwol den Francken dieses zu keinen Nachtheil oder Schimpff könne gekehret werden; ob sie sich gleichsam schon verkehren/ und Vertumni werden/ oder den Kopff nach dem Becher hängen: Warumb? (1) weil cop. retrolectum poculam gibt. Wiltu also poculum gantz außleeren; so mustu das Niedersächsische oder Altfranckische mol, m, cop verkehren. (2) Weil ἀνθρωπος herkömmet von ἀναθρω.

S 3

Ἄνθρωπον, ὄπα: Daß ein Mensche sein Gesichte überwerts in die Höhe kehren soll: wie etwann die faulen Mähren; welche umb der Ursache willen ihren Nahmen (denn sie wollen nit minder Menschen
seyn als die Männer) desto gemesser zu leben / wohl gar mit dem
Schäfferknechte / Tityre tu patulæ recubans sub tegmine fagi spi-
len. Und auff solche Art siehet auch der Ovidius ein wenig für die
lange weile / mit über den Kopff: wenn er saget:

> Pronáque cum spectent animalia cætera terram:
> Os homini sublime dedit, cyathúmque tueri
> Jussit, & erectos in pocula tollere vultus.

Bey welchen Versen, den zu beobachten obiter fället; daß etliche
Ebibitiones, editiones wolte ich narriren / lesen: cœlúmque tueri, &c, und ad sidera, &c. Doch schadet und hindert dieses der Fran-
ckischen Sache nichts; sintemal der Epota, (pöeta wolte ich ana-
grammatisiren,) seinen respect supra caput, hat auff oder in des
Sauffbarens (sauberes wolte ich sagen) Nestoris seinen Bächer /
von welchen Erwennung bey den strengen und tappferen Zäh-Märten
(denn Laudibus arguitur vini, vinosus) Homerus geschiehet; Daß
er den gantzen Himmel und Sterne fein künstlich und dünstig oder
durstig in sich gehabt habe. Auß welchen Bächer auch unter andern abzunehmen ist / daß es kein neues sey / wenn heutiges Tages der
Trunckenbolde / laudibus ad cœlum evehiret (wie curribus Elias,)
und wider die H. Schrifft / welche sie vielmehr plaustris ad orcum
fahret / commendiret werden: wie etwan Sacerius und Hegedorus
unter andern gethan haben / in deme sie Encomium Ebrietatis pub-
liciret haben.

Es sind aber vorberührete Wörter Homeri von des Nestoris
seinen Birckenmäyer / diese p. m. 405. Iliad: λ post medium:

> Juxta etiam poculum perpulchrum, quod dono tulerat se-
> nex.
> Aureis clavis transfixum: ansæ autem ipsius
> Quatuor erant: bonæ autem columbæ circum quamlibet
> Aureæ pascebant. Duo autem subter pedes erant.

Alius

Alius quidem laborans submovisset à mensâ
Plenum existens: Nestor autem senex sine labore tollebat.
Biß hieher Homerus: Welchen Alciatus p. m. 224. Embl. c. 1. also
erkläret:

Nestoreum geminis cratera hinc accipe sundis,
Quod gravis argenti massa profundit opus.
Claviculi ex aurô, stant circum quatuor ansæ:
Unamquamque super sulva columba sedet.
Solus eum potuit longævus tollere Nestor,
Mæonidæ doceas, quid sibi Musa velit?
Est cœlum, scyphus ipse: colorque argenteus illi,
Aurea sunt cœli sydera, claviculi.
Plejadas esse putant, quas dixerit ille columbas:
Umbilici gemini magna minorque fera est.
Hæc Nestor longô sapiens intelligit usu:
Bella gerunt fortes: callidus astra tenet.

Commentator:

Nestoris patera geminis sundis argentea, claviculis aureis
quatuor ansis, & sub harum quâque columba sedens, cœlum, &
pulcherrimum astrorum ornatum significabat.

Nam crater ille coloris argentei, & claviculi aureis, cœlum purissimum referebat, & stellas aurei coloris, columbæ pleja-
des erant; duo umbilici utraque ursa. Hôc schemate commen-
datur *Astronomiæ*, longiusus & observationis ars, quæque in rebus arduis plus potest, quàm robusti corporis vires. Hactenùs
σαύφος Nestoris, cum quô nonnihil convenit ξίφος Æneæ: Virgil. l. 4. Æn. v. 261.

Atque illi stellatus Jaspide fulvâ
Ensis erat.

Biß hieher von des *Nestoris* Pockal / welcher unter andern traun
wackern groß muß gewesen seyn: Wie etwan derselbe beym *Virgi-*
lio: Et magnum se post cratera tegebat. Nun auß solchen solte es
sich noch wohl ein paar mahl trincken lassen / und doch noch wohl vor
den dritten was drinne bleiben. Ein Francke traun würde zuthun
haben / daß er sich damit auff des Taubmanni Beschreibung gebe-
rete:

dete: Welches aber dem Nestori nichtes hindern hat mögen; Sintemal er die güldene Kunst in den Armen gehabt; (aber verstehe/wenn
er den Becher drinnen gehalten.) Doch sey dem wie ihm wolle/ wir
betrachten allhier solchen Bächer nur einzig und alleine; So ferne
er den Himmel repræsentiret hat mit seinen Sternen: Welcher Zie-
rath dran und drinne fürwahr nicht schlechte Anmutigkeit/und Ap-
petit/ hab erregen können; Drauß zu trincken/und usque ad fundum zu exhauriren.

(Nam, juxta *Legem Potaticam*:
Quicunque vult esse frater,
Bibat bis, ter, vel quater;
Bibat semel cum secundô,
Donec nihil sit in fundô.)

Damit man fein alle Sterne habe erkennen mögen/ welche nicht per-
petuæ apparentiæ seyn; sondern versus polum Antarcticum nonnunquam latiren. Ja/ich lasse mich bedüncken; Daß es solche Beschaffenheit damit möge gehabt; als mit andern zweyen Bächern/
von welchen man dieses saget: Nemlich/ein Weib soll unsern HErrn
Gott in dem Becher oder Kannen/haben unten auff den Boden ste-
chen/oder eingraben lassen; Damit sie sich fein im sauffen exerciren
und excusiren vermöchte: Nemlich wenn sie die Kanne zu hoch gehoben hat/und alles zum Halse hinein gehen lassen; (Da denn alles
an einander gehänget hat/wie der Malvasier in jenem Glase/welche
eine lüstern Magd hat kosten wollen/und doch ohnversehens gar auff-
gesoffen: Da sie zur Entschuldigung gesprochen; sie hette nur ein wenig kosten wollen/ wie es schmeckete; da hätte der Vetter an einander
henget/wie Poggenleck/ oder oya ranarum, und were mit einander
in die Kehle gefahren:) so soll sie zum Manne/ als Hispanicum in-
quisitorem gesaget haben: Sie hette unsern HErrn GOtt so gar
lieb: Drumb befleisse sie sich mit fleiß dahin/ daß sie die Kannen leer
machete/ und ihn auff den Grund anschauen möge: Hingegen soll
ein ander Weib den Teuffel im Grunde der Kannen haben stechen las-
sen/und immer lustig mit zornigen Geberden drauff poculiret haben: Wenn sie aber von Manne geschotten worden; so soll sie zur
Antwort gegeben haben: Sie wäre dem Teuffel so gram und spinne-
feind.

feinb; Drumb söffe sie zu trotz alles auß dem Gefässe herauß/ damit
er nicht einen Tropffen behielte.

·Siehe da heyts sauff oder Lauff: Item Aude aliquid dignum
cyathô lerne hierauß caussas inftigantes, und persuasorias,
item dolos, cervicé resupinare ad evacuandum dolum: Wie jene
Weiber gethan / damit sie von ihren Männer nicht kriegen oleum
pompoßium; Wenn sie ohne Antwort wehren ertappet worden: lernen hier ursachen Moris Palatini (à palatum.) Dean Philosopho
absque rationibus non creditur.   Wiltu also unter.daß phy lo-
sõ Vieh gezehlet werden; Ey mein Kerl/ so lerne selst medium ter-
minum zu inven iren/(das ist/caussas indagare: Nam

Felix, qui potuit rerum cognoscere caussas:
Nimm derentwegen sein pontem asinorum vor dich: Doch siehe
dich für/ daß du nicht von solcher Brücke mit deinem Bächer zum
Bache hinein fallest/ und ihn eigentlich her de RIVIRen lernest; so
der sprechen und dich beklagen müstest:

In cratere meo Thetis est conjuncta Lyeo;
Est dea juncta Deo, sed dea major. Eô.
Ja endlich wohl gar Hederam oder Epheu zu legen müssest/ und einen andern Becher drauß drechseln lassen;Damit du ein divortium
Phyficum Thetidos und Bacchi könnest ins Werck setzen: (dicunt
enim Physici, si vinum & aqua commiscentur in ejusmodi scy-
phô; vinum transsudare· Confer tamen Laurenbergium in A-
cerrâ Philog: centur: 2,cap: 46.p.m.102.)

Sed vino vendibili, & considerato seu attento homini Phi-
losophico non opus est suspensa hederâ: pertinet illa enim magis ad musteos Poëtas, secundùm Virgil:

Crescentem ornate poëtam.
Ich sage nochmahl / wiltu ein guter Pful-Ochsenfius werden/ so
lerne hier von meinen beyden listigen Weibern Resupinationem
cervicis zu exculiren;

--- -   Audentes scyphus ipse juvabit.
Und so ja das vorige nicht gnug zur Entschuldigung oder Beschönung wäre; so thue noch dieses hinzu: Wenn du im rein außtrincken
den Hals zur Restrictam machest/ und darumb zur Rede gestellet werdest; Nemlich/du wollest die Hirsche imituren/und nachahmen;
Welche/

Welche / wenn sie im lauffe begriffen seyn / und durch einen
Wald / oder Gepüsche eylfertig springen müssen / (etwan ihren
Durst zu stillen: nach dem Gesange:

Wie nach einer Wasserquelle/ ein Hirsch schreyer mit Begier.)
ihre Hörner oder Geweyhe auffm Rücken niederlegen sollen: Da sie
denn mit dem Kopffe nothwendig über sich sehen müssen: Sage fer-
ner/ daß von solchen Hirschen der Bacchus seine Hörner geborget
habe: Und daß diese die eigentlichste ursache Bacchi cornuti sey;
welche der Opitius nicht habe ergründeln können im Bacchus Lobel
subsumire nun hierauff (aber vielmehr poculum) und sprich: Ich
habe auch Hörner; (expliciere hier dich aber darbey fein/ und mache
anticipationem oder occupationem, sagende: Aber ich bin dessentwegen kein Hanrey oder mimarius, sondern Bibarius, &c.) Ergò will
ichs machen wie die Hirsche / wenn sie Wasserdurstig durchs Holtz
lauffen. Darauff laß dir das Bier zum Halse hinein lauffen: Und
wirff hernach das Glaß (oder damit du es noch scheinbarer machest:
so laß dir vom Glase solche Trinckgeschirr formiren , welche wie
Hirschhörner außsehen: Und dannenhero recht crateres mögen ge-
nännt werden; Wie denn die Alten auß rechten Hörnere getruncken : Davon noch der Nahme crateris übrig ist / wie zu
sehen beym Camerar. in Horis subcess. Centur. 1 i. e. fallor. Hettest
du aber kein Modell: so überschicke ein paar Marrens-Hörner/ &c.
sapienti sat dictum !) dem darbey stehenden ins Gesichte / und
sprich: So wirfft der Hirsch seine Hörner ab/ doch mustu dich wie ein
Hirsch (ἔλαφθ, ab ἐλαύνω, ἐλαφρός,) levis) in acht nehmen/ und
Hirsch/ (Niedersächsisch) das ist/ geschwinde darvon springen: ehe
der ander mit seinen Eselspfoten umb sich werffe/ und dir ein Blech-
händschen gebe.

Merke hier noch ferner von dem übern Kopff sehen/ was
ich vergangen erhöret: Nemlich ein guter feiner Mann/ hatte einen
Fuhrmañ/ der ihme schuldig war/ ungefehr zum Gesichte oder vor Augen bekommen; solchen packete er drauff flugs an; und sagete: Höret
guter Freund/ wo bleibet eure Zusage? Habt ihr mir nicht was ver-
sprochen/ umb die und die Zeit zu zahlen. Resp. Ja/ wie machete ich es
aber/ wie ich die Zusage gethan habe/ und die Hand gab? Habet ihr
nicht in acht genommen/ daß ich übern Kopffe sahe? Resp. Ja/

du

du Schelm/so bin ich Gott lob und danck in dieser Welt nun mehr so
alt geworden; und habe noch biß dato mein lebelang solches Schelmstücke nit erfahren/daß man einem verheissenden über die Hand/ und
das Maul/auch noch nach dem Kopffe sehen solle/&c.

CANON XLV.

Wenn man in eine Stube hinein kömmet/ drinnen sonderlich ein kleines Kind ist/so muß man sich nothwendig niedersetzen; sonsten träget man die Ruhe mit hinweg.

Ey! wie sind doch die lieben Müttergen für einen jedweden so
sehr sorgfeltig / daß er nicht auß der Ruhe komme/ unruhig werde/
sondern zur Ruhe gerathe: Derentwegen rathen sie allen/ so zu Sie
kommen ; daß sie sich niedersetzen sollen: Thun es nun die Gäste :
wolan/ so ruhen sie. Thun sie es nicht ; so tragen sie die Ruhe gantz
ruchloß wieder mit sich hinauß. Und dieses ist der eigentliche Ver-
stand der maximæ, wovon aber die gedachten Mütterlein nichts wissen : sibi enim consuli & inserviri quietè peractâ advenæ opinan-
tur. Sed falsò, und auff Papistische Art/ welche Bona spera Sancto-
rum supererogata sibi imputant, oder die guten Wercke der Heiligen ihnen zu eigenen/und als kräfftig beymessen : aber sie werden wie
frembder Masse greulich betrogen: Qua

Metiri SE quemque SUO modulô, ac pede, verum est.
Und zwar/was das Ruhen betrifft : Wie solte solches einem andern
können mitgetheilet/oder benommen werden? Sedendo venit sapientia, saget man auch sonsten: aber demselben/ der sich niederlässt : den
andern gar nicht/ nisi per accidens; ut quando pastor in cathe-
drâ quiescens attentiùs & consideratis docet; tunc auditores
unà attentiùs & meliùs informantur. Aber was hat dieses mit der
Ruhe zu thun: Es sey denn/daß sich das Kind an den nicht ruhen-
den/ und wie ein geborgetes Spieß stehenden Menschen/ versehen
könte/und per fortem imaginatiônê die Ruhe perturbiren und ab-
alieniren : sed hoc credat Judæus Apella, qui irrequietus super
mons, super mons currit; ut Christiano palpum obtrudat.

Ich frage noch/wie die Ruhe des Kindes solte können hinweg

getra-

getragen werden von den stehenden? Ist sie etwan ein leibliches
Ding; welche in des stehenden Hintergesesse kriechen kan/ und sich
mit zur Stube hinauß schleppen lässet; Hingegen aber bleibet; so ferner der Anwesende sich setzet/und sie alsdenn ad clunes oder Podicem
scamno seu sedili impressum nicht kommen kan?

Ey possen! crepitus ventris sic potiùs irrequietus in hypo-
caustô emittitur, qui quietem suam in ventre retinere potuisset;
si stans ille ad sedendum se dimisisset & anum obturâsset: oder sich
auff den Steiß gesetzt hätte; daß die Mäuse keine Holtzäpffel hinein
hätten tragen können. Doch kehren sich die albern Weiber an keine
quackeley: es muß sich der Gast setzen; oder sie rissen ihn lieber danie-
der/wie die Bacchæ den Orpheus: Welcher sich auch ihnen zugefal-
len/auff den Rhodopen nicht hat wollen mit der Leyer niedersetzen.
Ja es meinen etliche wohl gar/ daß des Potiphars seine Klunte derentwegen dem unhöfflichem Joseph seinen Mantel oder Oberkleid
genommen habe; weil er sich nicht bey ihr hat niedersetzen wollen;
sondern die Ruhe ungeruhet (oder peranagr. ungehuret) davon
getragen. Wollet ihr nun/ O lieben Freunde/ euch warnen lassen/
und euch für die Kinder-Häscher in acht nehmen; so setzet euch in den
Stuben fein darnieder/ daß das gantze Losament schüttere/ und das
Kindelein entsetze: so werdet ihr die Ruhe nicht hinweg tragen/ sondern nur die Unruhe darhinden lassen. Aber komme nicht also zu
mir: doch bin ich nicht aberglaubisch.

CANON XLVI.

Wenn man dem jungen Kindlein zum ersten mahl
ein Kleidlein oder Röckgen lasset machen; so
muß man dem Schneider geben was er haben
will/ und nichts abdingen: sonsten gedeyet
das Kind nicht wol.

Was denn für ein Kind? Der grosse Schneider Ochse/
Bock wolte ich sagen: Welcher wegen einerley Stimme so es mit
dem Kinde in Bockes Gestalt hat; gar wol ein Kind mag können genennet werden: Wiewohl auch im Lateinischen und andern Spra-
chen es kein unerhöretes ist / daß das Wort Puer, für erwachsene
Bengel

Wenigel gebrauchet werde. Quistorp in 11. chton : a. x. v. 8. *Qui à pueris :* Nec hos juvenes admodum fuisse, manifestum est; educati enim dicuntur cum Rehabeam qui regnum capescens, annos natus fuit quadraginta, & unum. 1. Reg. 14. 21. Pueri eidem dicuntur v. 1. infrà 14. Sed vox Hebræa etiam de illis usurpatur, qui sunt annorum plurium. Idem p. m. 274. ad 1. Sam. 17. v. 33. *Puer :*. Annos tum natus fuit David 22. quia autem tantùm mediocris staturæ erat, in collatione cum gigante, quo cum congressu rus erat, eum puerum nominat.

Item p 247. ad Judic. c. 7. v. 10. *Puer :* id est, servus, ut Ruth. 2. v. 6. Gen. 41. v. 22. c. 43. v. 7. Idem p. m. 229. Jos. c. 6. v. 26. *Puers :* Qui minorennis est vocatur Naar, & quia tales solent ministrare majoribus natu, ideo minister vocatur Puer etiam ætate provectior. Ita quoque Latini antiquiores dicebant Marcipor, Quinctipor, Publipor, Caipor, hoc est, Marci, Quincti, Publij, aut Caij Puer sive servus, ut explicat Priscianus lib 6. Eadem de hâc re Fabius lib. 1. in servis (inquit) tam intercedit genus illud nominis; quod ducebatur à Dominó, unde Marcipores, Luciporesve. Quinctiporem dixit Varro Bimarco. Caiporem Salustius, 3. hist. Marciporem, Plinius lib. 33. c. 1 vide quæ Notó Exod. 33. v. 11. ubi p. m. 118. hæc : *Puero,* Pro justæ ætatis ministró. Ita passim satellites Davidis pueri dicuntur. Ita illi, 28. Vernæ, quos Abraham armavit, Gen. 14. pueri nominantur. Regum Macedonum administros appellari regis pueros, autor est Livius & Icti. Ita Nisus & Evryalus fortissimi milites pueri dicuntur. Æned. 9. Confer eundem p. m. 67. Genes. c. 43. v. 8. *Puerum,* Fuit tunc supra 30. annos natus, & c. Adde Taubmann, in culic. Virgil. p. m. 42. ad Vers. 36. Et tibi sancte puer, memorabitur, & c. Quoniam & Heroes & vates παῖδες θεῶν dicuntur. *Puer* enim non ad ætatem refertur, ut docet Scaliger in Catull. carm. xii. Est enim jocorum disertus puer, & facetiarum. Ita 6. Æneid : Ne pueri, ne tanta animis adsuescite bello, de Pompejó & Cæfare, adeò ut vox *pueri,* amoris & blanditiæ etiam fuerit; quod olim diximus ad Eclog. 3. & 5. nostri. Ita 9. Æneid. Nisus & Evryalus, fortissimi in acie milites, pueri dicuntur. Ita Hylas comes Herculis, 3. Georg. Ita Osiris, sive sit

T 2
ye sit

ve sit Triptolemus, inventor aratri dicitur Puer : 1.Georg.4.Ita &
in sacris litteris Jekoschia dicitur puer, qui tamen tunc qu. 53.an-
nos natus.Exod.33.11.&c.

Und auß diesen siehet nun ein jeder/wie es kein ungewohnliches
sey oder were ; Wenn man einen erwachsenen Schneider puerum
oder ein Kind hiesse. Solches zartes Kindgen/ oder Kind/ mit dem
grossen Ki gedeyet aber nicht/ saget unser Canon, wenn es nicht wegen der jungen Kinder Kleider/ solch grosses manupretium oder
Macherlohn bekompt/als es haben will: Freylich: wenn man den
Kindern ihren Willen lässet; so weinen sie nicht , Wenn man den
Schneidern nicht außziehlet / so viel sie haben wollen / so gedeyen sie
nicht: Sie/sage ich: Wiewohl sie es ummkehren/und das Gedeyen
von den kleinen Kindern erkläret: damit der possen nicht gemercket
werde. Fallunt itaque sub specie amicitiæ: dum videntur aliis
consulere & salutem assuere : & sibi de prosperitate prospi-
ciunt.

Sie kommen mir vor/daß sie dem lieben Gott ins Reche fallen/
oder vielmehr nachahmen : Welcher im Alten Testament von den
erstgebohrne gewiße und richtige Opffer begehret/die ihme müssen ge-
leistet werden.   Wiltu nun also wissen/daß durch die Schneider gedeyen ? (wiewohl dennoch kein Schneider in Himmel kömmet/ verstehe die Schere ; welche eigentlich ein Schneider zu nennen ist :Da
die Sartores vielmehr drücker seyn.) Resp. von den unverwegerten
Lohn und Gelde / so sie vor die ersten Kleider aller Menschen zu machen bekommen / und mit einem sonderlichen stratagemate, oder
modò acquirendi herauß practizieren.

ô sartor, sartor: quærenda pecunia primùm.

Sehe aberst tho/du Schnider/ da du nich ob solche Art per anagr:
een Schinder werdest / und von deinem eigenen Thiere darfür
Straffe bekommest : Nam cave

occursare *capro*, cornu ferit ille caveto.

Nimm aber hingegen vor deine Mühe ein billiges und weniges /
(Nam natura paucis coutenta est: Doch gedenckestu: Natura &
Ars differunt, oder Ars perficit Naturam:) Et sic *caper* tibi salvus
& *badw*.

CA-

CANON XLVII.

Wenn einem ein alt Weib begegnet/ so hat man kein glücke.

Ja/es fehlet nicht auff ein Haar: sonderlich wenn solches alte Weib arm darbey ist/und wenig zum besten hat/ oder nicht viel mit sich auff dem Wege genommen hat; so wird man schlecht Glück von ihr zu erwarten haben; sonderlich so man sich gleich da auch bewürbe. Doch magstu sagen; Die Alten sind gut zu behalten; Sie haben feine alte Thaler. Resp. Sie werden dir die Thaler nicht flugs geben. Senes enim sunt Triparci, arg und karg. Sunt pumice sicciores: ita ut ex pumice priùs elicias seu exprimas guttam ;quàm ex vetulâ nummum;

Pertinet huc Alter per anagr. Taler: item.

Citanda:	ditanda:	vitanda:
VIRGO.	UCSOR.	VETULA.
ἀναγ:	ἀναγ:	ἀναγε:
VIGOR:	ORCUS.	TU VALE.

Ternos quæque gradus *mulier* conscendere debet,
    Ætatis scalam si superare velit.
Primùm *Virgo* cluit, juveniquè *citanda* modesto,
    Convenit, intactus dum vigor ejus adest.
Pòst autem si *uxor* facta est aliquando mariti,
    Et satiari (*orcus* sicuti) avara nequit;
Tunc *ditanda* viro contingit munere largô,
    Tuncque bonis varijs accumulanda venit.
Postremàm verò (*vetula* ut rigosa; senescens
    Quùm sit, *vitanda* est. *tuq;* vocanda *Vale* !

        Man muß die Alten
        Mit ihrem Gelde lassen walten;
        Man wird doch wenig Glücke von sie erhalten.

CANON XLVIII.

Wenn einem Blattern auff der Zungen auffahren/ so wird man gleich belogen.

Geleget soll es vielleichte heissen: Weil man denn mit solchen
                                                            Blat-

Blattern beleget wird/ die man vorher nicht gehabt hätt. Doch ist
diese Erklärung den Alber-Stoßen wie nichtes: Sondern speyen einmahl oder etliche aus so bald sie die Blattern fühlen; und fluchen allen Hengern ihren Beliegern am Halse.

2. Oder so: Wenn einen Blattern auff der Zunge auf-
fahren; so wird man gleich belogen: nemlich von sich selsten,
in deme man in den Wahn stecket: daß es von andern geschehe/ welches doch in der Warheit nicht ist. Doch will auch dieses den Wahnwitzigen nicht behagen: sondern kömmet ihnen so spannisch vor/ als
jenes nimmermehr.

3. Oder so: Wenn einen/ das seynd Blatterationes, in ge-
genwart von einem andern darbey stehenden Verläumbder/ auff der
Zunge auffahren/ das ist/ in faciem oder, os. hinein geschoben o-
der vorgeworffen werden; so wird man gleich belogen. Dieses
mag wol wahr seyn/ und sich unter andern mit jenem Bauren begeben haben: Davon in folgender Geschicht Vermeldung geschiehet:
Im Jahr 1617. soll sich zu Leipzig auff einem Collegio zugetragen haben dieses : Es hatten etliche Pennäl mit einander be-
schlossen einen Bauren (welchen sie schon allbereit vor diesen/ ich
weiß nicht auß was für einer Ursache gram gewesen/) zu vexiren/ und
zwar einen Schul-product zu geben. Sie sollen es aber/ nach dem
Gerüchte/ also angegriffen haben: Nemlich: sie hetten mit einander
eine ledige Stube auffm Collegio eingenommen/ (denn gar offte
sind sie nicht alle bewohnt/ und stehen bißweilen etliche leer:) sich da-
selbst innen umb den Tisch zu rechte gesetzet/ als wenn es eine Schule
wäre; Auch auß ihrem Mittel den grössesten zum Præceptoren er-
wehlet: die andern aber alle wären Discipul gewesen/ hetten Bücher
in die Hand gehabt/ und nichts anders gethan/ als wenn sie auffsage-
ten/ &c. Unter dessen machen sie einen andern Pennal auff; der
dem begehrten Bauren sein Holtz auffm Marckte bedingen solte:
Welches denn auch geschehen. Bald drauff heisset er den Bauren
mitfahren/ und vorm Collegio das Holtz abwerffen; Wie auch solches geschehen: Da spricht der Pennal zum Bauren: Er solle folgen
biß auff seiner Stuben/ da wolle er ihme das Geld zehlen. Drauff gehet er mit dem armen Bauren zu der reformirten Schulen-Stube/
fuhren

führet ihn hinein/ und saget er solle nieder sitzen: Mitler weile wolle
ers Geld ihm also balden bringen. Drauff setzet sich der Baur nieder bey die betrieglichen Schüler: Der Primal aber gehet zur Stube
wieder hinauß/ und stellet sich/ als wolte er Geld borgen/ in deme er
nicht genug zur Bezahlung bey sich hette: Schleusset die Thüre bald
hinter sich feste zu/ und kompt nicht wieder. Wie nun der Baur
also da müssig sitzet. Da spricht der qvasi Præceptor zu ihme: Er
solle auch ein Buch vornehmen. Der Baur entschuldiget sich la-
chend; meinend es sey Scherz oder Possen. Der Præceptor aber
hält ferner an; Er müsse das Buch (er leget ihme eins für) vor sich
nehmen/ und darinnen lesen: Er würde sich ja nicht mehr einbilden/
als die andern alle; müsten sie doch wol lesen/ und wären grosse Kerle. Der Bauer aber saget/ Ey was: Ich bin dessentwegen nicht
herauff kommen/ sondern ich will mein Geld vors Holtz erwarten:
Der Præceptor hält immer ferner an/ und lässet unter dessen die andern auffsagen: Da sich denn die Discipuli mestentheils gestellet hat-
ten/ als könnten sie ihre vorgegebene Lection nit. Welche drauff vom
Præceptor erbärmlich abgeprügelt und gegeisselt werden/ alles zum
Schein: Biß er endlich auch zum Bauren kommet/ und examen
will halten: Der meinet aber noch immer/ es seyn possen mit ihme:
Der Præceptor dringet aber je mehr und mehr drauff/ und wie er
endlich den Bauren nicht dartzu bringen kan; So begehret er von ih-
me/ daß er die Hosen auffmache/ und einen Schilling für den Unge-
horsam auffhalte. Weil er ihn aber nicht alleine bezwingen könnte;
Saget er etlichen Discipuln, sie solten ihn überlegen/ und die Hosen
herunter ziehen. Welches denn auch geschehen; Denn ob sich der
Baur schon gar sehr gewehret und widergestrebet hat; so haben sie
ihn doch endlich übermannet/ und die Hosen herunter gebracht; Und
weil er sie so faste immer gehalten/ sind sie ihme darneben fast ziemlich
zerrissen worden. Drauff der Præceptor den Baur nun greulicher
weise gestrichen/ daß er Zeter und Mordio geschrien: Hernach
schleusset er die Stubenthüre auff: Darauß der Baur/ wie ihme der
Kopff brennete/ eilends hinweg läufft/ und mit noch hinniedergehen-
geten Hosen davon springet; in willens habende zu klagen. Welches
denn zwar geschehen; Doch sollen die Schulbursche sich mittler weil
B   alle

alle vom Collegio weggemachet haben: Also das vom inspectore
kein einiger auff der Stube davon gefunden worden: und hierüber der
Baur seinen Schilling hat ungerochen behalten müssen.

Von dieser Historie wollen zwar etliche nichts halten: Doch
weil sie gleichwol unter den Bauren so bekant ward: daß keiner mehr
ans Collegium Holtz zufahren könte bewogen werden/ oder doch/ so
sie noch so weit kamen/ und noch kommen: Dennoch niemals auffs
Collegium in die Stuben mit hinauff gehen: so muß ja gleichwol
was daran seyn. Ja sie fürchten sich noch jetzo dafür: Nachdem
Virgil. lib. 1. Æneid:

Id metuentes, veterisque memores castigationis,
Nec dum etiam caussæ irarum, sævique dolores
Exciderant animó, manet altâ mente repóstum
Supplicium Mopsi, spretæque injuria gentis,
Et genus invisum, raptíque afflictio agrestis.
His accensa super lignatorumque caterva,

Gensque colororum, &c. Ja/ es soll Anno 1658. ein
Studiosus im Oster-Feste lustes halben auffs Feld gespatieret seyn/
und beym Priester eingekehret: Da er denn zu einem hinzu komenden
Bauren des Dörffes gesprochen: Guter Freund; führet mir doch
einmahl ein gut Fuder in die Stadt/ das fein troge und schon klein
geschnitten und gespalten ist. Drauff der Bauer geantwortet/ ja es
könte wol geschehen: Wo wohnet ihr aber? Resp. auffm Collegio:
Resp. Nein/ mein Seele/ich fahre euch da kein Holtz hin. Ja/ wolt
ihr mir etwan auch einen Schilling geben/ als &c. Siehe 'das heist
Blattern auff der Zunge (ja Hindern) auffgefahren bekommen: und also von andern belogen werden. Siehe! Item: das
heisst/ auff eine wunderliche weise/ Holtz zu marckte fahren/ und den
Pœnälen verkauffen: Noch wunderlicher/ wie etwan nachfolgende
mode. Anno 1657. hat es sich in Leiptzig zugetragen/ daß ein Baur
nicht weit von Leiptzig/ auff m Dorffe ein Fuder Holtz allhie zu Marckte gebracht/ und wie es sich flugs zugetragen/ daß ein Studente es
gesellschaftet hat der Baur flugs zu frisch. gefraget: Herr vergebet mir
doch erstlich/ was seyd ihr für ein Landesman? Resp. ein Voigt-
länder. Resp. En/ das trifft gleich/ ich auch daher/ und so seyd ihr
mein

mein rechter Landsman. Ich aber habe heute stugs/wie ich auß unserm Dorffe fuhr/bey mir beschlossen/dem ersten Landesmanne solches Holtz zu schencken/und kein Pfennig darvor zu begehren: Weil ihr also der erste seyd/so sollet ihrs in Gottes Nahmen umbsonst haben. Wie der Student diese ungewöhnliche Rede hörete/fraget er etliche mahl; Er solle ihm sagen wie theur: Denn er begehre es nicht umbsonst. Der Baur aber bleibet immer bey seinen Worten/ und begehret von dem Studenten/daß er nur anzeigen möge/wo sein Losament oder Studierstube sey/ so wolle er diß Holtz ihme stugs umbsonst dahin fahren: Welches nach deme es geschehen/hat der Student dem freygebigen Bauren wieder gar höfflich empfangen/ und ein paar Kannen Bier langen lassen/ und solche mit ihm außgetruncken: Doch hat er hiebey neben noch immer angehalten und gesaget: Er (der Bauer) solle doch nur fodern für Holtz/was er begehre/ er wolle es ihme gerne bezahlen/und begehret es nicht umbsonst; Ob er denn nun endlich schon sein Landesman wäre. Drauff hat der Bauer immer sein voriges wiederholet/ und gesaget; Er hätte es ihme zu gedacht frey zu verehren; so solle es darbey bleiben: allein seine Frau die würde bald einkommen; so müste er künfftig sein Gevatter dafür werden/&c. Welches auch hernach geschehen: Und dieses wäre die Comedie, wie jenes die Tragœdie: Hie war einem ein Gevatter auf die Zunge gefahren: Wie vorher jenem ein Geblätter/und mit der Ruthen ein Geflatter.

CANON XLIX.

Wenn einer was redet/ und der ander/ oder der redende selbst/ benieset es/ so ist es wahr.

Freylich/ daß er über die Kwackeley genieset hat/ ist so wahr/ als daß der eine Nase hat/ welcher solches niessen verrichtet. Solte aber die Rede können durch das niessen wahr gemachet werden; so wäre es umb einen halben Pfenning Niessewurtz- oder Pulver zu thun: so könte man alle Lügen verificiren/und/ wie der Pabst der verstorbenen Gebeine canonisiren. Da wilrde alles wahr werden/ und kein falsches mehr verhanden seyn. Oder solte die Niessüngs Natur so eigentlich die Warheit mercken könten / und mit ihrem suffragiô stabiliren; So müste es ein wunder thun umb das Niessen seyn / welches noch zur Zeit kein Physicus ersonnen hätte. Weiter / was aber nicht beniesset würde / müste vielleicht denn falsch seyn. O wunderliche consequentien! Democritus hat vor diesem gesaget / daß die Warheit in profundô verborgen lege; Zwar nicht in profundô poculi; Wie Ovvenus den Teutschen überreden will: Doch gleichwol auch nicht in profundô nasi: Wie hier der gemeine Mann vom Niessen judiciret.

CANON L.

In welchem Hause die Heymken / oder Grylli haufig schreyen: in solchem gehets glücklich zu.

Wenn das Glücke im Geschreye bestehet; so gebe ich es gerne zu: Aber hievon hat nichtes / nach etlicher Leute wahn gehalten / der Teuffel: Sintemal er / wie er einen kahlen Fuchß geschlagen / und solcher wacker geschreyen hat; gesaget sol haben: Viel Geschreyes / aber wenig Wolle; Weiter zeiget auch das contrarium an die Verschwiegenheit der Geitzigen: mit welchem es etlicher massen heisset; Faciunt & non dicunt. Wie das Gegentheil mit dem Heymken: dicunt & non faciunt. Nemblich wer viel Geld hat; der hält das Maul wohl davon zu / und berühmet sich nit sonderlich: wie solten denn die Heymken so verkehrt handeln / und den Reichthum (darnach ohne daß ein ieder ohn geruffen trachtet) mit ihrem stetigen Geschrey verrathen wolle? Ja ich wolte vielmehr das Widerspiel sagen: Wo die Heymken so häuffig schreyen; Da gehet es unglücklich zu: 1. Weil die Heymken / als Ungeziffer / dem Wirthe / sonderlich in der Mänge viel Getreide können verderben; oder auffs wenigste die Wände und Offenherte (wie denn geschicht /) außhölen und löcherig machen. 2. Weil die Grilli nicht rathsame Thiere seyn: wie aus dem Æsopô erhellet; da sie im Winter zu den Ameissen kommen und Korn betteln wollen; doch zur Antwort erlangen: Habet ihr im Sommer gesungen / so tanzet im Winter. &c. Weil sie also nicht providi venturæ tempestatis seyn; so ist glaublich / taß sie auch zu solchen Leuten sich gesellen / welche ihnen gleich seyn. (Nam similo

mile simili gaudet.) daß ist/ die auch in den Tag hinein leben / und
sich nicht besonderbahres üm zeitliche Güter bewerben. Oder wilstu
es vielmehr ümdrehen/ und sagen : daß nicht flugs allezeit / Vogel
von einerley Federn zusammen fliegen ; sondern daß auch mannigmahl der Arme sich zu einem Reichen geselle / um eine Reuter Zehrung anhalte ; wie zu sehen aus den Fliegen / in reicher Bauren häuser : aus den Parasitis &c. so mögte doch noch wohl das Geschrey der
Heymeten Reichthum/ wohl ergehen und Glücke andeuten / wie unsere Canon will.

CANON LI.

Wenn ein Licht von sich selbsten außgehet ; so stir-
bet gemeiniglich eines.

Ich halte daß dieser Canon einen æquivocation und Expoli-
tion hege. Die æquivocatio mag seyn in den Wörtern Φῶς, τȣ Φω-
Ϳὸς ὁ vir, und Φῶς, Ϳȣ Φωϳὸς Ϳὸ lux, lumen, lucerna. Die Expolitio :
Wenn ein Licht außgehet : das ist/ so ein Licht stirbet : Hieraus siehet
man / wie daß eine das ander erkläre : und ist freylich also richtig
Daß wenn ein Lichte von sich selbsten ausgehet : es nichtes
anders sey/ als wenn es sterbe.

Doch narret sich dieses nur bey dem Pöbel ; welcher das Liche
heisset ausgehen/ und die Leute sterbe/ item daß das ausgehende Liche
andeute/ wie bald eine Persohn sterben werde. Welches denn gleichwohl auch in der Erfahrung correspondenz findet ; daß sonderlich
Pfarrern (von welchen Christus saget : Vos estis sol mundi.) nach
Verleschung der Lichter in der Kirchen/ mit Tode abgangen seyn ; wie
allhier zu Leipzig/ sich solches begab an Herrn D. Hülsemanno/ etc.

CANON LII.

Was einen zu erste im neuen Lesemente/ (oder Hau-
se/ da man zum ersten mahle hinein kömmet/ und
drinnen schläffet träumet ; daß wird
wahr.

Sihe! wie der Morpheus so auffrichtig mit seinen Primitiis
handele/ und sich drinnen gar nicht λοξόν oder ungewiß finden lasset :

Und

Und solches zwar von langer Zeit her; denn was wil ihm anders die incubatio in templô Æsculapii? (davon Herr D. Conringius in einer schönen besondern Disputation handelt:) als daß die Leute unterscheid haben holen wollen/unter wahrhaffte und falsche Träume. Nemlich er thut/an seinem zweythürigen Hause/ einem jeden (der sich zu erste im fremden Losamente anvertrauet und gehorsamblich unterwirfft:) die hörnigte Pforte zugefallen auff/ quâ veris facilis datur exitus umbris. Virgil. l. 6. Æn v. 894. und erzeiget sich dadurch mit Warheit angethan: Was ist aber die hornigte Pforte für ein Ding? Resp. die Auge. Hoc est;quod vigilans somnias in aliquô ædificiô primùm,id verum sit; oder/was du zu erste/ in einer andern Behausung mit Augen ansihest; welches dir denn vielleichte verwunderlich / wie im Traume kan vorkommen: so ferne es ein seltzam Ding ist/und admirationem generiren kan/ daß ist war. Denn man vergisset es so leichte nicht/was einer zu erste am fremdden Orte ist ansichtig geworden: Dahingegen / es einer so eben nicht merken wird/was er zum andern/dritten.etc.mahle schauet:prima enim objecta movêt sensus firmiter,& fixta dant oculi feria.Sihe/so mustu unsern canonem einnehmen / und von wachenden Schlaffe oder Traume verstehen; anders heisset es / wie folget:

Schlaf.
ὄναρ.
falsch.

Ich kan es wachend kaum/so kunterbund gedencken/
Als wies mier in den Wahn der Schlaf pflegt einzusencken
    Bald mahlet er mier Flachs / bald Krüg und Flaschen für;
    Da es doch alles Falsch: wie ich hernach verspür.

CANON LIII.

Es ist nicht gut; wenn man über einen Ort gehet/ dahin geseichet oder gepisset ist.

Freylich kan es so gar gut nicht seyn; intemal es auffs wenigste einen Gestanck setzen kan / oder naribus molestiam creiren: sonderlich/ so auch zugleich bey dergleichen Priapi olidis Libaminibus, Pilati holocaustta wehren: oder so aus allen beyden portis stercutii
(cum

(cum somnô communibus) putâ corneâ anteprædicamentali, secundum illud: cauda mihi cornu durior esse solet.) ex eburneâ
postprædicamentali das seinige der Magirus herausgeschüttet hette. Wie denn apud sexum sequiorem, nach Herr Olearii Persia-
nische Reyse/ Maja nicht weit vom Scytha wohnet: da der Kalen-
der allezeit/ wenn er vorne von Nassenwetter was prognosticiret; o-
der destilliret/ auch zu gleich hinten von Winden und Schlossen eine
Menge mit sich ziehet.

Wiltu also was bessers / als einen übeln Geruch haben; so hüte
dich/ daß du den secretarium nicht proculcirest, pessundirest, oder
mit Füssen trittest; gehe lieber eine halbe Meile ümme weg; und ehre
ihn/ aloem bescheidener apri caput, aperi caput, wolte ich sagen.

CANON LIV.

Je länger man schläffet; je weisser wird einer.

Freylich / nach dem man sonderlich starcke sudorisica eingenommen hat; welche mit dem Scheisse/ vom Leibe allen Unflath ab-
sprühlen/ so kan es wohl seyn.

Oder wiltu es so verstehen/ wie die alten Hällische Saltzjuncker
zum Theile: welche/ je länger sie geschlaffen haben; je reicher geworden seyn. Wider die Heil. Schrifft; Schlummer noch ein wenig / schlage die Hände in einander; so wird dich das Armuth übereilen wie ein Gewapneter. Warûm? weil sie ihr
Geld/ auff solche Art/ vor dem Keller verwahret haben; welches sie
sonsten/ so frue sie auch auffgestanden seyn/ dahin geschicket haben.
Nemlich je länger einer schläffet; je weniger besudelt er sich im Ar-
beiten: Sintemal er im Schlaff keinen vaporibus unterworffen
ist; welche man vielmehr abwirfft.

Oder wiln es von der Bleiche verstehen/ die ein somnolentus
attrahiret; so gilt es uns gleiche viel; verstehe es nur nicht von der
Weißheit: quæ venit sedendo, non cubando. Nam.

Non jacet in Molli veneranda scientia lectô.

Da heisset es ; je weniger man schläffet : je weiser wird
einer.

CA.

CANON LV.

Es ist nicht gut; wenn man über die Nägel gehet.

Warumb? man möchte irrige Ritzen und Striche unter die Füsse in den Plantis, oder Sohlen machen; welche den Podoscopis den gantzen plunder verwirreten / oder ihre possen unrichtig machen. Davon künfftig in meiner Podoscopiā mit mehren.

Oder: man könte sich sonsten die Strampen und Pfoten/ waeher pfetzen und verletzen; sonderlich so man unter die Nudipedales gehörete: Wie ich denn auch darfür halte; Daß dieser Canon von den Barfüssern erfunden / und in die Phy lose vich eingeschoben sey. Doch muß man auch wissen/ daß eiserne Nägel klein und groß, eigentlich verstanden sollen werden: Wiewohl es leider mit dem Canone dahin gerathen; daß man ungues oder hörnigte Nägel an Händen und Füssen darfür angenommen: Da denn zu gedencken; daß sie secundariō noch wol etlicher massen mögen statt mit finden; sonderlich so dergleichen præsegmina unguium von starcken Baurstegeln abgesiddelt und herunter gesattelt wären: Die solten traun nicht wenigere Gefahr verursachen/ als jene eyserne Nägel: Insonderheit/ so die recisamenta unguium auffs wenigste viertel Jahres alt wären/ der an den Knöbeln der Hachen so lange gesessen hetten/als welcher auch endlich seine Groß Mutter damit hette können auß der Erden kratzen: Wie jener Baur den Antigonum. So möchten sie ohne Zweifel hart/dicke und scharff gnug seyn/und zu verletzen ärger als zu wündschen. Schneidestu nun/oder lässest dir solche greuliche Finger-Spaten und Hand-schauffel abhacken; So sey jo so bescheiden/ und samle sie fein auf/ wie beym Plauto der Ehrbare Herr Euclio thate; Welchem es zwar der Plautus zur Filtzigkeit außdeuten will; (als welcher dem Nägelscherer für grosser Sparsamkeit/ auch den Kwarck nicht einmahl hette gönnen/ oder mit der Belohnung zurücke lassen wollen:) aber nein: Es hat solche Auffsammelung der Auffrichtige: und Haußhälterische Euclio fürgenommen; theils damit niemand Schaden darüber bekommen möchte; so sie auff der Erden unter die Füsse beliegen blieben/und denn darüber gehenden Scandalum oder Anstoß erreigeten: Welches denn auch leicht hette geschehen

hen mögen/ weil er ſein lange gewartet hatte/ und mit der Abſchnei-
dung verzogen / und ſie gerne einer viertel-Elen lang/ und halb Fin-
gers dicke hatte laſſen werden : Da er denn auch freylich von nöthen
gehabt/ daß er ſie von einem andern hat abnehmen laſſen ; Als welche
Stücke er ſelber nicht vermögt zu bezwingen : Wiewohl (wenn er es
auß Geitzigkeit/ nach des Plauti wahn/ gethan hette) dennoch zugeſe-
hen hette/ wie er es ſelber ins Werck geſetzet ; und die Spaden lieber
und eher abgebrochen hätte ; als einem andern für Geld und Belohnung ſie hette abſegen laſſen : Saget man doch ſonſten / daß ſich die
kargen-Leute eher gar einen Finger abbiſſen/ als einen Pfennung ver-
ehreten : Warumb ſolte denn Evclio, wenn er geitzig geweſen wäre ;
auch nicht ſelber ſein Heyl an den Nägeln verſuchet haben/ als einen
andern umbs Geld und gute Wort darzu geſuchet haben ?

Theils hat auch der gute Evclio ſolche abgeſtampete Nägel
deſſentwegen auffgeſamlet/ und zu ſich genommen (umb welche Urſache er ſie denn ſo lange geheget/ und wachſen laſſen / und jetzund
nach der Kunſt herunter zwacken laſſen) daß er ſie daheime zur Not-
thurfft anwenden möchte ; Und/ wie domaln der Gebrauch mit ſich
gebracht/ etwan Leuchten davon machen ; oder Sparen/ das Feld damit umme zu graben/ drauß zubereiten lieſſe. Welches denn wegen
gedachter Gröſſe und Stärcke leichte hat geſchehen mögen. Was hat
man aber domaln mit den Kühhörnern gemachet? Reſp. Trinckge-
ſchirr (welche noch jetzo dannenhero crateres heiſſen/) und etwan
andere Sachen hat man drauß bereitet : Ja man ſie auch wohl gar an
die Häute ſitzen laſſen : als welche Häute zur Decke und auch dem
Feind zum ſchrecken/ umbs Leib und über den Kopff genomen und gehencket haben : ut eò formidabiliores eſſent hoſtibus.

Und hier haſtu alſo die richtige Urſache/ warümme man zu O-
limszeit die Hand-kratzen etwan mit der Zaunſcheere/ oder Hobel/
vom beſondern Handwercksmanne hat abzimmern laſſen : Item/
warümme es auch Evclio inſonderlich gethan habe : Nemlich daß er
ein hüpſcher Politicus geweſen ; der es theils Ethicè und morali-
ter ; ne quem læderet : theils auch œconomicè, ut ſibi ſuum tri-
bueret, gethan: Und hierinnen alſo die gantze Philoſophiam practi-
cam erwieſen habe.

X   Neh-

Nehmet also hieran Exempel ihr unachtsame Dölpel / und
werffet die Nägel nicht mehr an die Erden/ wenn ihr sie abgeschnitten habet; daß die Leute drüber gehen/und euch gräm werden: Nehmet sie vielmehr/und werffet sie ins Fewer/oder stecket sie in ein Mau-
seloch/&c. Wie die Dehmschen Katzen wollen: Oder/nach des Grobiani Sinn; candiret sie/und fresset sie für Nägelein/oder Kratzio-
phyllum: Caryophyllum wolte ich sagen.

CANON LVI.

Wenn man deß Freytages eine Lauß tod
schläget/ so bekompt man hingegen neu-
ne darvor wieder.

Pediculus cum sex pedibus vult Knick-knack habere, saget
man sonsten: aber auffm Freytag laß die Läuß ungeschoren: wo du
nicht wilt novem novos , oder neun neue / darfür zur Belohnung bekommen. Doch fraget es sich hie erstlich / ob es eine
Straffe seye oder nicht/ neun oder keine Lauß zu bekommen? Die
Bettler halten es für ein mehres ungemach / doch grössere Gesell-
schafft/ etliche Lausangelichte Münche/ für ein grössers Meritum o-
der Bonum opus, so sie verrichten; wenn sie von je mehr und mehren läusen geängstet werden. Darneben fraget es sich auch/ wofür
es Aristoteles erkant habe? als welcher sich solle zu Tode drüber gerathen haben / wie ihme die Milesischen Fischer (die/ wie auch die
Schiffleute in gemein von Läusen übel geplaget werden / vide Ca-
saub. Epist. p. m. 674. f.) Diß laussigte Ænigma proponiret
haben:

In densis sylvis venor bis quinque catellis ;

    Quod capio perdo : quod non capio, mihi servo.

Ich sage in einem dicken Wald/
Mit zehen Hunden/daß es schalle:
Was ich fange tödte bald/
Was ich nicht fange/ selbst behalt.

Resp. Vielleicht kan er viel darvon gehalten haben; Also/
daß er ihme auch nicht habe können einbilden / daß die Melesischen
Wasserhäscher solche grausame Tyrannen wehren / und die Läuse

tödt/

tödtetten; auch davon solches Rätsel gemachet hetten: Und dieses ist
auch etwan die Ursache: Warümm Aristoteles ein Davus, und
kein Oedipus geworden: Das ist/ daß er das Rätzel unauffgelöset
hat müssen lauffen lassen/ und selber das Leben drüber lassen. Nem-
lich/ weil ignoti nulla cupido ist; als hette ihme Aristoteles wohl
was anders traumen lassen; Als daß die Fischer etwan solche Läuse-
Feinde wären/ und wegen Ermordung der armen Thierlein noch
zum überflusse ein hönisch Gedichte davon macheten. Doch sey dem
wie ihm wolle? Es mag die Lauß beym Aristotele ein Laus oder
fraus gewesen seyn. So fraget es sich nun ferner/ woher die neun
Läuse kommen; Wenn eine todt geschlagen werde? Ein ander möchte kurtzweils halber sagen; auß der Schrifft: Wo sind aber die neune? Einen Samariter habe ich wol todtgeschlagen.

Resp. Die Freya ist so freygebig mit ihrer Wahre. Nemlich die verhureten/sind in gemein laußig/ wie bey den Mußquetieren
zu sehen/und habē die Lausesucht/oder morbū pedicularem peculia-
rem. Nun gehören aber solche verhureten und der Freya/ welcher
der Freytag vor diesem gewidmet worden/und am welchem der ver-
hurete Türcke seinen Sabbath hält. Weil nun also die Läuse unter
der Freyen Regimenta seyn; als mag es ihr wohl zu Hertzen gehen/ so
man auff ihrem Tage/ ihr peculium schwächer und verringert: Also
daß sie hingegen für eine Lauß/auß Erbarmung und Mitleiden/mag
9. schaffen Den Läusen zur Stärckung: Dem Tödter zur Mer-
ckung/und Straffe: Als welcher vor die eine nicht nur sieben/ sondern neun andere Geister krieget/die noch ärger sind/ als vorhin die
eine Warumb aber neune? Weil diese Zahl in gemein zur Straffe/
in der Weiber phy lose Vieh genommen wird: Als saget man
auch/daß eine jede Katze (sie möge es so freundlich machen mit strei-
chen/schmeicheln/gnurren/&c. wie sie wolle/ &c.) alle Stunde
neunmahl gedencken solle einen Menschen umbzubringen.Warüm-
me? Resp darümme/sagen und antworten die Weiber gar laconicè,
als welche zwar lange Röcke tragen/doch kurtze Sinne haben;derent-
wegen sie sich nicht flugs auff alle Ursachen bewust erzeigen;oder vielmehr erzeigen wollen: Sintemal sie gut Pythagorisch seyn und bey
jhnen das αὐτὸς ἔφα, vel αὐτὴ ἔφα, Niedersächsisch au di Eva, das

X 2   ist?

iſt/wehe der Eva!) wollen gegolten haben und wiſſen. Aber damit
wir wieder auff die Vermehrung der Läuſe kommen; ſo ſage ich auſſerhalb dem Schertze/ daß ſolche wo ſie richtig leider! iſt:) nicht ſo
wohl von der Freyâ, als von Gott herrühre: als welcher dem Hero-
di, Arnulpho, Imp. Honorifico, Syllæ, Honorio. Antiocho, Maxi-
miniano, pherecydi Caſparidi &c. allen dieſen Königen / freylich
wohl für eine Lauß / die ſie erſchlagen/ neune mag wiederhaben: Da
er ſie Phthinaſi oder durch die Leuſe Sucht/ zu tilgen beſchloſſen gehabt; Vide Joh. Petr. Lotichium in Encom. pedicul. item Ano-
nym. in Heroe polypede: adde Dan. Heinſium in laude pedicu-
li. Mercke auch ferner/ daß unterſchiedliche Völcker ſeyn / welche es
faſt für eine Sünde halten; wenn ſie eine Lauß erſchlagen ſolten. Davon redet Lotichius d. 1. pag. 40. Nec deſunt, qui narrant, hodieque gentes dari, qui hoc animalculum ſummô habeant in preciô,
ac religioſè venerentur. Imò ſi quis fortè occidat, capitis accu-
ſent. Apud *Indos* gens eſt *Baucana*, eâ parte, quam nunc Gæzza-
ratam dicunt, qui cum admirandi huius animalis ſoli prope in-
telligant præſtantiam ac dotes, fovent, quantum & hoſpita indul-
gent: è deſertô ſacerdotem vocant, qui divinis eos manibus cùm
cœpit, ſuo ſibl capiti imponit, ac deinceps liberaliter educat. Sunt
qui captos in parietum ruinis ponunt ac occultant, Si quis autem mortem, dum adſiſtunt, inferat, aut tollat, lacrymis ac preci-
bus plerumque intercedunt, ne in oculis atque in conſpectu ſuô
tantum ſfacinus patretur, quæ ſi nihil poſſunt, aurô vitam ſingu-
lorum redimunt, quod protinus perſolvunt. Cum quibus Judæi
faciunt, à quibus reprehenditur, qui ſabbathô pediculum tru-
cidat.

De Judæis audi D. Bertramum in Notis ad Matth. cap. XII.
p. m. 338. in explicatione præcepti de Sabbathô, quærunt Rabbini, num licitû ſit in die Sabbathi pediculum aut pulicem capere & necare? quod egregium & magiſteriale προβλημα ita deci-
dunt: pediculum ſalvâ conſcientiâ captari & necari poſſe, quid
pediculus facili momentô, & citra ullam vehementiorem manuum commotionem capi poſſit, ut qui non velut pulex ſubſultet,
ſed quietus deſideat. Contrà verò in pulice idem non licere; hunc
enim

enim quando se captari sentit, assiduo subsultare, ut illi qui eum
captat, laboriosa manuum, adeoque totius corporis jactatione
opus sit, id quod venationis speciem prae se ferat, quae inter XXXIX.
capitales labores, quibus interdictum est die Sabbathi, recensea-
tur. Vide Talmud. R. Mosen Ben Maimon, in Mischnah, part.
1. de temp. tractat. de sabbatho & Mulleri Judaism. p. 1077. confer Buxtorff. in Synagog Judaic. c. XI. p. m. 272. 273. ubi seqq. *Pulicem* sive humi, sive extrinsecus in vestibus discurrentem, capere
prohibitum: si vero mordeat, capi potest. sed non elidi. Projici-
enda itaque est; *pediculus* elidi potest: Rabbi tamen Eliezer, qua
fuit pietate, dixit: qui sabbatho pediculum elidit, idem facit Ca-
melum Sabbatho interficienti. Acerrima hic exorta est disputa-
tio, quo modo hoc intelligendum sit? Quidam generalem excu-
derunt regulam; omnia animantia quae naturali modo propa-
gantur sabbatho interfici non debere. In illorum autem numerum pulices referendos, quae naturali mixtione ova concipiunt.
Alia vero animantia, quae ex sudore aut noxiis quibuslibet humoribus nascuntur, interfici posse; inquorum numerum quidam
etiam pediculos adscripsere. Dubium tamen hic exortum est e
praestantis cujusdam Rabbini verbis, qui etiam pediculos ex ovis
excludi hoc pacto probavit: Mar dixit: Deus sedet in coelis, a Rhi-
nocerotis cornu omnes creaturas cibans, usque ad pediculorum
ova, hoc est, a maximis bestiis (inter quas facile primum locum
obtinent Judaei) ad minimas usque. Quae hic in utramque partem disputantur, videantur in Talmude.

Pertinet huc etiam Ægid. Strauchius in Manichaeismi rece-
sion. Histor. §. 32. & Augustin. L. 2. de Moribus Manich. L. 2. c.
17. Nefas Manichaeo homini erat animalia occidere, stirpes lace-
rare, &c. ubi tamen distinguebant inter *pediculos*, pulices, ac cimi-
ces, & inter animalia reliqua, quae non erant ex interfectorum genere. Istius generis animalcula putabant licito occidi, ideo quod
sint sordes nostrorum corporum, & insuper quantitate exigua
gaudeant. Porro distinguebant inter electos & auditores, illis li-
citum non erat *pomum* vel folium scienter decerpere, quod tamen
his prohibitum non erat, &c. Thue hier hinzu den Blefrenium von

X 3   den

den Jhländern / mit was für Reverenz sie einen die Läuse von den
Kleidern nehmen.

Doch damit wir wieder über die Leuse gerathen/wie der Hengst
über die Stute; so erklären wir unsern Canonem alßhier / (wie die
die Wäscherinne ihre Kahnonen klären / oder mit der Stärcke
klar zu machen pfleget) und sagen/daß seine Meinung auch wohl
vielleichte diese sey: Nemlich wer am Feyertage (also mügen etwan
nun die Jüden gelehret haben/ davon der Poetische/ pöblische Mann
wolte ich sagen/Freytage gelesen haben:) eine Lauß erschläget;
der bekömpt news (nicht newns / wie gleichsam unrecht geschrieben und getrieben wird:) wiederüm dafür vermeine / nicht e-
ben für die erschlagéne : sondern doch : Nam antecedens non po-
nit consequens. Oder wiltu hie gelten laßen: Unius corruptio est
alterius generatio : Wie jener sagete/in deme er seinen PferdeSpü-
ne zu fressen gab ; hoffende es solte Brätter farzen.

CANON. LVII.

Wenn man einem/unterm lausen/die Läuse
zuzehlet/so hecket jener immer mehr.

Sehet! so übel und ungern können diese Thiergen alßhier das
multipliciren leyden ; als vorher das dividiren, oder subtrahiren,
Besser aber das addiren: Doch aber fraget es sich / warum die den
Phthiriasis gleichsam nicht leiden können ; wenn man ihre Läuse ei-
nen/etwan an alten oder neuen Schocke zuzehlet? verdrießet ihr es etwan; wie in der Schrifft der liebe Gott es nicht an Daviden vertragen konte/ daß er sein Volck die Jsraeliten / zehlete? Doch geschach
solche propter diffidenziam : Dieses aber propter admirationem
und majorem prædicationem: Da sich der Läuse sucher gleichsam
berühmen wil/und aus der Lauß / ihm ein Laus oder Loob / erha-
schen ; Dieweil er so fein viel finden / und ex densis sylvis , wie die
Betteler aus ihren centonibus hervorziehen kan. Aber/ausserhalb
dem Scherze/es geschihet ohngefähr freylich fast etlicher maßen/daß
wenn man einem die Läuse zuzählet/als Goldknöpffe/sich immer/ wegen der Lust des sehenden/sie mehr und mehr finden laßen denn/Lust
und

und Liebe zum Dinge / so muß man auch die Läuse nennen tit
ben zwölffen / wie die Wölffe / Unthier / oder Undehrt auff Niedersächsisch) machet zwar alle Arbeit geringe / aber nicht die Läuse / sondern
der Sucher wird ie mehr und mehr instammiret, andere aus Lust zu
suchen / und kein latibulum solcher ferarum oder Lustrum, in vorge-
nommener Lustration oder fandevo haltung / vorbey zugehen / darinnen er nicht seine inspection halten solte / ob etwan eine Broms-
lage / oder Kopffratze drinnen verborgen stecke / ja movet omnem
lapidem, Schinn und Schüppen / damit keine entrinne: Und in deme er nun also eyfferig drauff verpichtet ist / so heisset es mit ihme:
Quò plus sunt potæ, plus sitiuntur aquæ: Ja es vermag der lau-
sigte Fleiß so viel bey dem Stören / daß er immer mehr und mehr Läuse aus dem Fleische hervor raget / und zur Zahl mit auffs Kerbholtz
bringet / denn Audentes fortuna iuvat. Und wegen der Läuse / heisset
es ohne daß / bey manchem Lausenitzer.

Est numerus neque enim numerò cumprendere possum.

Ferner wollen auch etliche erfahrne Läuschäscher / daß sich die
Läuse immer mehr vermehren sollen / wenn man einen im Mohnschein lause / und sonderlich das Gesichte gegen den Mond hinwende
secq aurem, si avertatur. Nun kan man bey Mohnschein Läuse finde:
so müssen sie noch fein groß seyn: Weiter (es ist eine gute folge /) finden
man so hübsche grosse / noch müssen noch viel kleiner dagegen seyn /
und allbereit ehe man zu lausen angehoben hat / dar gewesen seyn /
und sondern favente lucina, gegen dem Monschein (wenn einem die
noctiluca placidis oculis, wie der Häscher des Penäle anglotzet.)

Wiltu nun also nicht weiter Lause Herr seyn / so laß dir die
Läuse nicht zu zehlen (denn es heisset ohne daß schon mit ihnen: Nos
numerus sumus, carnem consumere nati) sondern immer angeschil-
let an Hand- oder Göpsen- voll in die Augen oder das Maul (an stat
der Griefen / oder Rosinen /) werffen und mache gar kein Absehen /
auff einige numer: Sondern laß null für null auffgehen: Ja wenn
du schon mögst ungefehr vermercket haben / daß dir bey etliche tausend
Moßcoviter aus dem Sattel gehoben wehren / so gedencke dennoch /
wider den Willen / nolens volens, es weren derselben etwan einer
vier gewesen: Denn du must hie mit sehenden Augen blind / und nie

zehlen.

zehlender Junge stumm seyn; So du das LauseRegiment wilst mustern lassen: Und warümm solches nicht? Denn wie bald kan ein hurtiger Jäger von solchen Canickligen (Carn-Jgeln solte ich sagen/)
ein tausend oder zwölffe zusamen bringen; wenn er auch nur zwölffe
für eins/ als Groschen für Pfenninge auff-und annehmen würde?
Sonderlich so er einen wackern MusckethIer / oder lausigtes
Thier vor sich hat? Ich meine in der Hast / hat er sie erha-
scher. Geschwind wie der Wind/ ocks/ pocks / randi compandi
Knabsack : Resp. Ho ho /'zaubere nur nit! Resp. Hilffet es
nicht / so schadet, es auch nicht / saget jener. Resp. wer denn?
Re.Höre mir nur ein wenig zu: Es hat sich vor diesem zugetragen/
daß ein Beichtvater im Beichtstuhle ein Weib hat prüfen wollen/
ob sie eine Hexe sey/ wie man insgemein von ihr geredet:Und hat derhalben solches Examen auff vielerley weise listig angegriffen : Da er
denn unter andern gefraget: Ob sie nicht diese oder jene Kranckheit
vertreiben könne? Re. Ach nein: Re. Nun könnet ihrs etwann nicht
mit Kräutern oder Salben/ so werdet ihrs ja verrichten können mit
Wörtern/ oder Creutzen/ oder Handstreichen/ und dergleichen/ &c.
Sie hat aber immer gesprochen ; daß sie gar nichts davon wüste.
Und hat solche Frage und Antwort lange über sie gewehret. Der
Pfarrer hat aber stetes repliciret; Sie würde ja was davon wissen:
Sie solte doch nur einmahl es vor die lange weile versuchen/ und sich
so stellen/ als wie sie es machete ; Sie solte etwan die Hände so ettli-
che-oder 3. mahl Creutzweise aufflegen/und mit dem Maule so etwas
heimlich reden / Hülffe es denn jo nicht / je so schadete es ja
auch nicht sonderliches. Doch hat der Pfarrer solches versuchen continué umbsonst gethan/und nichts herauß bringen können;
Wie sie sich den auch solcher Possen und Hexereyen in der Warheit nie
ist gewust gewesen.Aber siehe was geschicht? Wenn nach diesem sich
begeben hat/ daß man von krancken und Bresshafftigen Leuten ge-
redet/und diß versuchete Weib solches gehöret hat; soll sie auß Mitleiden begehret haben/daß man die Patienten zu ihr hinbrächte: Sie
wolte schon helffen; (bey sich jederzeit der unrecht verstandenen/und
falsch eingenomenen Priesters Wörter gedenckende/ und erwegende:
Gleichsam wie sie domahlen vom Beichtvater zimlich unterrichtet
wäre

wäre/ und darzu beruffen worden : Daß sie die Krancken curiren
solte: Nicht aber anders darbey gedenckende/ ob es recht/ schädlich o-
der unmöglich:) wenn nun solches geschehen / so hat sie allezeit die
weise gebrauchet / wie etwan der Priester gesagt hätte : Nemlich die
Hände 3. mahl Creutzweise auffgeleget/ und diese Wort darzu gemur-
melt : Hülffet es nicht/ so schadet es nicht : Da es denn drauff ge-
holffen/ und mit den Krancken besser geworden ist. Und solches hat
diß reformirte Weib so lange practiciret und getrieben/ biß es auß-
gekommen/ und darüber der Hexerey angeklaget worden. Die Richter nehmen sie also für/ und fragen : ob sie den bewusten Lexten gehol-
fen habe/ und durch was Mittel ? da gestehet sie es alles gar gerne/ und
erkläret sich allerdings/ und zeiget auch ihren Artzneyes Proceß : hin-
zuthuende : Daß sie solches miteinander von ihrem Beichtvater hette-
te/ der es ihr in der Kirchen gelehret. Drüber ist sie loßgelassen/ und
der Priester eingezogen worden/ und in einen zimlichen Schimpff anfänglich gerathen : Biß daß er den gantzen Handel erzehlet/ und gesa-
get/ daß er gar unschuldig darzu käme/ und vielmehr das Weib hette
wollen prüfen/ und nach erhaltener Erkundigung offenbahren/ daß sie
ihre gebührende Straffe darfür erlitte / und dessentwegen hätte er
auch allerhand Arten gebrauchet/ das verdächtige Weib im Beichtstuhle außzuholen/ und hinter die Fünte zu kommen : Ja er hette auch
gleichsam Anlaß gegeben/ daß das Weib vielleicht sich verschnap-
pen/ und selber verrathen möchte ; Und in solchem Beginnen hätte er
gewesen : sie solte etwan die Hände Creutzweise über einander le-
gen/ hülffe es denn nichts/ so könne es ja nicht groß schaden. Daß
nun also daß albere Weib es unrecht verstanden hette/ und die Gau-
ckeley für richtig ohngefehr auffgenommen : Dafür könne er nichts.
Drauff ist auch der Pfarrer loß gekommen : Man hat aber unter andern Lehren/ so hierauß zunehmen seyn/ auch zu erlernen ; Wie der
böse Feind so hinterlistig sey/ die Leute im Aberglauben zu verführ-
ren/ und sonderlich die leichtgläubigen Weiber zu berücken : Wie
wol er auch nicht beym Mannesvolcke feyret : Wie ich mir denn be-
ster massen zu entsinnen weiß/ daß einer meiner gewesenen Præceptoren berichtet ; Wie zu Wittenberg ein Professor vom Catheder allerley Aberglaubische Curen wider das Fieber recensiret / drüber ein

H   Bursch

Burſch oder Student (doch faſt mitten im reden) hinzu kompt/ und
ſonderlich fleiſſig zuhöret; meynende; Der Herr Profeſſor rede ſolches alles/ als ein probatum eſt, und verwerffe es nicht/ (denn beym
Anfange war er nicht geweſen) was Geſchicht; wenn ihme nun das
Fieber angekommen war/ (damit er zum öfftern beladen und geplaget
get geweſen) ſo hat er eins und das ander von erlerneten Mittel gebrauchet; welches denn auch bald geholffen hat. Ferner hat er auch
andern dieſe Kunſt gelehret/und darbey geſaget/ er habe ſolches von
dem Profeſſore. Ja es iſt diß Ding endlich ſo weit kommen/ daß es
der Profeſſor erfahren/ ſich darüber verwundert / und den Studio-
ſum zu ſich gefodert / und anders berichtet hat. Drauff ſoll es geſchehen ſeyn/daß kein Mittel hernach mehr geholffen hat; Weil der
nunmehr beſſer verſtändigte Student ferner keinen Glauben darbey
gehabt. Und hierauß ſiehet man: wie der Glaube alle Ding be-
ſtätige/ und endlich auff eine todgeſchlagene Lauß/ſo des Freytages
ihr Leben eingebüſſet; wiederumb neun andere herfür bringe.

CANON LVIII.

Wenn man ſich in die Hand oder Füſſe ein Split-
terlein eingeſtoſſen hat / ſo muß man ſolches/
wenn er herauß gezogen/zerkauen: ſonſten möchte es noch einmahl ſchaden.

O wunderſeltzame Bedachtſamkeit der Splitter-Richter ! O
ſchöne Hinwegthuung des Scandali accepti. Lerne alſo hier die-
ſes/wer lernen kan/und etwann nur ein wenig vom Ochſenverſtande
oder Kälbergehirne hat; Höre hier/wer mir imer hören kan; Wenn er
auch nur ein Bißlein von Ohren hette/ als etwan ein Eſel vom viertel Jahre. Beiß und friß hier; Wenn du auch nur ſo ein kleines
Schnäutzgen herteſt/ wie eine Rate. Was denn? z.1. ein
Dreck: (doch/ daß ich mich recht beſinne/ ſolcher iſt weich; und wird
ſich nicht leichtlich in die Füſſe laſſen ſtoſſen/ doch friß ihn immer auf/
denn ſo weit des nicht mehr heiſſen können: Hic jacet in dreckis, qui
modo renter erate. 2. Glaß(denn ſolches haſtu ja wol ohne das
gefreſſen/ wenn es auff Geſundheiten loß gegangen iſt/und du dir ſolche

che in den Füssen gestossen hast/ oder vielmehr in den Pantsch gesoffen hast. Wiewohl es kein groß absurdum (sondern vielmehr ab-
sorptum) ist; daß einer den Getranck in den Füssen bekomme (ita ut
neque manus neque pes officium suum faciant: & temulentus
dicere cogaris;

Sta pes, mi sta pes: stapes ne labere mi pes! Immer auff einen Fuß wie Stoica ciconia, oder Stoicus Pelargus;) nach dem folgenden Epitaphio, eines Mertins/ oder Merten-schluckers:

Hie ligt begraben ehrlich und recht/
Der versoffene Bruder Marcus Precht:
In der Grabschafft Schauenburg ist er gebohrn/
Hat durch Kaltschal sein Leben verlohrn.
Kaltschal ihm in die Beine kam/
Kaltschal brachte ihm das Podagram;
Kaltschal must er theuer bezahlen/
Kaltschal hat ihm sein Leben gestohlen:
Ach wie wohl fuhr Specht nach der Himmels Pfort;
Kaltschal/ Kaltschal war sein letztes Wort:
Jetzund ruhet er hie/ unter diesen Stein/
Und wolt noch gern bey der Kaltschal seyn.
Gott führ ihn in des Himmels Spaal/
Und gebe ihm allda eine gute Kaltschal.)

(3) Steine/ ne ad eundem lapidem iterum impingas.
(4) Dorn: ne *semicetum iterum sentias.*

Doch ist gleichwol hierbey zu gedencken/ daß man das gekauete
nicht eben flugs verschlingen/ und durch die Gurgel jagen müsse oder
dörffe; sondern auff die Erde außspeyen.

R. Aber/ kan es denn nicht auff diese weise geschehen/ daß der
mahl eins auß dem gekaueten Dorne oder Splitter abermal ein
Dorn oder Splitter und Scandalum werde? traun die revolutio rerum will es gleichsam zugeben: Sonderlich weil auch ein Philoso-
phus erweisen kan/ daß es müglich sey; daß auß einem Spiesse ein
Soldat werde; wiewohl auch eben dieses zugeben die Papisten/ wenn
sie den Longinum gedichtet haben ex λόγχη, hastâ, demselben Spiesse oder Speer/ damit Christi Seite ist eröffnet worden. Resp. Man

Y 2 beküm-

bekümmert sich heutiges Tages wenig umb die Nachkommen / ob es solchen auch möge gut oder nicht ergehen : Ama præsentis : Man wird jetzo wenig in der Welt finden / welche ihren Nachkommen zu gute Oelbäume pflantzen ; Wie davon eine Historie in Ace râ Philol. Laurenbergij zu finden :

Es heisset nun nicht mehr insère, Daphni, pyros ; carpent tua poma nepotes. Resp. Jch höre du bist fein spitzig wie ein Tekler / Mistgabel wolte ich sagen : Resp. Stosse dich nur nicht an mich : Jst es doch also mit der gantzen Welt heute beschaffen ; Wie ich denn davon dieses einmal in einen Stammbuch gefunden :

O Mensch sey witzig /
Die Welt ist spitzig.

Doch hatte ein hebes ingenium , oder Besen-stumpffer Klotz darbey Glossiret : Ey Narr du leugst : Die Welt ist rund.

Und warûm solte es jetzo nicht alles spitzig seyn ? Gibt es doch in den Messen so unerhörte Scherenschleiff / also / daß sie auch gar aus Italien herauff lauffen / uns Teutschen spitzig zu machen. Summa : alles gehet nunmehr auffm Stoß : Allenthalben sein saurer Spitz-köpffe / Spitzbube / spitzige Degē / spitzhüte und gehörne Schue / sytzhüte / Spitzbarten / die spitzigen Hosen fange auch wieder an / der Bart lesset man gleiches sals wacker zu spitzen / die Weiber Mützen (dannenhero mân sie vielleicht Mutzen heisset : Wiewohl andere wollen ; weil sie unter die Coluros gehören / oder Cynicorum Jhlandiæ propages seyn) seind auch aus der Rûnde (Deus autem facit rotunda secundùm Owenum :) zur Spitzen kommen / und reimen sich jtzo hüpsch / also : eine Spitze Mütze. Noch weiter sind auch die Absätze unter den Schuen / bey erwachse-nen Leuten / sehr spitzig : und werden allgemehlich jetzo auch bey den Jungen Kindern gewältig zugespitzet ; denen sie doch so nütze seyn / als ein spitziges Höltzigen. Ja was mehr ist : ich habe mir unlängst sagen lassen / daß etzliche Rabulæ auch den Hindern wollen zuspitzen lassen : (nach Art der Raben-Schnäbel ;) damit sie sich auff das Ge-fesse nicht verlassen dürffen / und also müssig sitzen ; sondern als Vn-ruhe iner herûm lauffen können / und wie ardeliones oder Hanse in allen Gassen / sich richtig erzeigen mögen. Aber ich wil lieber sitzen / und meinem podicem lassen Platonis (πλατος plat) Philosophiam
studi-

ſtudiren; damit die Mäuſe keine Holzapffel hineintragen/ oder ſich
niemand drein ſtoſſe/(wie bey denen geſchiehet/die man Arſch feyern
muß/) und ich ihn alſo müſſe kauen laſſen. Die andern Moriones
mögen immer hin aus ihrer Kunſt (Ars) ein oxymorion machen/
oder ſpitzig zu ſchärffen laſſen/ daß ſie auch alle Beutel damit/wie die
Spismäuſe durchbohren mögten/und die alten Spitzgroſchen heraus-
locken. Aſt ego in angulo agelli conſeneſcam. & ſedentarius qui-
eſcam; Nam ſedendo venit ſapientia; uti circumcellionibus nu-
miſmata. Arrige hic aures, Pamphile: Spitze die Ohren? was hälteſtu davon? Reſp. was Cicero, wenn er ſaget: Malo virum (ſa-
pientem) qui pecuniâ egeat; quàm pecuniam quæ virô. Pecunia enim à pecudibus nomen habet, quas facit ex poſſeſſoribus
Phy/ alſo/du loſes Vieh! ſapientia autem reddit homines: ô bo-
nam itaque hanc *Philoſophiam*! dran man ſich nicht ſtoſſen wird; ſi
modô ſobrii ſobriâ utamur; Tunc enim acumen, chryſippeum
præſtat: Ob ſie ſchon nicht viel (χρυσᾶς) güldene-Spitzen abwirfft:
Welches auch ſeinen Vergleich hat in der Chiromantie: wenn da-
ſelbſten Trianguli Angulus ſupremus ſehr ſpitzig iſt/und genau zu-
gehet; bey ſolchen pfleget es auch gemeiniglich genau zugehen.
Hoc eſt: ſunt quidem Eruditiſſi,

ſed non

Auro ditiſſimi.

CANON LIX.

Wenn einem was ins Auge gefallen iſt; ſo muß
man dreymal über den lincken Arm ſpei-
hen; ſo kompt es heraus.

Freylich/ aus dem Maule kompt der Speichel heraus: Aber
das Auge mag anderswo zu ſehen; daher ihm Hülffe geſchehe: Doch
mercke/daß es bißweilen übereintreffe und ſcrupulus aus dem Augen gerathe; wenn man über dem Arme ſpeyet; nicht zwar durch das
ſpeyen: ſondern ſo ferne man die Augen abſeites kehret: Da es denn
die Nervi varii bißweilen in canthum hinein treiben oder anderswo
herausbringen: Wiewohl dennoch auch das ausſpeyen mit dienlich
ſeyn kan; wenn es ſchon nicht eben dreymahl geſchiehet.

CA-

CANON LX.

Wenn einem sehr dürstet / daß man offte trincken muß; so hat man einen Pfaffen geseuget.

Höret / daß heisset / Avarus ein Geistlicher / Geitziger wolte ich sagen: (wie man sonsten schertzet:) Sehet aber wie unverschempt der Pöbel im reden ist / daß er gar die Pfaffen zu Milch Diebe machet. Iuvo hette wohl also sagen mögen; wie ihr der ungeheure Flegel / der angelegete Mercurius (wie ein caprimulgus) im Schlaffe über die Brust gerathen / und so trefflich getschülpet / daß auch von derselben Milch / die er nur zuletzte in den zweyen Backen eingesacket gehabt; der grosse und breite Real Circul, oder Galaxia sole entsprossen seyn; und / wie ein neuer Poet wil in die antiquetät hinein gesehen haben / so sollen auch noch viel Tropffen herunter gefallen seyn / und die weissen Lilien auff Erden gezeuget haben. Doch meinet Vulgus vielleichte die Pfaffen / so eigentlich Pfaffen genant werden / nemlich die Papistische Clerisey / welche sich vielleichte wol offte / propter clerogamiam veritam, in Gyneceo speisen und ex uberibus träncken lässet: Damit die armen Schelme ja nicht sterben. Wenn nun aber ein Tricongius oder Amphora B∴c hi über eine schmachtige Mage kömpt; ich meine / er werde ihr das Marr aus den Beinen ziehen / oder die Feuchtigkeit aus der wartschcke eschhürschen ; daß sie freylich darauff wohl werde wieder einfüllen müssen / und offte über die Kannen lauffen. Aber höret ein secretum : Wenn eine Jungfer diesen Canonem gebrauchet ; was ist von ihr zu halten ? Haben die Jungfern auch Milch ? Doch besiehe von Männer-und Jungfer - Milch den Laurenberg. iu Acer. Philol.

CANON LXI.

Wenn man doppelt Brodt abschneidet: so hat man einen hungrigen Freund zugewarten.

Ja / es ist solcher Φίλος, entweder (λίφος. lieff / oder) Leibbrinne der Magen providus futuri ist / und maximam appetentiam
seu

seu orexin, pro naturâ suâ Hungaricâ hat/ oder brafft zu sich nehmen
gedencket: Denn er ist ein Fürnehmer Kerls/ wie die Müller/ die
auch ihre muthwillige Dienste zuvor nehmen. Oder Jungfer Phan-
thasia, seu inconsideratio, die ihr Herberge suchet (in deme sie alleweil unterwegens ist:) beym Wirte zum grossen Gedancken; der das
Pferd suchet/ drauff er reitet: Und nach dem Messer fraget/ daß er in
den Händen hat: Oder solches Brodt abschneidet/ als er schon vor
sich abgeschnitten liegen hat. Nemlich es gedencket ein solcher vergeß-
licher Mensch in gemeine an etwas anders: Die Köchin auff ihre
Bratwurst: Der Knecht auff seine Plone: Der HErr auff seinen
Geis. Ich weiß nicht worauff die Fraue.

CANON LXII.

Es ist nicht gut; wenn man des Abends mit dem Maule pfeiffet.

Es ist die außbündige Wahrheit. Denn solches thut entweder
ein Schäffer/ der seine Schaffe noch nicht alle zu Stalls gebracht hat; sonder zerstreuet herüm gehen; Welches nicht gut ist. O-
der es thut dergleichen ein Herr; deme sein Servitor entlauffen/ o-
der ausserhalb den Schrancken herüm irret; welches auch nicht gut:
Denn/

Omnia si perdas, famulum servare memento:
Quô semel amissô; posteà servus eris.

Oder es thut solches ein Müssiger; welcher des Abends sich
wacker tummeln und fleissig erzeigen solte beym Mußtopffe: Welches aber wenn ers nicht thut; so gibt es ein Zeichen/ daß er nicht viel
zum besten habe/ und latrantem stomachum fistulando abspeisen
wolle/ qui tamen auribus caret: Welches denn auch nicht gut ist.
Pfeiffe du also nicht: Oder man beschimpffet dich zum überflusse also: Dreck in die Pfeiffe: oder: wo hastu die Pfeiffe bekommen; ich habe
sie alleweil vorm Schweinstalle stecken gesehen. Oder pfeiffe mich
anderswo hin: Mercke aber/ daß allhier/ beym gedachten Canone die
Herrn Canonici (kan ock nicht viel) irregulares wol thun/ daß sie
hinzu setzen; wenn man mit dem Maule pfeiffet: Sonsten könte
man es auch wol vom sibilo inferiore verstehen: welcher aber des

Abends

Abends vielmehr gesund und gut ist / als Bäse: Doch ist er nur vergönnet den grossen Herren / die niemand drumb verdencket / wenn
sie auch gleich wie eine Ackerröre oder Schinderhund drauff loß far-
ßeten/und also Affter-Abend Pfeisser agiren: Die geringen Leute
müssen nur Visitationes anstellen: Wie wohl es dennoch mit ihnen
auch dahin gereder: Daß man sagen mag:

    Du meinest/es solle ein Schleicher werden;
    Und wird ein Pfeiffer.
  Bistu also ein grosser Saul/
  Und beß Abends wacker faul;
  So pfeiffe mit dem hinder Maul/
  Wie ein Hengst und Gaul.
  Doch halt hingegen das ober Maul/
  Und pfeiffe nicht damit mein Paul.

CANON LXIII.

Wenn einem das Messer tieff ins Brot hinein fähret/so ist man hungerig.

Ich halte wol darfür ; daß/wenn man unmässige Runcken herunter sattelt; Die Sattsamkeit noch nicht da sey; sondern tieff
ins Brod hineinsetze/und sich drinnen verkrochen habe/ und dannen-
hero/ wie die Warheit von weiten müsse geholet werden: Solteßu
nun dieses nicht wissen/so saget es dir dein Messer: Welches dir das
benötigte Proviant mit grosser Masse zumisset; Und/ pro στομα-
σμῷ, stomacho solches providiret: Nimm nun also dein Messer/se-
ße es aus Haußbacken Brod/und laß es immer nach eigen Belieben/
proprio ductu, hineinfahren/wie der Wolff in den Schafstall: Ja
also/daß du (wie jener gethan) durch das Brod/dich/den Pferdestall/
und noch wol gar durch ein paar zöhren schneiden mögtest; so wirstu
leichte erfahren/ob du hungerig oder satt seyest? Ob du auß Hunga-
riâ oder Alsatiâ bürtig? Setze nur/ wie gedacht/ deine Brodt-Art
an/ und folge (wie die Herrn vom Schilde ihren Krebs / als einen
klugen Schneider/) immer hurtig nach; so wirstu leichte hinter das
Register kommen/und erfahren/ ob du der Gottinne Fami noch viel
schuldig zu geben seyst/oder wenig ?Denn es ist ein verschlagenes und
                                      kluges

kluges Ding umb das Meſſer; welches viel kläger iſt als ein Philoſo-
phus: Denn die ſagen/oder liegen vielmehr ins Gelach hinein; Natura paucis contenta eſt: Darzu ſaget aber das Meſſer nein: Sintemahl es nach ſeiner Verſchmitztheit (Verſchmitztheit ſolte es
heiſſen/) ins liebe Brot hineinfähret/wie der Teuffel in die Hölle/ o-
der der Bauer in ſeine weite Stiefel: Und uns Teutſchen ſonderlich
viel greſſe Fläſche heruntermeyer; Welche wenn ſie zum Magen ins
Quartier gezogen ſeyn; der Katzen verbieten/ daß ſie ihn nicht weg-
ſchleppet. Weiter lehret uns auch das Meſſer/ beſſer Naturæ con-
venienter vivere, als unſere Vorfahrē/oder vielmehr andere Nationes vorzeiten gewuſt haben; welche ſich keines Meſſers gebrauchet/
als inſonderheit die Jüden: Von welchen man ſaget/daß ſie frugales
geweſen/parcè gelebet/und ſich in Eſſen und Trincken nicht überladen
haben. Aber/poſſen! unſer Meſſor ſagets uns viel beſſer: Aldie-
weil es wacker auffſchneiden kan/ und uns frugalioros (nach demē
wir mehr Früchte und Getreyde zu uns nehmen: Nam nos numerus
ſumus,fruges conſumere nati:) Item viel Sparrſamer (wenn das
häuffige Eſſen den Mund/nñ den Magē/ wie eine Bruge/ſtactlich von
einander ſparret)machet/ als die Oliens Bruder:Welche vielleicht/
weil ſie ſo wenig gefreſſen haben; (in deme es ſie vielleicht der Mühe
verdroſſen/ auß Mangel des Meſſers/das Brod zu brechen: Oder/
welches feriùs, weil ſie keinen Zumeſſer gehabt/ der ihnen das depa-
rate Eſſen (manſum)dargemeſſen/und gleichſamb abgewogen hette: Als wir/ dem Vulcano ſeys gedancket!)drüber geſtorben ſeyn;
da wir noch leben.

> Brauchet alſo das Meſſer/
> Ihr lieben Brodtfreſſer/
> So lebet ihr beſſer.

CANON LXIV.
Wenn ein Krancker Hüner- oder ander
Vogel-Federn unter ſich hat/ſo
kan er nicht ſterben.

Wenn dieſes vom Habichte/Geyer/ Adler/ oder etwann einen
andern Stoßvogel geſaget würde; ſo wolte ich es gut heiſſen: Denn

Z   ſo

so ferne/ so offte/ so lange ein Habicht oder Cornweyh/ Hüner Federn
unter sich hat/ so frißt er wacker/ wie ein Scheunedrescher/ drauß looß/
und stirbet nicht: Ja er kan auch nicht leichte vor sich sterben; denn
er macht andere Thiere zu sterben: Wie die Neunmörder/ täglich
neun Vögelein morden sollen. Wenn es aber von den Menschen
solte wahr seyn/ so ist es wunder; daß die Spanier nicht Hüner-Federn zur Sache gebraucht haben; Wie sie in Indien für unsterblich
sind gehalten worden: Biß daß ein König einen gefangenen Spanier
untertauchen läßt/ und das contrarium erfähret/ wie Benzo erkläret. Hette nun dieser arme Tropff Hüner-Federn bey und
unter sich gehabt; Siehe/ so wäre er davon gekommen/ und lebendig
geblieben. Sehet/ was für treffliche Krafft in den Hüner-Federn
stecket! In deme sie können unsterblich machen. Und umb diese Ursa-
che/ werden sie vielleichte von den Narren auff den Hüten getragen;
damit sie immortalitatem ihnen zu wege bringen/ weil dignum laude virum plura veta morionem.
    Mori ὄvον, wolte ich sagen:
    Auß diesen ursachen kan es vielleichte auch geschehen / daß die
Hahnreyschafft zu keinem Ende kömmer; Weil sie sich des Hah-
nen/ oder der Hüner Federn gebrauchet. Daher denn auch etwan
Hahnrey heisset qv. Hüner-Ey/ oder Hüner-ᾠὸν: Da ein Ey so
wol Hieroglyphicè die Unsterbligkeit/ oder Ewigkeit bedeutet; als
ᾠὸν: Von welchem Griechischen Worte das Ey/ meines erachtens/
nach herkommen.
    Auß diesem Grunde kan auch vielleichte wol geschehen seyn/
daß man auff den Dächern/ locô vertumnorum/ (oder Wetterhä-
nen:) die Hähne gebrauchet; Damit sie nehmlich immer ohne sterben
(nam quod quis alij dat , id ipsum dubiô procul ipse habet &
contra quod quis parum novit, nemo docere potest) stehen bleiben. Welches vielleichte nicht geschehe; so Gänse droben wären/
und sonderlich fein braun gebrathen / da würden sie auffs wenigste
umb s. Martin herunter und sterben/ wenn sie auch zehenmahl Rick-
Rack sageten.
    Auß diesem Grunde kan es auch wol kommen/ daß man die
Hühner abschlachtet: Weil sie nemlich von sich selber nicht sterben

kön-

…tönnen : Damit sie sich / so sie des Lebens satt seyn / nicht länger Qu-
len dürffen : Wie man solches von den Hyperboreis und ande.n
Völckern schwatzet. Davon die Hyperborei vielleicht heissen / qs.
Hünerborei, die von Hünern gebohren seyn.

Weiter / kan es auß dieser Ursache auch wol kommen / daß die
Amasii ihre Schätzgen / Hünigen nennen : Nemlich damit sie fein
lange dauren mögen / und nicht bald / wie die faulen Fische / abstehen :
Biß daß der gleichen *aucupes* (*aucupis* sage ich / und solches probir ich
auß folgendem Epitaphio, das zu Mühlhausen seyn soll.

Hic jacet Elisabeth cum Cattharina sorore,
Et pater Andreas ; qui *Voluerabat eas.*

Die gekürreten Vögel im Netze haben : Da mögen sie (nach etlicher
Wundsch /) immer Gänse seyn / und hinsterben ! denn welchem die
Pferden wol stehen / und die Weiber abgehen ; der hat gut Glück.

CANON LXV.

Wenn man an einen gemeinen Ort / pinckeln oder
hofieren will ; so muß man dar erstlich dreymahl
auffspeyen / so kan es einem nicht schaden.

Freylich / speye den Unflat nur immer herauß / mein Söhngen /
und wenn du auch Hundesdreck im Halse hettest ; so wird dir solches
nicht schaden ; sondern vielmehr bathen oder nutzen ; Wie wir oben
auß des Salmuthi observat : Medicis, contra Aulicas quosdam,
angeführet haben. Spey ? sage ich noch einmahl / immer auß : Speye
doch wohl manniger Lunge und Leber auß : und ruffe darzu Ulrich
vierthalb Eie lang ; Und schadet solchem Speisippo, oder über die
Zungenkacker / nichtes : Ich geschweige dir ; der du nur einen Spu-
ckebart agirest / den Schaum von der Zuncken abschöpffest / und das
Geblüte desæeirest : Speye und rüspere also wacker / wenn du auch
das Maul / biß an beyde Ohren drüber auffsperren soltest. Geyfere /
und seyfere wie die kleinen Kinder ; Spucke wie der Kuckuck / doch
sonderlich wenn du stallen wilst / so wirstu unten und oben rein / und
kömmest von Latrina, wie Catharina (Καθαρος) doch wirstu es s.
mahl thun : Denn omne trinum perfectum : Numerô Deus impare
gaudet, Hierzu aber rathe ich dir (ausserhalb den Scherze) als

B 3   ein

ein Christe nicht: Credo enim in talibus nugis ad Divinam Tria-
da abusivè respici.

Lerne ferner / wenn du nun gemeine Gemächer / und Plati
Rathshäuser siehest/und darbey einen Bach oder Pfütze antriffest;
daß solcher aus das aberglaubische Außspeyen herkommen/&c.

CANON LXVI.

Wenn man ein Messer wetzet/und hat den Wetz-
stein nicht benetzet oder befeuchtet / so kan man
Wunden schneiden/ die sich nicht heilen
lassen.

Die wird wahr/was Pindarus flugs vorne an leyret; ὕδωρ μὲν
ἄριστον: aber auffm Wetzestein/nicht im Bauche. O nützliche und
schädliche Kunst! Schädlich/wenn man sich selber Wunden pfetzen solte: Nützlich wenn du/als ein CHRISTIANUS

per anag:
IS IN TURCAS,

Oder wider den Türcken zu gehen gesonnen bist/ du kanst ihn pfetzen/
hetzen/und mit den Plotzen verletzen/metschen und knetzschen. Siehe
wie ein schön compendium du vor die alten hast;welche die Schwer-
ter haben dessentwegen müssen vergifften lassen:Hier darffstu nur deine Peters Plötze zum Scherenschleiff hinfahren lassen unnd bitten/
daß er ohne Wasser Vergiessung deine Plampe wolle wetzen; daß
du hernach mit viel Blutvergiessung dich könnest ergetzen. Ja
du kanst vielleicht auch etwas näher mit der Zahlung davon kom-
men/sonderlich des Winters/da der Schleiffer sonsten warm Wasser
vergiessen müste.

CANON LXVII.

Wenn der Wind sehr wehet/so kan er mit Außstau-
bung eines Mehlsackes gestillet werden.

So lehren die Bayerischen Bauren: Welches des Ulyssis
seine Schiff-Trumpanen nicht verstanden; Die zwar auß curiosität
des Æoli seine Säcke außgestöbert/ aber das Widerspiel erhalten haben; Nehmlich unmäßiges Saust und Brausen der Winde. Det-
ten

ten fie nun bald drauff einen Mehlſack in Bereitſchafft gehabt / und
denſelben auch außgeſchuͤttet / ſo waͤren alle Saͤcke fein leer gewor-
den/und das Schiff waͤre weiters gar nicht ſchwer geweſen : da ſich
der ungeſtuͤmme Æolus vielleichte druͤber wuͤrde erbarmet haben/und
das außgeſackete Schiff paſſiren laſſen. Verſtehe auch ſolches von
des Æneæ unbedachtſamen Booßknechten ; davon lib. 1. Æneid.
Was machet aber Æolus mit dem Sacke oder Mehle? Solches nimmet man ab auß den **Beyworten der Bayern/** wenn ſie beym
Stauben ſprechen :

Siehe da Wind/
Roche ein muß fuͤr dein Kind!

Nemlich ſie meinen: Als wenn der arme Æolus auff der **Garre** ge-
he/oder **gnarre** / und das Pontificat Mols cum Saccô per civita-
tem Spiele/oder ſonderlich Vater-ſorge uͤbe/und wegen ſeine Kinder
ſupplicationes, ſufflationes wolte ich ſagen/einlege : Nun hat er a-
ber eine wacker Parteye hungeriger Schelme/ und freßhafftiger Kin-
der/die er allgemehlich nach einander gezeuget hat/ oder die ihme vielmehr von andern/auff gut Haureiſch ſind gezimmert worden : Fecit
ſibolos alius, tulit alter honores. Dannenhero denn / des armen
Stuͤmpers wapen / ein Hahn auff allen Daͤchern iſt. Nemlich/
erſtlich hat er nur 4. Soͤhne gehabt: Eurum, Auſtrum, Zephyrum
und Boream: Zu welchen hernach noch andere 4. adoptiret worden:
Biß daß noch fuͤrder auß ſolchen 8. einmahl ſo viel geworden ſeyn/
Nemlich 16 darzu die Hollender/ in Abweſenheit des mariti Mima-
rij, ſeiner Frau fleiſſig zugeſprochen / und ein gantz Neſt voll neuer
Baſtarten gehecket haben : Daß alſo der beduͤrfftige Æolus nunmehr
auffs wenigſte XXXII. Kinder ſoll beſitzen ; ohne die/ ſo er hin und
wieder in den Laͤndern zertheilet / und fuͤr ſeiner Frauen Augen
nicht bringen darff/weil er extra gegangen/und mit frembden Stru-
tzen ſolches zeug gezeuget hat : Wiewohl er ſeiner Æoliæ es hinwieder
nicht vorwerffen darff : nach aller Welt manier : Da in ſolchem Falle das Weib mehr recht zu reden finde/ als der arme Teuffel / der
man/der ſich nolenti volenti einem muß an dreyen laſſen. Doch wie
dem allem : Es hat der Æolus nunmehr einmahl viel Kinder : Will
er ſie verſorgen; ſo muß er ihnen was zu freſſen ſchaffen; und derent-

wegen

wegen bläſet er bald hie / bald dort / und gehet gleichſamb auff Fud-
braſchen / ſpricht auch mannigmahl die Leute umb Reiter Zehrung
an; Daß er ſeinen Sack / (den er auch von Babel gebracht: Ædifi-
cant turrim, &c.) möge beſpicken / und ſeinen Söhnen was mehres
mitbringen / als die Thüringiſchen Bauren; die dem älteſten Soh-
ne / nach ihrer ſchlechten Frey ebigkeit / nur den Heringsſack zu lecken geſtatten: Kürtzlich er durchſtreiffet alle Provincien / und fodert
ſeine Gebühr ein: Krieget er nur was / ſo iſt er zu frieden / und ſtellet
die Pfeiffen ein: Krieget er aber nichts / ſo ſchilt er drauff / daß es
ſumſet / wirfft Häuſer und Schiffe umb / reiſſet Bäume auß / &c.
Damit nun aber die gehorſame Bayern dergleichen Unheil abwen-
den; So opffern ſie ihre Gabe / wie etwan auch vor dieſem der
Käyſer Auguſtus ſoll gethan haben; Wenn er den Circium be-
gütiget / daß er doch Franckreich möchte ungeſchoren laſſen / und
nicht mehr ſo brillen / als er wol offters zu thun gepflogen; Da er
gantze Dächer davon geführet. Vide Alexand: ab Alex: lib. 3. c.
22. Genial. Dier: p. m. 164. a. Beſſer hat alſo der Auguſtus
mit jetzigen Bayern gehandelt / als vor weilen die Pſylli; Welche
dem nothdürfftigen Auſtro mit Kriegesmacht begegnet haben; aber
für die Widerſpänſtigkeit gäntzlich mit Sande ſeyn bewachet worden. Herod. lib. 2. vide Autor Horribil. hiſt. lib. 1. pag,
m. 365.

Mercke hierbey eine wunderſeltzame Geſchichte / ſo ſich vor wenig Jahren begeben / und alſo von einem vornehmen Manne D. L.
entworffen worden:

Quid ſit meteorum propriè, ex Doctrinâ Phyſicâ perdiſci-
tur: quantum autem ad propoſitum noſtrum neceſſarium eſt,
de illô paucis præfabimur: Meteorum à Græcis originem
trahit, quod nonnulli deducunt ab ὁράω, nec deſunt, qui à μετέω-
ρέω derivant; ſed abſurdè: rectiùs deducitur à verbo αἴρω, &
Euſtathius ſcribit ab αἴρω primùm derivari ἀείρω & mutatione
τῆ α in ε. & Diphth: οι in ω, μέτεωρος, propria autem
hujus vocabuli ſignificatio eſt, ſublimis ſeu editus, & inde nomen

men fortiuntur μετέωρα, quia plerumque in alto supra nos oriuntur: alias idem est μετέωρος. quod erectus, usurpatur de equis,
qui prioribus pedibus in altum subsiliunt, ut & de navibus, quæ
in alto vehuntur, metaphoricè idem est. quod erectus, intentus
hâc significatione utitur Lucianus : Σὺ δὲ ἐφ' ἑκάςῳ τῶν πρατ-
]όμενων μετέωρος ἦ. Tu intentus es ad actiones cujuslibet : vocatur & μετέωρος illud, quod adhuc incertum est, quod homines
exspectatione suspensos tenet. μετέωρος δίκη, Latinis est suspen-
dens, de quâ non lata adhuc est sententia, μετέωρα πράγματα, res
quarum exitus exspectatur, unde μετέωρος quandoque usurpatur
pro eô, qui est animi dubius. Porrò & vocatur μετέωρος is, qui
nimiô alicujus rei desideriô qu. se erigit: quâ significatione re-
peritur apud Suidam : ὁ δὲ μετέωρος πρὸς πᾶσαν καινοτομίαν,
interdum etiam idem est, quod elatus spe alicujus rei, quemadmodum Cicero dicit extollere caput, & se erigere. Hæc Etymologia pias suggerit cogitationes, quas nos hoc tempore, quo o-
mnis generis prodigia & portenta in cœlô & aëre apparent, &
præcipuè iam circa mundi hujus interitum , & imminentem
diem extremum, habere debemus, capita ne submittamus,
nec signa & prodigia parvi pendamus, neque illis plus justô
terreamur ; sed nos erigamus, illa consideremus, eorumque
significationes ex verbô Dei petamus, maximô illius desiderio teneamur, & erectô capite ejus adventum exspectemus,
& redemtionem, quam tamdiu speravimus lætis excipiamus
animis ; ut nos informat Salvator noster Luc. 21. v. 8. Tantum de nomine. Meteora autem nihil aliud sunt, quàm
corpora imperfectè mixta, ex materiâ & halationum calore
solis , stellarumque virtute in terrâ vel aëre effecta : ut
hæc definitio ex Aristotele congesta est ; hæc sunt varia, quædam existunt ex fumô, vel solô vapore, quædam ex utroque. Quæ oriuntur ex fumô , appellantur
ignea,

ignea, ad quæ pertinent omnis generis Inflammationes, quæ in
aëre apparent, item Cometæ adhæc fulgur, tonitru & fulmen; huc
& referuntur phasmata; qualia funt chafma, colores nubium,
iris, Halo, Parelius, orbis lacteus, &c. à vaporibus autem quæ
exiftuut, quædam funt imber, pluvia, nix, grandines, ros, nebulæ,
glacies, fontes, mare, reliqua meteora, quæ ex fumô & vaporibus fimul oriuntur, vocantur aërea, & generantur vel in aëre, vel
fub terrâ; illa funt *venti*; hæc verô terræ motus. *Venti* multorum
funt generis, & dividuntur in regulares & erraticos.   Regulares
funt, qui ex certis angulis fpirant, quorum primarij funt: Evrus,
Boreas, Zephyrus, & Notus. Huc & referuntur illi, quos Nothos
appellant, & funt Etefiæ, & onithiæ; quorum illi in diebus cani-
cularibus; hi verô tempore veris, quando hirundines appropinquant, fpirare folent.   Erratici periculofi & violenti funt, nimirum ex hydria.   Hic ventus maximâ ubi è nubibus prorumpit
cum grandine, maximoque imbre, & omnia in fundum conijcit.
Ecnephias vehementiffimô turbine proruit; quando fit, ut aër ob-
fcuretur & femper graves eum fubfequuntur tempeftates. *Turbo*
fæviffimus eft ventus, fummâ violentiâ per nubes prorumpit, turbine agitur, obvia quæque corripit, correpta fecum fuftollit, fub-
lata rotæ inftar verfat, &c.

* * *

Narrationis eorum, qui tùm temporis ruri operam dederunt,
& huic prodigio propiores fuerunt, vel à principio ad finem usque illud afpexerunt, hæc eft fumma.   Primâ vice circa horam
primam & fecundam & fecundam pomeridianam ad diftantiam
fclopeti fupra pagum *Rafam*, in agrum quempiam montem ad o-
rientem fitum craffus vapor è terrâ ad ingentis magnitudinis nu-
bem dependentem eamque pellucidam afcendit, quod apparuit
inftar magnæ excelfæ cujufpiam columnæ, quæ fubitô circum-
agitata aliquot metas fimi fuftulit & diffipavit, neque longô
pôft, in temporis punctô, rectâ in illum pagum *fuperiorem Rafam*
fagittæ inftar volavit, primum horreum quoddam fibi obvium
corripuit ad altitudinem domûs, in aërem fuftulit, rotæ inftar ver-

                                                                    favit,

favit, partim vastum in fundum conjecit, partim, nim: tectum ad altitudinem turris secum sustulit, & scandulas longe lateque in campô disjecit, integras quoque quasdam & fructuosas ad horreum plantatas arbores medias perfregit, partim radicitùs evulsit, & præterea proximè sequente die tum folia, tum arbores adustas deprehenderunt. Tum impetuosus ille ventus ad dextrum pagum, versus, latus est, & continuâ rotatione pleraque tecta avexit, nonnulla ædificia destruxit, omnes ferè arbores in & circa pagum & inter eas *tileam* quampiam amoenam, & robustam mutilavit, & perfregit, ejus fragmêta summâ cum admiratione circû vexit, quædam omninò avexit. Etimiæ magnitudinis & fæcunditatis arborum ingentem numerum radicitùs evulsit, quarû alias sursum rapuit, in gyrum coègit, & concussit, daß man die Erben von den Wurßeln fallen gesehen. Als dieser Wind nun seine Gewalt an diesem Orte solcher massen außgeübet / das nicht einiges Hauß unverleßet blieben; Hat er gleichsam seinen Weg auff die andere hiebey liegende Häuserlein / so man den unter Rasen nennet / gewendet: haud secùs arbores, stabula & domus perdidit: adeò ut nemo illud sine lacrymis intueri potuerit: Ist darauff im Wasser hinab / so in etwas zur rechten Hand Abendwerts gegen dem Berge zugeßogen / in einen Acker kommen; sich nachmahln gedrehet / und endlich bey den nehesten Steinbruch sich in die / zu der Wolcken hole / so unter diesem alleßeit offen gestanden / und mit der Seulen / so mit Feuer vermenget fortgangen / begeben; und auß dem Gesichte verlohren / das Graß auff der Wiesen aber ist hiedurch gleich als mit einer Walßen niedergedrucket gelegen / daß es gescheinet / als wenn sehr viel Reuter darüber geßogen: und ist sonderlich Gottes Vorsorge / und gnädiges Vater-Herß hierdurch ßu vernehmen / daß weder Vieh noch Menschen in diesem grossen Sturm und Beschädigung im geringsten nichtt verleßet worden. Ex collatioue jam narrati, & ex adductâ definitione ventorum erraticorum perfacilè est intelligere, hic non *turbinem* solùm; sed & alium quempiam, qui *Prester* dicitur, deprehendi; id quod ex principiô & operatione colligere est; quapropter Deus non simplex modô portentum in illô ostendit; sed quemadmodùm summè offensus Pater, binas flagellas

gellas

gellas colligavit, illas qv. in menſam, aut parietem illiſit, liberis,
qui ob temperare & dicto audientes eſſe abnuunt. pœnas gra-
viſſimas intendit , &c.   Ariſtoteles de violentis his ventis totum conſcripſit caput, primum ſcil. lib. 3. de meteoris, ex quô &
ſuprà allata deſcriptio inſolitorum ventorum deſumta eſt : præcipuè *de Turbine* in librô de mundô, quô tradit illum eſſe ἡ ἀερος-
ψαν ἄχρι Τῆς γῆς εἰ ἐκ ᾗον ἑαν, &c.&c. item Suidas, &c. Plin. lib.
2. Gellius. *Preſter* apud Ariſtotelem lib. de Mundô, Plin. Senecam
lib. 5. quæſt. Natur. c. 13. Scriptura Sacra Ezech. 1. v 2. &c. Bißhero
von dem Raſen der Winde/im Dorffe Raſen/worbey ſich auch wol
findet/was ein ander ungewöhnlicher Wind zu gegenwertigen Zeiten
geſtifftet: Nehmlich Anno 1660. den 9. Decembr. am andern Sontag des Advents/da man auß der Frühpredigt gangen/ hat ſich ein ſo
grauſamer Sturmwind zu Leipzig erhoben/daß die Forſtziegel von
ſehr vielen Häuſern in den meiſten Gaſſen herunter gefallen/ und die
Leute zu Boden geriſſen worden.   In Pommern aber/und andern
Ländern / auch in Dörffern allhier hat es auch groſſen Schaden ge-
than/ Kirchſpitzen und Thürme/Feuermäuern umbgeworffen.   Es
hat/ nach den Zeitungen/dieſer Sturmwind faſt die meiſten Länder
in ganz Europa getroffen/auch auff der See viel Schiffe und Leute
untergangen; Daß der 30. Jährige Krieg kaum ſo viel Schaden gethan hat/ als von dieſen grauſamen Winden geſchehen iſt.   Es ſoll
auch das Waſſer in Preiſſen an der Weixel bey Danzig und andern
Orten herumb viel Menſchen und Viehe erſäufft haben/ und ſind
Häuſer geſchwommen kommen / auff deren Dächern Leute geſeſſen/
und verſchmachtet herunter gefallen ſeynd.   In Holländiſchen Ha-
fen/ ſind durch Jüngſten Sturmwinde in 12000. Menſchen/ und
110. Schiffe geblieben.   Darbey iſt allhier ein ganz gelinde Wetter
und Winter geweſen/ an etlichen Orten ſollen Bäume zu blühen angefangen haben.   In Pariß hat man grüne Erbſen im Februariô
gehabt: Die Bäume ſind belaubt geweſen/wie im Frühlinge. Biß
hieher von ſolchem Winde Anno 1660. davon Herr Nortnagel Pro-
feſſ. Wittenberg. in peculiari diſſertatione. Noch iſt hie zu geden-
cken/daß zu unterſchiedenen Zeiten/auch im 1661. lauffenden (wie ich
dieſes ſchriebe:) Jahre groſſe Winde geweſen ſeyn/ und das ganze

Jahr/

Jahr/ nebenſt andern portentoſiſchen Begebniſſen/ſehr ſuſpect und andencklich gemachet haben: Es erzehlet aber unſer Leipzigk auff folgende Art/ ſolche fataliſche raritäten/alſo:

L	1.	Libithinam: oder Abgang mit Tode vornehmer Häupter.
E	2.	Exautorationem Martis/oder Abbanckung der Soldaten.
I	3.	Inſolitos ventos oder ungewöhnliche Winde.
P	4.	Pennaliſmi profligationem: oder Außrottung deß Pennal- weſens.
T	5.	Teporem hyemis, oder Winterwärme.
Z	6.	zythi panisque caritatem: oder Theurung im Brote und Biere.
I	7.	Incendia, oder Feuersgefahre.
G	8.	Gurgites, oder Waſſerergieſſungen.
K	9.	Kometam, oder geſchwänzten Feuer-Stern.

1. Was anderswo für vornehme Herrn abgangen/ laß ich andern zu beſchreiben über: Ich gedencke nur allhier/daß auch Leipzig Schaden dran erlitten habe. Sonderlich an Hr. D. Hülſemannen/ den fürnehmſten Theologo: und Hn. Heren/ den berühmteſten Rath-und Handelsmanne/&c.

2. Die Abbanckung der Soldaten iſt auch ſonderlich jetzt vorgelauffen; Daß ſo lange Jahr her nicht eher hat geſchehen mögen.

3. Von den Winden iſt die Erzehlung geſchehen. Adde die Windes-Poſaun/Paſtoris Sittavienſis. Doch mercke hierbey/ daß im itzigen 1661. Jahr/gleich auff den 10. Decembr. wiederumb ein greulicher Sturm war/die Nacht und den Tag über/ita ut fuerit rite univerſalis.

4. Von dem gottloſen und ärgerlichen Pennalweſen/iſt es auch landkundig; wie ſolches nicht allein in faſt allen/ oder doch den vornehmſten Univerſitäten Teutſches Reiches abgeſchaffet; ſondern auch zu Leipzig außgerottet ſey: welches denn Mühe genug gehabt/ propter inveterationem: Tantæ molis erat Pennalem tollere gentem! Tantæ MoLIs erat pennaLes Vertere LVDos.

5. Von der Winterwärme iſt auch geredet; Da es geheiſſen: Grüne Weyhnachten: Notabile etiam eſt; violas purpureas, ut & alias arbores mediâ hâc Brumâ ſuos emiſiſſe flores, & protruſiſſe gemmas.

Xa 2   6. Von

6. Von der Theurung / doch behüte Gott für Grösserer / das
Bier und Brod / wider Billigkeit und Recht / theuer gemachet / be-
klaget sich noch der gemeine Mann. Hieher gehöret auch Caelius
Martius in lib. de promisc. Doctriná c. 23. p. 35. Dies Martis cum
Januario exordium dederit, pestilentiam acerbissimam, nec non
naufragiorum pericula plurima, Regum Principumque graviss.
cum anxietate solicitudines timeto; Leguminum, olerum & oli-
toriorum fructuum largam copiam n speres; oleum veró & vinum abundanter habebis; eoque annô verendum est, ne Pagani
aliquantisper Christianis insultent. &c.

7. Von Feuersbrünsten wissen leider! viel Oerther in diesem
Jahre ausserhalb Leipzig zu reden: Insonderheit aber hat es Des-
litz mit Schaden erfahren / etc. doch weiß auch das seinige Leipzig / in deme es sonderlich zweymal dran gewesen / (einmahl
im Vorjahre / das andermahl im Novembr. etliche mahl / wie auch
den 1. Januar. 1662.) da man allenthalben die Sturmglocke grausam
genug gehöret: Doch behüte uns der liebe GOtt für noch grösserer
Feuersnoth: Zu wissen ist aber / daß (nach dem: Nihil magni sit in
terrâ, nisi testimonium habeat á cœlô:) Dergleichen Gefahr einmahl angedeutet worden / die 17. Decembr. 1660. da ein witziger
Hausknecht viel Dinges Propheceyet / und etliche mahl Zettel an die
Kirchthüren geschlagen hat. Zum andern hat es Christoph. Richter / Görlicensis, Diaconus zu Kohren in Meissen / in seinem Calender / so er dem Rathe zu Leipzig dieses Jahr dediciret, ziemlich
vorher gesaget; parte 2. cap. VIII. als: Den 25. Junii begibt sich
♂ Saturn. ♂ / ex ♏ ♉ / und deutet an unbillige Krieges Überfälle
und Plünderungen unschuldiger Leute. Eben diese ♂ hat der Stadt
Leipzig / ja dem gantzen Meissen Anno 1631. den Krieges Schwall
angedeutet. Man hat sich bey dieser ♂ in gedachter Stadt sub ♉
eines unglücklichen Zustandes zu befahren Clariùs: Die sichtbare
Mondenfinsternisse geschieht am Ende des Septembr. etc. Sonderlich ist hierbey auch zu mercken / daß bald auff diese Finsterniß / in
der Leipzischen Messe / eine seltzame Vermischung aller Planeten
Strahlen in einander fället: Dabey die Stadt Leipzig sich vorzu-
sehen hat vor einen Unfall / vor Feuer / Auffruhr / oder ansteckender
Seuche /

Sencke/ weil sonderlich ♂ mit einem □ beschädiget ♃♂☉/ welche
dieser Stadt geneigte Planeten sind.

Item wir haben den 20. Martii ein Sonnenfinsternüß im
Martialischen ♈/ ꝛc. Diese Finsternüß deutet auff Feuersbrunst/
und kömt ♂ umb den Anfang des May zu dem Orth dieser Finster-
nüsse/ und in ♐♃/ da man fleißig das Feuer mag in acht nehmen:
Dann ich bißhero etliche Jahr selber observiret/ daß bey starcken A-
specten ♃♂ leichte Feuer auffkomt/ und dieses aus natürlichen Ur-
sachen/ weil bey solchen Aspecten trocken und warm Wetter entste-
het/ da aus Unvorsichtigkeit leicht brennende Materien geschwinde
Feuer fangen. (Mercke weiter/ daß im gedachten Jahre eine greuliche Furcht unter den Leuten wegen des Feuers ware/ da etliche in der
Lufft wolten Feuer-Klumpen gesehen haben. Item: daß unreiffe
Propheten solten gesaget haben/ Es würde Leipzig umb Weihnachten
mit einem Besen zusammen gekehret werden: Item es werde den
dritten Weihnachts-Tag Feuer auffkommen/ und zwar würde es vor
Mittag geschehen/ so würde es noch wohl wieder gesteuret werden:
Item der Thürmer habe das Rathhauß und das Paulinum (absit
omen) im gantzen Feuer stehen gesehen. Item etlichen Fuhrleu-
ten solle vor die Neu-Jahrs-Messe ein Kind auff dem Felde begegnet
seyn/ und einen grossen Feuers-Brand auff Leipzig angekündiget haben; welches die Fuhrleute auch solten zu Rathhause gestanden und
außgesaget haben: Item/ daß ein sonderlicher Mann solches propheceyet habe/ daß er auch soll drüber eingezogen seyn/ ꝛc. Ja es sind
hierüber die Leute so schüchter gewesen/ daß sie sonderlich in der Rit-
ter- und Reiche-Strassen nur des Feuers erwartet/ und geschauet/
wo es ein stehen würde: Es sind auch die Præparatoria und Feuer-
Wehren/ als Sprützen/ Eymer/ ꝛc. in Bereitschafft umb selbe Zeit
gehalten worden/ ꝛc. Sed Deo sint grates pro averruncatione!

8. Ergiessung der Wasser ist sehr groß in diesem Jahre ge-
wesen/ als sieben Mannes Dencken sich mag begeben haben: Da das
letzte Getraide im Felde an etlichen hundert Mandeln ꝛc. verschwem-
met/ Leute ertruncken/ ꝛc. geschehen den 7. Augustf: Welches ebenmäßig Herr Richter d. l. prognosticiret/ also: bey dem □ Saturn.
Mart. im Martio/ und bey der vielen Zusammenstrahlung der Pla-

Aa 3   neten

neren im Octobr. werden Wasserfluthen besorget : Zu gedencken ist/ daß man den vorigen Tag / ehe es so greulich regnete/ die Wolcken am Himmel unerhörter massen hat lauffen und schiessen gesehen.

9. Von Cometen / sind Scripta zur Gnüge herauß gegeben ; als des Placentini, Herelii.   Und ist also dieses Jahr sehr nachdencklig wegen vieler Sachen/ dazu noch setzet gedachter Herr Richter im Anfange seines Calenders / daß es auch denckwürdig sey wegen etlicher Secular-Historien/ oder hundertjähriger Geschichte : als daß Taulerus Anno 1461. gestorben/ daß in Türckeyen 1461. 5. May eine greuliche Sonnenfinsternüsse gewesen/ etc.   Mercke ferner/ daß fast gleich vor hundert Jahren ebenmäßig oberzehlete Sachen mögen vorgelauffen seyn : Wie zu ersehen in Herrn Matthesi Postille am 2. Sontage des Advents.

Doch genug von diesem : Damit ich aber wieder auff das vorige komme : So stelle ich allhier die Frage an : ob denn nicht auff irgend einen Schlag geschehen könte/ daß sich der Wind lege; Wenn man den Meelsack außschütte ? Resp. Ja : Wenn man/ salvâ veniâ zu melden/ alvum exoneriret, oder ventrem dejeciret ; denn solches ist gleichsam nicht anders / als den Meelsack außstäuben : da der Magen der Sack ist : Das gegessene Brod aber Meel ; aus welchen es zu Brode anfänglich geworden.   Wenn nun solche Excretio vorgehet ; so legen sich viel Winde ; das ist Auffblehunge/ und allerhand flatus und murmurationes ventris.   Doch ist zu mercken / daß diese Winde nicht eher auffhören/ als der gantze Meelsack außgestoben ist.

CANON LXVIII.
Bey den kleinen Kindern muß man die ersten
Nägel abbeissen/ und nicht abschneiden/
sonsten schweren sie.

Siehe/ umb so viel sein Menschen Zähne gesünder/ als Hunde oder Katzen Zähne : Sintemahl es in gemein schwiret/ wenn man von solchen Thieren gebissen ist : welches aber nicht geschiehet/ so es von Menschen Zähnen wiederfahren : Wie man solches auch höret von den Schäffern ; so den Hammeln und Böcken /umb gewisse Ursache willen/

willen/ in castratione)die Hödigen oder Klörigen nicht außschneſ-
den; sondern außbeissen; Nemlich damit sie nicht geschwieren: Des-
rentwegen denn auch die Schäffer vor andere Hirten für unehrlicher
gehalten werden. Und hierauß siehestu nunmehr/ warumb es He-
rodi so unglücklich ergangen; Da unter ihm so viel Kinder gestor-
ben/ und die Beschwern isse getödtet hat; Weil er nemlich infanti-
cidium exerciret; und sie nicht hat morsibus imminuiren lassen;
wie Elisa in der Bibel den Kindern geschehen ließ/ die ihn Kahl-
kopff/ Kahlkopff nenneten. Doch/ warumb muß man nur das
erstemahl beissen/und nicht schneiden? Resp. Weil etwan die Primi-
tiæ höher zu halten seyn/ als secundinæ, das ander: Nun seyn aber
die Zähne von Natur: (quæ dignior, & sic majorem etiam dig-
nitatem communicat) Das Messer aber auß der Kunst: Die
heutiges Tages nicht gilt: Drüber sich ein jeder beschwert. Dana

    Naturæ sequitur semina quisque suæ:

    Artem autem non quævis terra alie,

    Noch weiter ist zu gedencken/daß voriger Canon auch vielleichte so
zu verstehen kan seyn: als wenn es allemahl leichter kommen könne/
daß die Nägel geschwüren/ so man sie schneidet: Sintemahl das
scharffe und unsinnige Messer leichte tieffer ins Fleisch hinein
langen kan; als die verständigen Zähne: Und solches vielleichte eher
in der zarten Jugend/ da den Kinderlein die Nägel gar weich seyn:
Wie das Sprichwort: A teneris unguiculis, solches beglaubet.

CANON LXIX.

Wenn man des Montages in ein frembd Losament kommet/ und ruhet nicht drinnen/ so können die Haußgenossen solches Losaments nicht ruhen.

    Warumb? Sie versehen sich an den unruhigen: und bringens
endlich die vires imaginationis so weit/ daß kein Phantaste ruhen
kan: Auß dem fundamento: Qui juxta claudum habitat. claudi-
care discit: conversatio multum prodest; Und sonderlich/ so ein
solcher unruhiger des Montages der Quici seine Opffer nicht leistet/
oder sich submittiret: Denn wie es heißt á teneris assuescere multum
est,

, est, also auch / wenn von dem Montage was angefangen / angese-
hen und angenommen worden / das bleibet durch die ganze Woche
bekleben/ sonderlich so man es nicht abschaffet / und sich des Conta-
gionis enteusert. Nemlich alle Montage kömt ein iedweder Mann
in die Woche / und wird schwanger mit neuen Gedancken ; wie er
sich die Woche über ernehren wolle. Wie nun die schwangern Weiber sich leichte versehen können an eine ungewöhnliche Ding: Warum
solte nicht das Mannes-Volck / oder alle Haußleute / sich an einem
Menschen versehen / der den Montag in ihr Hauß käme ; und fienge
an zu turniren / schwärmen / und / wie der Sausewind / zu schnauben
und brausen / zu schnarchen und pochen / zu tumultuiren / zu wüten
und toben / zu rumoren, alles umzukehren / die Leute zu prügeln / und
zu ängsten / etc. etc. etc. (denn ein solcher ist eigentlich ein unruhiger /
der den Montag nicht ruhete : Welches hernach unrecht auffgenommen ist / und von den Ungesessenen verstanden :) Ich meyne /
man würde sich versehen / und entsetzen ; daß man weder sitzen noch
ruhen oder schlaffen könne. Und zwar begiebet sich solches Ding /
oder hat sich vielmehr vor diesem begeben des Montages ; wenn die
argenti excerebronides, oder Exequir-Soldaten / und andere Angst
Vögel / oder Vögte / Häscher und solch Geschmeiß von der Obrigkeit
den armen Leuten in die Häuser geschicket worden / umb die Schuld
und Pflichte zu mahnen / (dannenhero er bey den Nieder-Sachsen
Mahntag heisset.) oder monere (daher es den Hoch-Teutschen
Montag heisset: Als welche ihre Mund Art oder Dialectum von
den Lateinern und Römern haben. Welche in die Alte Marck nicht
sollen gekommen seyn ; wie etliche erweisen in Originatione nominis Magdeburgi: Da die Stadt nicht heissen soll von der Venere,
sondern anders woher. Consule Geographor, &c. Sapienti sat!)
Und solches zwar den ersten Tag in der Wochen : Weil der Anfang
einer ieden Zeit / in gemein ein Termin ist / der da Angaria (ab ango-
re dicto,) muß praestiret werden. Wie zusehen ex Calendis, I-
dibus, und Noris, &c. Ferner ist zu mercken / daß auch aus diesem
fundamentô, bey den Handwerckern / herkommen und noch übrig
sey die Gewohnheit / einen guten Montag zu machen. (Conf.
von guten Montag Scheraeum in der Sprachschule p. m. 230. Et
Dresser.

Dreſſer. part. ſ. p. 215. ubi opices diem Lunæ deß Sontags Bruder heiſſen: Item quod abrogatus ſit Anno 1520. ab Elect. Saxon.) welches in gemein nur thun und gethan haben die Handwercks Geſellen und junge Burſche/ wenn ſie nemlich aus ihrer Meiſter Häuſer bey Zeiten/ früe weggegangen/ und ſich zuſammen gethan/ geſoffen/ und auff ihre gemeine Herberge luſtig und guter Dinges geweſen; Damit ſie bey ihren gedachten Meiſtern daheime das unruhige Weſen nicht möchten anſehen/ oder ſich dran verſehen; wenn die guten Leute würden gemahnet und gepreſſet werden/ von den über ihrem Hals lauffenden Feldſcherern/ oder Campi-Martialibus, (den vor dieſen hat ein Soldat/ ein Feldſcherer geheiſſen: daß er ſich hat müſſen ins Feld ſcheren/ und ſich allda mit ſeinem Feind herumb campeln/ daß die Hunde das Blut gelecket: Da hingegen mancher den beſten Ritter hinterm Ofen agiret; wenn er allda auff dem Stul reitet/ un̄ Caballum Poëtarum ſatteln läſſet/ oder ſich damit ſättiget/ daß der Schweiß (vor das Blut) über die Ohren und Naſe lauffet: Aber unſere alten Teutſchen haben beſſer Curaſi gehabt/ und haben ſich umb den Ofen in der Stube wenig geſchoren: (ohne die Bärenhäuter/ welche zu Hauſe auff ihre Bärenhäute furchtſam gelegen:) in dem ſie nach dem diſertum Tacitum: für eine Schande gehalten: Sudore acquirere, quod poſſis ſanguine parare: Und hieher gehöret auch Campus Martius zu Rom: Daher ſich auch dieſelben haben hinſcheren müſſen/ welche Ruhm erlangen wollen. Hieher gehöret auch aus der Chiromantie/ da heutiges Tages zwar leider! nach dem Rothmannum: In mediô Mars ſua caſtra locat: Aber vor dieſem nicht: Dabre Mars den äuſerſten Daumen gehabt/ und ſich nicht mitten in die Hand (als die Bürger-Placker/ oder Stadts-Soldaten in ihre Guardiſone,) hat hegen/ und vor den Anlauff des Feindes vor andere ſchützen laſſen: O immer mit dem faulen Kerlen ins Feld/ vor die Spitzen/ da können ſie rechtes Lob erjagen/ wenn ſie ihren Feind wacker im Felde ſcheren/ und pugen: Daher kömt Lobecke/ &c. und viel andere Oerther mehr/ die ihren Nahmen haben/ daß ſie an der Ecke Kante/ oder Anfange/ dieſes oder jenen Landes gelegen/ und Lob erjaget haben/ &c. Doch genug von dieſer Digreſſion, oder auff Parthey Reitung:) und von den Cra-

me-

menſugis außgemergelt und gedrucket würden : Doch iſt weiter
zu mercken; daß ſolche Handwercks Purſche davon vielleichte vorzeiten mögen Ruhe in der Woche erlanget haben ; ſo ferne ſie in ihrer
Verſamlung ſelber ruhig und einträchtig geweſen : allein heutiges
Tages mit nichten : Denn da heiſſet es noch wohl / daß ſie einen
guten Montag machen wollen. Aber darneben eine ſchlimme
Woche : Denn ſie ſeynd aus der vorigen Art geſchlagen ; und ſind
nichtmehr in ihren conventiculis, krügen oder Kretſchmaren fein
ſitſam oder ſedati; ſondern turniren und ſchwärmen viel ärger / als
etwan daheime bey ihren Meiſtern die wütende unt mahnende Rot-
te : Daher ſie ſich denn ſelber verunruhigen.(durchs Geld ver-
ſäuffen / den Cornelium erkauffen / und Kopff Grillen erlauffen.
(2.) durchs Rauffen und aneinander lauffen / die Ruhe verkauffen. Item / verſauffen ſie ihre Montags Pfennige ; ſo haben ſie
durch die gantze Woche / das Trauren die mennige. Schlagen ſie ſich
wund / ſo ſind ſie ungeſund / und können nicht ruhen eine Stund.
Doch genug von dieſer Montags Unruhe / damit ich ſelber nicht
unruhig möge drüber werden ; weil ich dieſes gleich am Montage
operâ tumultuariâ geſcharret habe.

CANON LXX.

Wenn man trincket / muß man nicht in die
Kanne ſehen.

Warumb kuckeſtu in die Kanne ? Reſp wenn ich drinne ſeſſe /
ſo kuckete ich herauß. Reſp. wenn ich aber auff dem Deckel ſeſſe / ſo
ſchieſſe ich dir auff den Kopff / ſo kriegteſtu eine Mütze. Siehe / das
ſind höfliche Reden / damit man einen ehrlichen Man mit hofiren
kan. Doch iſt es dem Zech-ſtylo gemäß : und der Bacchus begehret
kein beſſer Latein : Er ſcheiſſet / friſt und ſäufft wie ein Schwein :
vom Tiſche zur Wiſche / : oder beym Tiſche hat er den Wiſch /
nach der Isländer Manier (wie Blefnenius beglaubet / da ſie matulas unter dem Tiſche haben ſollen / und ſie auff der Reige herumb
gehen laſſen / nach dieſem : Mitto tibi MATULAS, ſi non vis cre-
dere vertas, und ſcheiß gar drein.) Warumb ſoll man aber nicht
in die Kanne ſehen ? Reſp. Quia animus, ſecundum Terenti-

um, debet esse in patinis : Da also von keinen Augen geschrieben stehet. Oder / weil jener / wie er in die Kanne gesehen; von Bären drüber solle zerrissen seyn : Daher das Sprichwort entstanden : Multa inter calicem veniunt, supremaque labra : Vide Adagia Erasmi : Derentwegen wil unser Phylose Vieh haben / daß man solle herum gaffen/und zu schauen/wo sie herkommen/ (aber niche die Wellen und fluctus in der Kanne; sondern das ander Sauf-Vieh) Oder man soll nicht in die Kanne sehen/ damit es kein Absehen habe ; als ob mans gar herauß sehen/und es mit unsern Augen-Stralen so machen wolle; wie die Sonne mit ihren Stralen / damit sie nemlich Wasser zeuche : sondern man soll wacker über der Kannen Rand herum glotzen/ und wie ein Feuerspeyender Drach herum sehen/und wie staphila Euclionis emissitios oculos haben ; Damit andere abgeschrecket werden die Kanne bald weiter anzugreiffen ; sondern sie canepejus und angue fliehen : biß jener seinen Lauff drinne vollendet/das Bier herauß geschwappelt/sich habilitiret, sich loß gesoffen/ und plenô se ore, nach den Virgilium, proluiret habe / confidentiam cerealem in ventrem genommen / und vacuum rusticum in die Kanne verlassen haben. Oder es wollen auch etliche/daß man solle die Augen starr blind zu thun / und sich stellen / als werde es einem so sauer ; damit der ander Candidatus poculi einen Abschen bekomme / appeticum als competitor und künfftiger combibitor fahren lasse / und den exoculatum, poculatumque, wie eine Saususque deque habire.

Thus also die Augen zu/meine Anne/
Und kucke nicht in die Kanne:
Damit jenem durstigen Manne/
Nicht Lust ankomme zur Sauffwanne;
Noch gerathe an deine Trinck-Danne:
Ach/ das heist gereimet/wanne/ meine liebe Anne.
Siehe / so muß ich kommen/ und eine Ringel-Ode aus dir machen/ mit dir schliessen und anfangen / wie die Sauff-manier mit sich bringet: Nam
Qui bibit ex negis , à frischibus incipit ille,
Ut redeat ad Dominum, qui dedit ante suum,
(Suum der Schweine.)

Bb 2

CA-

CANON LXXI.

Wenn man die Eyerschalen gantz und unzerdrucket
liegen läst/und kommt zu einem andern hin/ der das Fieber hat/und drauß trincket; so verliehret dieser das Fieber/
und jener bekommet es.

Verstehe aber das Ochsen-Fieber/ oder Böhmische Kranck-
heit/oder den Hunger : Solchen bekompt derselbige/ der die Eyerschalen gantz lesset : Das ist / nichts drauß isset / so sie hart gekochet
seyn : oder trincket/so sie weich gesotten seyn : Ein ander aber / der
diese Eyerschalen bekömmet/und geneusset sie; Verliehret hingegen
sein Ochsen-Fieber/und jener/der die Eyerschalen gantz gelassen/krie-
get es wieder/das ist/er wird drüber hungerig.

Werden dir also Eyerschalen (continens pro contento : als/
was gilt die Kanne? &c.) fürgesetzet; Zerkloppe sie alle/und wirff sie
in den Abgrund des Magens hinein / wenn es auch schon ein Alt-
Schock wäre : Und so du meinest/daß du sie nicht bezwingen könnest /
so ferne sie hart gekochet wären; So nimm den guten Rath an / den
dir einer gibet : Also/ zerbrich alle Schalen/ und nimm den Marx
herauß/ zerschneide ihn in kleine Stückgen/und lege fein viel Butter
drunter : fiat mixtio : Thue den Quarck ein wenig in des Vulcani
seine Schule/ nimm etliche Ruthen und reisser/ wenn es auch gleich
ein Besem seyn solte/ mit dir zur Züchtigung und Anfeurung oder
incensionem discendi, frixandi wolte ich sagen; Damit was rechtschaffenes oder Gebratens drauß werde. Stelle hernach examen
vel amen wolte ich sagen; Und confessionem oralem an : Was
gilts? du wirst einen guten Discipulum bekommen haben; und ihn
drauff wol mundiren.

Wiltu also kein Ochsen-Fieber kriegen/
So laß keine gantze Eyerschale auffm Teller liegen.

CANON LXXII.

Wenn man sich gewaschen hat / und träu-
et sich an ein Tischtuch / : so bekommet
man Warzgen.

Dk

(: Diesen Canonem habe ich von einer Dischputatrize/die sich wol
lieber vielmahl herre am Tischgeruche trauen mögen / als solches un-
terlassen : Nehmlich sie hatte auch / nach der meisten Leipzigscher
Weib Gebrauch / keine Wartsgon : Derentwegen sie denn ihr eigen
Kind nicht stillen könnte / sondern es einer Amme übergeben muste.
Welches wider die Antiquität ist. Da sich mehrentheils wol alle
Weiber an die Dischtücher geträuget gehabt / und dannenhero
Wartsgen ihre Kinder zu träncken/ überkommen haben. Woher
weissestu denn solches? Resp. Auß dem Plauto : Bey welchem Nu-
trix ein synonymum Matris ist / und so viel heisset als eine Mutter :
als etwan Trinum. Act. 2 scil. 4.v.211. confer Taubmann. ad d.l.
p.m. 1341, 6 2. Resp. Ich weiß aber das contrarium auß einem andern Orte/ als Menæchm. prolog. v.21. Ei sunt nati filij gemini
duo, ita formâ simili pueri, ut mater sua non internosse posset, quæ
mammam dabat : Neque adeo mater ipsa, quæ illos puperat, &c.
Wo das erste mater ein æquipollens ist Nutricis, wie Taubmannus
ad d.l.p.m.687 Mercke hie (x) novum exemplum metaphoræ re-
ciprocæ inter Nutricem & matrem (2) daß auch vor Zeiten refor-
mirete Mütter oder Säugammen gewesen. (3) daß solche vielleichte
dannenhero matres benahmet worden: weil sie der Vater an matris
seu uxoris stat bißweilen vor die lange Weile gebrauchet hat/ als noch
wol heutiges Tages pari passu forgehet / da eadem fabula mutatis
saltem nominibus, agiret wird. Resp. was der Henger thut/ hastu
doch besser standiret als ich : Bistu doch so hochgelahrt / als kein
Thürmer ist; Der dannenhero in Excelsis vom depositore als fero
Nomenclatore genannt wird. Hader dich! Aber es mag drumb
seyn : Bistu schon besser gelahrt / so habe ich doch keinen Hindern
noch weiter in die Welt verfahre/ als du. Und bin auch endlich in
die alte Marckt hinkommen / als wo man von keiner averrucatâ ma-
tre weiß : Da ist der Averruncus nicht hinkommen/ und du Truncus bist daselbsten auch nicht gewesen. Da sehen die Tischnicher auß/
wie die Säuen drauff gebangen hetten. Welches denn dahero kömpt/
weil man keine Handqueelen hat. Nam quod potest fieri per pauca
nox opus est, ut fiat per plura sondn die unsaubern und beschmutze-

ceü Hände wacker in die Tischtücher quelet/und hernach drüber iſ-
ſet; und alſo unâ fideliâ duos dealbiret (oder vielmehr deatriret)
parietes. Aber was ſchadet es : Es bekommen die Marcktiſchen
Mägdelein gleichwol Wartzgen davon / dran ſie dermahleins ihre
Kinderlein können tzutſchen laſſen : Ja ſie werden feine mammoſæ
cereres oder iſides. und ſchöne verrucoſæ (mercke das Cicero auch
de clar. orat. verrucoſum oratorem geſaget/und dannenhero geſehen
hat) puellæ ; daran ſich deſſentwegen kein Knoll oder grob Holtz ver-
greiffen ſo ll/gleichſamb wie es anſæ, manubria oder irritamenta ma-
lorum wären ; Die Jungfern nennen ſie zwar mala oder Närren-
äpffel/ (nicht daß ſie narren ſeyn : ſondern weil Narren darnach/ wie
die Schwalbe nach der Flige/oder vielmehr Tantalus nach ſeine Poma fugientia, ſchnappen:) doch darff nicht alſobald einHercules dar-
nach/wie nach die aurea malaHeſperidū. ſteigen/und ſie heiſſen mit-
gehen ; ſagende : Nos poma natamus, er mag vielmehr nach Pferde
äpffeln grabbeln/ die werden ſich nicht pätig machen/ ſondern noch
Gebür ſtille halten. Kürtzlich/es mag Weiben oder Manſen ſeyn ;
ſo ſoll ein jeder mir nieine Verrucatas nationales virgines barüm zu
frieden laſſen : Nachden Horatium ſerm.Satyr.3.

  Quæ, ne *uberibus* propriis offendat amicam,
    Poſtulat, ignoſcat *Verruca* illius æquum eſt.

Da denn zu mercken iſt/ das varia lectzio ſey/bey Horatio : In deme etliche von vorne an leſen. Qui, &c. Welches denn ſo eigentlich
kein Fehler zu nennen: Sintemahl nicht allein die Weiber verrucoſæ ſeyn/ ſondern auch an etzlichen die Männer / nachden Perſium
Satyr.1,

  Sunt quos Pacuviusq́ue & verrucoſa moretur
    Antiopa. &c. Ja Cicero (Wie vorher gehöret / nennet auch
einen oratorem verrucoſum : Wie denn auch/ in unſer Marck / die
meiſten Männer und Jungen auff jden Dörffern Pitſchc haben /
wie hier in Leiptzig die Mägdigen;) aber verſtehe mich recht/ſie nennen
nach unſere Mundart alſo eine Peitſche/ ſcuticam, flagellum,&c.

  Daß nun aber alſo beyderley Geſchlechte Wartzgen hat / kömmet auß einerley Urſache; Nemlich daß ſich alle Leute drunten an die
Tiſchtücher träugen/und die Hände abwiſchen : Wie zu Rom vor
                                                        dieſem

dieſem das Maul/nach dem Horat. 1. ſerm. (vide chiliad. Manticu-
lari) Mappâ compeſcere riſum. Nun lachet man aber mit dem
Maule; Sintemahl ich mein Lebe mit keinem Beine das Lachen
verrichter gehöret: Geſehen habe ich es zwar/daß man mit den Füſſen
in die Lachen (Lacus) gehet: Aber warumb/ frage ich noch einmahl/
fehlet es denn anders wol dem Frauen Volcke ſonderlich/ daß ſie keine Warꜩgen kriegen? etwan/weil ſie in der zarten Jugend nicht von
den Müttern oder Ammen herauß gezogen werden? Das kan zwar
etwas ſeyn: Sintemahl die Weiber ſelber ſagen/ wenn man den jungen ſäugenden Kindergen die Warꜩgen nicht herauß zeügt/ oder mit
dem Maule herauß ſäugt: daß ſie alsdenn keine bekommen. Nun
ſind die meiſten vornehmſten Weiber ſo unverſtändig/ daß ſie keinen
Teuffel von der Haußhaltung (ohne wenn ſie zum Fenſter den Kopff
und Hals auff die Gaſſe herausſtrecken/ und das gantze Hauß alſo
halten/ und domi portæ oder Θυρωροι ſeyn; Wiewol ſolches noch
ein wenig beſſer iſt; Als wenn ſie gar zur ihren Freß Schweſtern täglich herauß lauffen/ und das gantze Hauß ihren Mägden verlaſſen:)
oder Kinderzucht (ohne/wenn ſolche von den Hebeammen auß ihren
Leibern gezogen werden:) verſtehen; Alſo bleibet das Warꜩgen-
außaugen von ihnen wohl nach; (in deme ſie lieber ein paar Kannen
Wein außſaugen/ſeu pitiſſando abſumunt) ſonderlich weil ſie auch
ſelbſten ihre Kinder nicht aufferziehen; Weder auß/ noch anziehen/
nicht kemmen/bürſten/nicht zu betten bringen/nicht ſpeiſen/ träncken
oder ſäugen/ſondern ſolches alles ihren Mägden und Säugeammen
anbefehlen/oder vielmehr überlaſſen nach eigen Gebüncken: Dieſe
Dienerinnen nun ob ſie den Handel ſchon verſtehen; ſo halten ſie es
doch als ein arcanum, laſſen es vor ihren Weibern oder Frauen nicht
kommen/ noch in der That an die anvertrauete Kinder oder Mägdigen gerathen/warumb? Weil ſie auff dieſe Art gar bald abkommen
würden/daß ſie nicht mehr bedürffte oder gebrauchet würden: Denn
wer wolte der überligen Zoffen und ſaulen Ammen mehr/ wenn die
Kinder Weibliches Geſchlechtes Warꜩgen kriegten/und hernach im
Frauen Stande ſelber ſtillen/oder die Kinder anlegen könten? Se-
het/ihr guten Weiber/ſo ſehet euch euer Geſinde für: Freylich ſehet
es euch für oder vor / Ja gar im Liechte: O leget ſelber
Hand.

Haußhalten / leget selber Hand an / schämet euch der Kinder-
Zucht nicht! gedencket/ daß es Sara also nicht gemachet hat: dran
doch die Weiber in genere, in der Schrifft / als an ein
Beyspiel gewiesen werden. Trann Eva (denn mit ihr ist die gantze
Sache klar: An Sara möchte etwan eine und die andere zweifeln/
und mit was von der Hagar / als eine Gehülffinne vorschwatzen:
Hat ja nothwendig alles selber verrichtet/ müssen nemlich gewaschen/
gebettet/ gesäuget/ Essen gemachet/ Kinder angezogen/ und was sonsten im Hause zu versehen vorfället. Resp. Kethe Strampelbein:)
Wie kan die Eva viel gewaschen han? Hat sie doch nicht viel gehabt:
ihr Peltzen Rock wird es nicht groß bedürfft haben.   So wird sie
auch wenig darnach gefragt haben/ ob ihr Leib schwartz oder weiß sey;
Sintemahl sie kein Absehen auff irgend einen Galan / hat haben kön-
nen/ in deme keiner dar gewesen/ als wol heutiges Tages; Derentwegen man sich denn itzt am meisten waschen und baden muß/ oder muß
baden und waschen lassen.

Zum andern/ daß sie viel Mühe auffs Bette hätte wenden sollen: ist auch schlecht præsumirlich: Weil sie wenig Betten mögen
gehabt haben; In deme sie Gärtner bewesen/ auff Laub geruhet/ unter den Bäumen gelegen seyn / und die Aepffel in den Mund haben
fallen lassen.   Ja sie soll ihren Adam in diesem Fall folgender
Maßen bereoget / wie er zu ihr auff die Freyht gekommen / und
gefraget/ was sie zum Brautschatze hätte.   Da soll sie æquivocè gesaget haben: Tausend Thaler/ und ein Bettgen mit Lęobe: Da der
gute Adam gemeinet/ sie hette gesaget: Tausend Thaler und ein Loob-
würdiges Bettgen: Sie aber hat gemeinet draussen were etliche lee-
re Thäler/ da hette sie ein Bettgen mit Laube gefüllet. (daussen/
dicunt Francones, pro draussen.   Loobe/ i. e. cum Dei gratia,
&c. wie etliche in Gewohnheit haben zu reden.)   Daß sie nun aber
Teutsch soll geredet haben; haben andere vor mir überflüßig erwie-
sen/ oder haben sie ja noch hernach mit der Zeit Betten bekommen;
so weiß ich vielmehr ein andere Historie / welche behauptet/ daß A-
dam sich hat müssen belieben lassen/ das Bette alle Abend zu machen/
und zwar anfänglich eine lange weil / bißer was klüger geworden/
und seine Evam folgender massen dabey gekriegt: nemlich sie hatten
sich

sich vorher eine zimliche Zeit gezancket ümb das Bette machen: Und
war die Sache und der Abscheid dahin gerathen; Daß wer auffen Abend
das erste Wort sagen würde; Der solte es sein Lebe immerfort machen:
Was geschicht? Sie setzen sich beyde nieder/ und sehen einander an/ wie
ein paar nasse Katzen; Eva saß auff der Treppen/ und Adam auff einem
holen oder unbewundenen Stuel/ also das (weil er weite Schlunder Hosen von Englischen Böcke zubereitet/anhatte/) unten herauß seine an-
tepraedicamenta,das ist ein Zippel vom Felle/ durch solchen Stuel hing;
denselben ersahe eine Ziperzacke/und sprang eylends darnach hin; ver-
meinende/es wäre eine Ratte: Doch wie sie unrath/ und keine Ratte
vermerckete; Spielete sie dennoch gar lange darmit/ biß auch bißweilen
hinein: Also/daß es dem guten Patienten zwar schmertzete/ doch auß Vor-
sätzligkeit und Verstockheit kein Wort verlohr oder sich rührete: Biß
endlich Eva auß Ungedult von der Treppe hervor sprang/ die Katze weg
stäubert/und sie mit Worten schalt; sagende: Hey? ich will lieber mein
Lebe Tage das Bette machen/ als daß du Rabenaas mir meines Trösters
berauben solst: Drüber Adam lachete/ und drüber herwahr/ oder sie vielmehr übers Bette/ und machete es zum erstenmahl/ und hat es also gar
schandloß auff unser Geschlechte gebracht/ wiewol wir uns wenig drumb
hudeln; sondern die Brüerey den Mägden angefehlen: Welche mehr Zeit
darzu haben als wir: Wir zerrangen es lieber/und gehen davon/ als daß
wir uns der Mühe nehmen solen/ es wieder zu rechte zu legen/ und ins
Geschicke zu bringen. Und so viel vom Betten/ Welches Eva eine lange Zeit anfänglich nicht verrichtet hat.

    Quod erat demonstrandum.

    Zum dritten meinestu/daß Eva auch gesänget habe; Aber ich hatte
dafür daß Adam geholffen habe: Sintemahl ich bey ihme so wol Pie-
schen vermuthlich bin/als du bey Eva: Es wird ja dem armen Manne
nicht alles gefehlet haben; Wie denn der Paracelsus ihm keinen Nabel ge-
stattet: Etliche einer Rippen berauben: Aber von den Brüsten habe ich
noch keinen erregten Zweiffel vernommen. Kürtzlich Adam ist vielmehr
per anagramma dama gewesen. Als der wacker noch gebrüstet gewesen
seyn; Und Cain und Abel nicht minder als Eva gestillet haben. Doch lasse ich mich von dem Isaaco Peyrerio berichten/daß Eva von den Przà-
damiten eine Amme gemietet gehabt.

                        Was

Was weiter zum **vierdten** das **Essen** betrifft / so wird es damit
auch so viel Wesen bedürfft haben: weil sie Sallat/ oder das Kraut vom
Felde gegessen: Birn und Aepffel darzu gebissen/ und Plumbwasser darin getruncken. Daß sie auch etwan zu letzte die Kinder angezogen soll
haben / bilde ich mir auch kaum ein : Ich halte die Rangen
werden in ihre Schaffsfelle selber haben kriechen müssen: haben sie wollen bekleidet seyn. Und also sihestu hierauß/ daß Eva wenig zu.• ın gehabt: und vielmehr gefaullentzet/als gearbeitet. Welches dir für die Nase zulegen war. Resp. Ich habe mein lebtag gehöret/daß das Weiber-
Pack nasenweises Volck/ und schnipsche Dinger seyn sollen : An dir
höre ichs traun zur Gnüge. Wiltu mich noch gar mit deiner unver-
schämten super-Klugheit oder Megdaphysicâ , als eine Sibylla/zum
narren machen? Ist denn so gar nichts übrig/ damit ich mich schützen
mag/ und dir die Schüppe geben kan! Weiber seynd zwar weicher Natur als die Männer/und könten nicht grosse Berge heben: Doch sind es
auch schlechte und weichliche Sachen/so man von sie will gethan haben: Darunter sonderlich die Kinderzucht gehöret: Welches man er-
weiset auß Luc 11.v.27. Ein Weib erhub ihre Stimme im Volck/ und
sprach zu ihm : Selig ist der Leib/der dich getragen hat/und die Brüste
die du gesogen hast: Darzu man auch die Exempla als Saræ, Gen. 21.7.
und Annæ 1. Sam.1.23. anziehet : Wie zu ersehen in Enchiridiô Loc.
Commun.Theolog. Amandi Polani. Ferner gehöret hieher viel tait-
send andere probationes profanæ ; als Aristotelis/davon in Poli-
tica Cellarij, und anderer: Davon in Axiomatibus Richeeri mit sehr
vielen: **Kethe:** Hey/was foppestu denn mich ferner/ und brichst allerhand Ursachen von Zaune dich zu beschönen/ und mich zu beschämen?
Hastu denn nicht auch gelesen den Spruch Eph 6.v.4. Ihr Väter
reitzet eure Kinder nicht zum Zorn/sondern ziehet sie auff in der
Zucht und Vermahnung zu dem HErrn. Herauß siehestu ja /so
du nicht gar blind und albern bist / daß die Kinderzucht den Weibern
nichts angehe: sondern ein Werck der Väter oder Männer sey. Eben
dieses confirmiren auch die Amazones: und andere Völcker in Indien:
Da sich der Mann muß zu Bette legen (wenn das Weib ein Kind gebohren hat) und zweiffels ohne das Kindlein stillen/&c. ꝛc.Packe dich für
allen Kuckuck/ du lose Plapperbüchse/und verführische Sack: Andere
Leute sind auch keine Eselsköpffe / sie werden wol besser wissen/ was die
                                                           Wei-

Weiber thun sollen/als du dir einbildest. Biß hieher von der ersten Ursa-
che/warumb an etlichen Orten die Mütter ihre eigene Kinder nicht stil-
len/ oder vielmehr keine Wartzgen haben. Drauff kompt die andere/
welche vielleichte nicht schlimmer ist als die vorige: Nehmlich weil die
verliebten Säcke zu zeitig heurathen/und den wachsthumb durch die Lie-
berey verschertzen: Denn incipiente Venere (saget Aristoteles) desinit
statura, & incipit vox gravis. Davon unsere Vorfahren (deren tapffere
Nachfolger noch sonderlich die Nieder-Sachsen seyn) nichtes gewust haben: All dieweil bey ihnen sera Venus gewesen: Traun das Widerspiel
stehet man hie an vielen Orten: Da die Mägdigen/nach Römischer manier, wie Horatius solche exerciret, à teneris unguiculis Venerem me-
ditiren: Und es hernach mit ihnen heisset: Jung gefreyet/ hat vielen ge-
reuet: Ja sie werdens auch theils mit Einbiessung des Lebens inne: Denn
was will ihm das anders/ wenn so viel junge Weiber in Kindesnöthen
sterben; als daß sie Gott straffet; Dieweil sie eher Männer genommen/
als ein stücke Fressen zu kochen bey den Eltern erlernet haben.

O Mägdigen/ werde vor kein starck und groß/
Ehe du gibst deine Jungfrauschafft loß:
Hernach freye in Gottes Nahmen/
So wirstu auch wol feine Wartzgen bekamen.

Siehe/ so weit hat uns das Tischtuch verleit. Doch lerne du nur dieses drauß; Daß/wenn du ein Weib siehest/so nicht stillen kan/im Falle es
ihr am Geschirre/ und Flaschknöpffen/ gebricht: du sagen könnest/ sie
sey anfänglich zu herrlich gewesen/und habe sich nicht am Tischtuche trö-
gen wolle. Laß du also viceversâ sich die Butterfischen und faulen Mehr-
gen sein am Tischtuche tragen/ so werden sie wol Wartzgen kriegen/ so
viel sie haben wollen/ nehmlich auff den Händen/ wie die superstitiosi
recht meinen.

CANON LXXIII.

Wenn man einen Teller umbwendet/so können die He-
ren auch theil an der Mahlzeit finden.

Daß gefället den Mägden nicht; welche desto weniger auffscheuren
dürfften; ehe mehr Teller umbgekehret würden: Sie fragen also nicht viel
darnach/wenn einer den Teller umbwendet: Und also gehöret dieses axio-

man nicht zur magdaphyſica ; ſondern zur phyloſe vieh der Weiber ⸗
Welche ihrem Viehe oder Schweinen nicht viel von der rechten Mahl⸗
zeit gönnen. Wie denn? Die Haxe oder Häxe (das iſt/groſſe Schwei⸗
ne männliches Geſchlechtes:) gehören ja zum Viehe: Nein/ wenn man
den Teller wacker voll Fleiſch oder ander Zugemüſe beladen hat/ und ſol⸗
chen alſo umbkehret/ und auff das Tiſchtuch ſchüttet ; ſo wird ja der⸗
gleichen Tiſchtuch in gemeine (wo keine Cynici, Hunde : oder Muſici,
Muſe-oder Mauſekaen ſeyn: Als wie an vielen Orten/ da die Katzen
nicht manſen/ ſondern die Diebe und etliche Mägde ; Item da die
Hunde nicht beiſſen ; ſondern ſich Mann und Weiber ſelber in die wet⸗
te/ als Kettenhunde herumb beiſſen und zauſen:) den Säuen/ Schwei⸗
nen und Häxen vorgeſchüttet ; Welche denn auff dieſe Art der Mahl⸗
zeit Theil ſinden und particpirn ; Wie auch bißweilen am Getrencke :
Wenn nehmlich die Köchinne den Keller offen läſſet/ und eines von den
Pörcken lauffthinein/ und ſtoſſet den Hahn auß dem Faſſe : da gibet es zu
ſchlürfen vor die Häxen gar genug: Wie ich ſelber dergleichen Kurzweil
in meinem Vaterlande zugeſchauet: Da man auff geſchehenem Truncke/
wacker Sprünge und Haxentänze (auſſerhalb den Blocks berg geſehen
hat : Welches alles aber die Haußbeſizer mit Schaden erfah⸗
ren.

Was daſſelbe betrifft/daß den Haxen von umbgekehrten Tellern vor⸗
geſchüttet wird ; ſolches erfähret man leider an etlichen Orten/ wenn
Hochzeiten geweſen/ und die Tellerbrod (ſo noch reliquæ ſeyn von der
Alten Agapis : Da man ſolches Brod beſſer angewendet : Nehmlich un⸗
ter die Armen außgetheilet hat : Wie Herr Harſdörffer ſel. an einem Or⸗
te ſolches bezeuget) denn Schweinen in die Kübel/und unter die Träger
oder Saygemenget werden.

Mercke auch ferner / daß das ummekehren der Teller auff unter⸗
ſchiedliche Art zugehe : Einmahl da ein ieder/oder einer und der ander/
vor ſich ſeinen Teller ex defeƈtu oder Mangel eines reinen Tellers/(weil
nehmlich der erſte beſudelt gänzet iſt : Eine ſchöne Metaphora, oder
Mägde Aff : Ja freylich.) ummewendet : Wenn ein weiſer volum
kömt / daß er (nach Einbildung : Sonſten komt es ja in einen Magen/
Pauƨ

Pantz oder Sammelsurium, Spülichfaß oder Tranck Tunne;) geriß=
wil rein und besondern halten: Damit kein vermischetes Wesen werden.
Zum 2. Wenn man an etlichen Orten bey den Gastereyen abgeges=
sen hat/ und der Knecht ein garstig/ das gantze Tischtuch mit sambt der
darauff liegenden Tellern zusammen zeucht/ und in einander fasset: Da
werden trawn auch die Teller umbgewendet: Aber hievon schreibet St.
Lucas nichts/ daß solches schädlich were/ und die Hexen Theil am Essen
hätten/ (etwan weil es nunmehr verschlucket/ und in die alte Speisekam=
mer getragen worden:) Da doch alsdenn die Hexen sonderlich (wie vor=
gedacht:) und gleich bald/ in Außschüttung deß Tischtuches/ ihr Theil
zu gewarten habe: Aber diese Philosophie gilt bey ihnen nicht/ es ist
nur an der ersten ummewendung der Teller gelegen. Mercke ferner/
daß noch ein neue ummewendung der Teller im Schwedischen Kriege
erdacht worden: Da der Hanßwirth seinen eingequartiereten Soldaten
und Officiern alle Mahlzeiten einen Thaler/ oder etliche Thaler hat
unter den Teller legen müssen: Trawn wenn dieser vom Vertummô Mar=
tiali ist umbgewender worden (dum hæc lapidem movit, ad eruendam
absconditam pecuniam:) Da hat wol der Teuffel selbsten sein Theil an
der Mahlzeit gehabt: Mercke hier/ daß der GOTT deß Krieges
dannenhero vielleichte kan Mavors genennet worden seyn; qv. Qua=
dra vors. der die Quadras wacker vertiren kan. Wie wol sie/ als
die Verkehrer und Ummewender aller Dinge/ nicht alleine auff die=
sen Schlag die Teller umme wenden/ sondern auch wol die Hexen
und Schweine selbsten: Wie ich denn hievon/ als ich Anno 1659.
mense Aprili in Marchiâ, patriâ meâ mich auffhielte/ folgendes
Käuderwelsches Stratagema der dämahligen Soldaten-Werber/
so allenthalben unter Magdeburg herumb worben/ erschnappet habe/
als welches über Gardelegen im Flecken solle geschehen seyn. Die
Werber/ nach deme sie allerhand possen gebrauchet/ die Leuthe
mit Schelmstücken zu unterhalten/ hatten einmahl auß dem Fenster
einen schönen Apffel geworffen/ und drinnen einen Ducaten ver=
versteckt; Damit/ wenn einer vorbey gienge/ und denselben auffhübe/ zu
unterhalten könte gezwungen werden. Was geschiehet? solches mercket ein

Cc iij Bür=

Bürger in der nähe / und lässet drauff seinen Hax oder Schwein aus
dem Stalle/ (als welcher gewohnet/ vor die Häuser herumb zu naschen:)
solcher kömt gar bald über den ansichtig gewordenen Apffel her/ und frist
ihn mit samt den Ducaten auff: das sehn die Werber/ und lauffen drauff
flugs zum Herren der Saue hin/ beschuldigen ihn/ er habe solches Thier
zum Possen aus dem Stalle gelassen/ sie zu äffen. Der Nachbar leug-
net/ sagende/ er wüste wenig von der Saue/ wo sie hingienge oder gewesen
were/ &c. Drauff begehren die Soldaten/ daß der Nachbar die Sau
abschlachte? Resp. Es were itzund nicht Weyhnachten oder Marti-
ni/ daß man Säue schlachtete / so wolt er auch ihrentwegen kein Verkehrer der Zeit seyn/ und ein neues machen/ oder auff ihr Begehren das
Schwein schlachten/ &c. Endlich verklagen die Soldaten den Mann
für die Obrigkeit/ welche aber gedachtem Manne beysteher: das Urtheil
über die Soldaten sprechende: Wenn es solte außkommen/ daß ihr des
Herrn Geld vor die Saue geworffen; ihr würder an leichten Galgen gehencket werden. Derentwegen packet euch/ und lasset den Mann mit
der Sau ungevexiret. Merckt / daß eben umb diese Zeit auch soll geschehen seyn / daß dergleichen Werber in einer Zeche oder Wirtshause
des Abends gekommen seyn/ drinn sie hinter dem Tische unterschiedliche
resolute Kerls antreffen: Da fragen die Werber/ ob sie sich nicht wolten unterhalten lassen? Resp. Ja/ so wir Geld genug bekommen/ und zu
Pferde dienen sollen: (Nota, daß die Werber aus Betrug vorgegeben/
sie wolten Reuter werben: Aber wenn sie nun mehr Volck bekommen hat-
ten/ so muste es Musqueten tragen:) drauß bekommen sie die Verspre-
chung/ und ein ieder einen Ducaten/ welchen sie alle flugs in Bier und
Weine mit einander verschwabbelten: biß die Nacht vorbey gegangen/
und der Tag angebrochen; Da sprechen die Werber: Ihr Brüder/ es ist
nunmehr Zeit/ wir wollen margiren: Was geschicht? Da huetschen die
geworbene Soldaten alle hinter dem Tische hervor/ und præsentiren sich:
Aber alle hatte ein Bein gefehlet/ weil sie vorher auch schon im Kriege gewesen waren/ und ihnen solche Beine drinnen abgeschossen worden: sagende: so ihr uns wolet mit fort haben/ so schaffet uns Pferde/ wie ihr
zugesaget habet. Ey/ ey/ cuneus iterum cuneum trusit. Sehet/ so
muß man mit Verkehreten verkehrt umbgehen: Die Gelahrten werden zwar die Verkahrten genennet: Aber ich wil darfür halten / daß
wol

wol der Hunderſte ſolche gute Fünte nicht würde erdacht haben / als
ſonderlich jener Nachbar mit der Sau : Doch / die Kinder dieſer Welt
ſind klüger/denn die Kinder des Liechts : Und ſolte ja noch ein Gelahrter
ſich auff den Poͤſſen beſonnen haben ; traͤnn es würde ihm an die curaſie
geſehlet haben/ſolchen werck ſtellig zu machen : Ich meines partes were zu
verzagt darzu geweſen.

    Aber ich muß wieder über die Tellerlecker her / und noch ein anders
von den Tellern auffſchüſſeln : Nemlich ich kenne jrgendwo einen feinen
Erbarn Mann/welcher gar keinen Teller annahm/ ſoferne er eine Ritzen
hatte/ oder geſpalten war. Warumb? Weil er einesmahl geſehen hat-
te/daß ein Menſch were vom boͤſen Feinde beſeſſen geworden/der von ſolchem Teller/darinnen eine Ritze geweſen/ und der boͤſe Feind ſich inſinui-
ret gehabt/gegeſſen : Und derentwegen hatte er allemahl einen Abſcheu
für ſolchen zerriſſenen oder geſpaltenen Teller.

CANON LXXIV.

Wenn man ein Meſſer wetzet auſſerhalb dem Schleif-
Stein/ſo keiffet man ſich.

    Hoͤret ihr lieben Hausvaͤter und Muͤtter / wo eure Uneinigkeiten
herkommen : Da ihr mannichmahl uneins ſeyd/ dem Gemuͤhte nach ; a-
ber nicht nach dem Leibe ; Wenn ihr euch ſchmeiſſet/in die Arme faſſet/
und einander feſte haltet ; und alſo dergeſtalt zwar einig und ein Leib
ſcheinet/aber doch mit dem Gemuͤhe zertweyet und geſchieden ſeyd. I-
tem/ wo es herkomme / wenn Ihr euch nicht wohl vertragen koͤnnet ; gleich-
esfalls mit dem Gemuͤhe oder Sitten : Ob ſchon das Maul ein anders darzu ſaget ; alldieweil ihr euch damit huͤpſch vertraget / und unter andere Leute austraget/ diffamiren, und verunglimpffen koͤnnet/
welches andere heiſſen/in ſein eigen Neſt hofiren ; das auch die Junge
Voͤgel nicht einmahl thun ; ſondern den Steiß (wie man an den Jungen
Stoͤrchen mit Verwunderung ſiehet :) wacker hoch zum Neſte herauß
halten. Item/ woher es komme; ſo ihr euch nicht vergleichen koͤnnet/
auch nach den Sinnen /(welche billich gleiche laͤng ſeyn ſollen :) wiewol
mannig-

männigmahl auch mit dem Leibe nicht : In deme offte Mannes-Hand/
offte des Weibes Arm oben ist : Ich geschweige / wenn es nicht heisset :
Si vis nubere, nube pari.   So nemlich ein Mann drey und nicht zwey
Weiber nimt : Item ein Weib mehr als zwey Männer freyer : (oder vielmehr so sie nicht gleiche lang nach der Schnur seyn/ und Nabel mit Nabel nicht als ein commune centum concordiren ; und bey einem der
Kopff länger ist/beym andern die Füsse.)   Wie denn solcher Regel der
Pfaffe von Kalenberg hat wollen nachkommen / nehmlich er solle ohne
Weib gelebet / und immer in sein Alter hinein wie Jungen Mägdigen
gehuret haben :   Welches seine Superiores endlich nicht haben können
gut heissen/und dannenhero ich mein eigenes / und seinem Alter ein grof-
fes Weib umb der Hurerey willen / (nach dem Spruche Pauli: Ein jeder habe sein eigen Weib / umb der Hurerey willen : Welchen Spruch
einmahl ein boßhafftes Weib nicht wolte für canonisch erkennen : Weil
man drauß probiren kondte / daß sie eine Hure were : Und wolte derentwegen / man solle zum Spruche einen Appendicem oder Anhang machen: Nehmlich diese Limitation zu vermeiden/) zu nehmen befohlen :
Da denn der Pfaffe flugs drüber her gewesen/und sich allenthalben nach
ein beliebtes funfftzig Jähriges Adjutorium umme gesehen : Wie er a-
ber keines finden können / so ihme wohl gestanden were im gleichen Alter;
(denn er war domahlen funfftzig Jahr alt.) so hat er ein paar Mädigen-
gesuchet / deren eine iedwede funff und zwantzig Jahr / so mit einander
nach der addition funfftzig thun/alt gewesen/und da ein conjugium mit
machen wollen ; sagende : Hiemit würde er wahr machen : Si vis nubere, nube pari.   Item & prologiam conjugium, welches eigentlich ein
paar Ochsen in einem Joche eingespannet bedeutet : Zu solchen wolte er
der Treiber seyn :

    Doch damit ich auffs vorige komme ; so frage ich nochmahlen all-
hier : von den Haußleuten/oder Ehegatten / ob sie nicht wissen / woher es
rühre/ daß sie sich nicht unter einander vertragen/ vergleichen / oder eins
werden können? Sagen sie nein: So verkündige ich es ihnen allhier/und
sage/ daß sie entweder ihr Messer auff der Treppen / oder auff der Thür-
schwelle/ auffm Tischae stelle/ an der Wand/ unten am Schuchsohle/ an
Töpffen/an den OfenFusse / oder anderswo an gewetzet haben/ und dannenhero in eine Keyfferung gerathen seyn: In eine Keyfferung sage ich/
weil

weil nemlich das Messer/ wenn es anderswo rüber/ als auff einem Weg-
stein gestrichen wird; solchen Schall von sich giebet / als wenn es das
Wort Keysse/ Keysse ausspreche. Wetzet das Messer also nicht mehr
drauff / und lasset euren Zanck unterwegen; was gilts/ man wird kein
Gekeysse mehr bey euch hören; lasset auch ein Art Dannenholtzes Holtz
aus euren Häusern/ (so die Kleider vor die Matten bewahret/) so wird
man bey euch auff Nieder-Sächsisch kein Kyssern vernehmen. O vertraget euch / nicht wie Hund und Katzen: Sondern wie die Katze mit
ihren Jungen/ oder der Affe mit Kromwellen/ welchen das Thier/ in seiner Jugend / unverletzet zum Dache hinauff und herunter soll getragen
haben: Ein Affe aber hat es gethan / welcher den Parricidis mit in dem
Sacke/ an etlichen Orten/ gethan wird; anzuzeigen/ daß auch der Krom-
wel (per anagr. Merck wol) würde solcher Vogel werden/ daß er unter
die Parricidas zu rechnen sey.

Ach nein/ ihr lieben Leutgen/ machet es nicht also: vergleichet euch
auff solche Art / welche ich vor Jahren an einen Bräutigam/ auff folgende Art/ gerühmet habe:

Johan Beische,
ἀναγ̃.
So eine habe ich.

Ol dem/ der von dem HErrn (so alles Glück verhänget)
Ein Tugendsames Weib zum Ehgemahl empfänget;
   Des lebet Er noch eins so lang/ und sicherlich/
   In seinem Thun: Gott lob. So eine habe ich.

2.

Weh aber solchem Kerl/ den Venusgen so begabet/
Daß Er gar eine kriegt/ daran sich vor gelabet/
   Wohl fünfftzig andre han: Wie denn wohl offt geschicht.
   Pfü Teuffel solcher Mutz: So eine hab ich nicht.

3.

Denn mich hat Gott geliebt/ und itzo recht gesegnet:
Weil mir zu Lüneburg ist dieses Glück begegnet;
   Daß ich ein keusches Hertz/ so allzeit erbarlich
   Gewandelt/ auserkohrn: So eine habe ich.

                        4 Darff

5.   4.

Darff also nimmermehr in Sorgen etwa schweben/
Daß nach gar wenig Zeit/ein Schoß von wilden Reben
    Vnd eine Frühlings-Zucht/ mein Hauß und Angesicht
    Verfinstern werde: Denn/so eine hab' ich nicht.

                    5.

Mein auserlesner Schatz/hat von den Tauben Schlägen/
Da dieser ein/und der sich muß heraus bewegen/
    Gar nichtes je gewust: Sie liebet nichts/ als mich;
    Mich liebet sie allein: So eine habe ich.

                    6.

Und daher finde ich auch/ihr Raritäten-Rethe
Mit keiner frembden Beut/noch falscher Abendröthe
    Beschmückt und ausgeschickt: Als manchem Herrn ge-
                    schicht/
    Wenn sie sich rechte gebühle: So eine hab' ich nicht.

                    7.

Ja/meine die ist auch recht from und wohl gezogen
Amand und Eromehn han sie gar nicht bewogen
    Von der Andacht zu Gott; noch in-noch eusserlich/
    Glück zu derwegen mier! So eine habe ich.

                    8

Ein Glück ists/sage ich/ein frommes Weib genommen:
Denn der ein Ketten-Hund zum Libgen überkommen/
    Hat Vnglück gnug davon: Wenn ihm also geschicht/
    Das sein Weib immer keiffe: So eine hab' ich nicht.

                    9.

Drüm darff hie Hector nicht für Troja wieder liegen/
Die Widerspänstigkeit und Vntreu zu bekriegen:
    Ich spüre alle Treu/die der Eckart an sich
    Vormahlen hat gehabt: So eine habe ich.

                    10.

Ja meine/die ist rein/und nicht von falschen Sinnen/
Das zeigt ihr erster Nahm/den sie von den Holdinnen

                                    Vermäh-

Vormalen überkam: Sie hat ein gut Gerücht/
Theilt keine Hörner aus: So eine hab' ich nicht.

II.

Sie wird hinfüro auch der Küch-und Hauß-Geschäfften
Sich stets befleissigen/mit ihren Leibes-Kräfften:
Und da wird abermal der andere Nahme sich
Gar deutlich auserweisen: So eine habe ich.

II.

Darff wiederum noch nicht mich eins Unheils befahren/
Daß sie solchs Weiber-Ampt nicht möge recht verwahren;
Da Sie vorher etwan sich sehr verdächtiglich
Der Faulheit hab' ergeb'n: So eine hab' ich nicht.

II.

Gott helff hinfüro mir/daß Ich und Sie den Segen/
So allbereit von Gott/gewiesen wird erwegen/
Und uns gar wohl begehn: Doch zweiffl ich nicht: Deß sich/
Mein Schatz ist Tugendreich; So Eine habe ich.

CANON LXXV.

Wenn man des Morgens zwischen zweyen alten Weibern gehet; so hat man den gantzen Tag kein
Glück.

Die alten wenn sie auffm Felde spatzieren gegangen/und es
etwan ihrer zwey guter Freunde gewesen seyn; so seind sie kein
dichter aneinander getreten/ daß so kein Stein zwischen sie ge-
riethe/und sie gleichsam trennete: Und also ein böses Omen zu
verstehen gebe: daß sie solten uneins werden. Hie selbsten aber
wird das Ding ümgekehret/ wie von Asträhmer ein alter Weiber Pelz: In deme gesaget wird/ daß das misodeste zu Unglü-
cke komme/so es zwey alte Hellbesem trenne Aber höre: Wenn
gehestu recht zwischen zwey alte Weiber durch? Ist es nicht

Dd ij   war;

wahr: wenn du sie zertheilet hast / oder mitten von einander
gehauen: Ich meine so der Henger würde dich bescheissen/so du
auff diese Art zwischen zwey Weiber gingest; du würdest wohl
flugs den gantzen Tag kein Glücke haben : In deme dich die
Häscher suchen würden/und der Hencker nach dem Leben würde lauren. Laß also die alten Rumpel Taschen gehen / oder
gar kriechen und dividire sie nicht: Damit du nicht mit den
Schergen/wenn sie dir häuffig über den Rumpff kommen /
mögen multipliciren : und der Carnifex dir den Kopff möge subtrahiren; Solche Regula de Tri ist sehr böse: Die Logica Du Trieu
aber ist besser; welche lehret/daß medio terminus côclusionê nit
ingrediren soll/neq; ex parte, neq; ex totô das ist/daß kein Mann
(vir. unde virtus; quæ consistit in mediô: Heist also medius terminus ein Mann (gar weit gesucht!) quia etiam consistit in mediô,
quando fœmineum agrum colit quemadmodum vomer inter duos
sulcos zwischen zweyen alten Weibern ita ut virum concludant:)
gehen soll: Und zwar frue: Denn die Morgen-Stunde hat zwar
Gold im Munde: Aber die alten Katzen Dreck im Sünde. Gehe
du also gar nicht zwischen zwey alte Weiber; sie möchten dich
sonsten (sonderlich früe; wenn sie mit dem Kwarcke schwanger
seyn) zum Secrete mit hintragen/ und ex mediô clunium eructi-
ren. Hieher gehöret das Anus/ ein alt Weib / und den Hindern
bedeutet. Traun es bekam dem Teuffel nicht gar wohl / wie er
einmahl zwischen zwey alte Flederwischen ging/und sagte in
medio consistit hircus; nemlich er krigte eine Maulschelle dar-
von/mit diesen Worten: Meinestu daß wir Geyssen seyn? Bess-
ser hette er gethan/wenn er gesaget hätte / was einmals der
Käyser Augustus, wie er zwischen Virgilium und Horatium saß:

Hic inter lacrymas sedeo, & suspiria Cæsar,
Nam: ut flerent oculos erudiere suos,
Ut suspirarent, erudiere gulam.

CA-

CANON LXXVI.

Wenn man Käse auff dem Tischtuche schab't / so werden einem die Leute gram.

Sihe das heisset: Caseus est nequam Pfuy du Schelm/
woltestu auch solche Possen machen / daß wir auff Niedersächsisch singen oder heulen mögten.

De Buhren sind uns gram/
Wir konnent dar wol na macken/
Da is keen Twifel an.

Höret hier eine schnackhafftige / Historie an : Es kam
einmahl ein hungeriger Gast zu einen Haußmanne hin / dieser
wolte ihn häpsch accommodiren/ und setzte ihm unter andern
einen theuren Texter-Kese vor : Davon aß der Gast gar
starck / also daß es auch dem Wirthe nicht wohl gefiel / Sintemahl er wünschete / er solte mit dem Käse bescheidener ümme
gehen / und nur zu letzte / (loco mensæ secundæ) den Magen zu-
schliessen / ein wenig davon nehme / etwan wie ein paar Böhm-
sche Groschen : Da er hingegen grosse Pletze herunter hacke-
te / daß man ein Pferd hette drauff bereiten mögen : Derentwegen hub der Wirth an / den fürgesetzten und nunmehr übel
zu zauseten Käse zu loben / sagende / daß er sehr theuer und guter Käse wehre : (Er gedachte aber mit diesem Worte es dem
Gaste von ferne zuverstehen zugeben / daß er sich mit dem Käse
nicht zu sehr weiter tummeln solte. Denn außdrücklich scheue-
te er sich zu melden) Resp. Ja ich schmecke es auch wohl :
Drauff schadete der Gast den Texterkäse noch immer geirö-
ster auffm Tischtuche / und wolte sich an keine Kwakeley kehren / oder in die quere abschrecken lassen. Da fing der mitlei-
dend / Käsewirth abermal an / und sprach : Ja es ist ein herrlicher
Käse / und ich habe nur leider ! gleich itzund diesen einen Resp.
O ich habe auch gar gnug dran : Und in deme nam er das letzte Stücke zu sich / und fraß es wie ein Scheunddroscher in den

D iij   Rachen

Rachen hinein; daß den darbeystehenden Wirthe die Augen
bald mögten übergangen seyn; Wie wohl er sichs nicht mercken liesse; Premebat enim altum corde dolorem; Doch ward
er ihme ziemlich/bey sich in seinem Hertzen/gram; Warümb?
nicht weil er den lieben Texter durch die Gurgel jagte; sondern
weil er ihn auff dem Tischtuche schabete; Aber hette er Federn
gehabt/so hette er ihn gepflucket; Hette er Wolle gehabt; so hette er ihn geschoren; Hette er Graß auff sich gehabt; so hette er
ihn bemeyet; Hette er Hare gehabt; so hätte er ihn gerüpffet;
Nun er aber schäbiget/wie ein reudig Schaff/war/und zu letzte im Fasse gelegen war/auch dannenhero scabiem (nam occupat extremum scabies) oder die Schneider Kranckheit beköm-
men hatte; so muste er ihn ja wohl schaben; wolte er seinem
Wirthe etwas hinter lassen/und nicht zugleich um alles bringen; Oder den Dreck mit sampt dem Kwarge hinein fressen;
daß er ihn nun aber auffm Tischtuche so eben geschabet hat; da
konte ja der gute Gast nicht dafür; Hette der Wirth ein Bo-
ckes-Fell überm Tische gebreitet; so hätte er sein schaben und
kratzen darauff verrichtet / und wohl vielleichte mit dem gantzen Hintergestelle hinauff gesetzet/ und sich wie ein Schinder
mit der gestorbenen Küe erzeiget / daß ihm ferner der Wirth
ist gram geworden; was kan da auch der Gast zu; weil es nach
der alten Geyge ergangen.

Post tres sæpe dies piscis vilescit & hospes.

Doch wiltu die rechte Ursache wissen; warümme man
einen gram wird/wenn er auffm Tischtuche schabet; weil das
Tischtuch verletzet und dadurch verdorben wird; welches niemand gerne ohne Erzürnung annimmt.

C A.

CANON LXXVII.

Wenn einer in der Kirchen kranck wird/ so geneset er nicht.

Diesen Canonen behertzigte jener Kautze sonderlich/ und kam deßsent wegen niemahlen in die Kirche/ damit er mit dem Leben davon kähme: Ja er hatte auch noch wol diese Entschuldigung/ wenn man von ihm erfragete/ warumb er umb die Kirche hingienge/ und nicht hinein? ꝛc. Die Kirche ist alt/ und der Teuffel ein Schalck/ er möchte sie mir über den Hals werffen.

CANON LXXVIII.

Wenn den Kindern die Zähne geisern/ so kan mans ihnen vertreiben; wenn man eine Mistgabel nimpt/ drauff sich ungefehr im Miste laden ein Lappe gespiesset hat/ und solche den Kindern vor die Zähne hält.

Naturam expellas furcâ tamen usque recurret, saget Horatius, aber die Bauren nicht: Sie meinen/ auff gedachte Art/ ihren Kindern zu helffen: Ja wenn sie mit der Gabel auff mörderisch ihnen das Genicke einschlügen/ so möchte es wol helffen: sonsten erschrickt die Natur für keine Gabel: Und wenn sie auch gleich drey Zancken/ als des Neptuni Tridens haben solte: Wie wol Virgilius lib. 1. Æneid. wiß/ daß solcher Neptunus mit seinem Tridente den Wind gestillet/ und das Geysern oder (auff Niedersächsisch) das Seyfern des Meers (forte à ζέω. pro ζέω, ferveo, bullio, scateo: unde ζεύς, ein Geyserbart.) verwehret habe. Virgil. d. l. pag. m. 116. v. 145. - levatipse Tridenti.
Et vastas aperit syrteis, & temperat æquor.
Item lib. 1. Æn. v. 610 Da stosset der Neptunus gar Mauren mit seiner dreyzänckigten Gabel umb:
Neptunus muros, magnoque emota Tridenti
Fundamenta quatir, totamque à sedibus urbem
Etuit. Siehe/ daß lasset mir eine kräfftige Gabel seyn: Das heisset/

sel/schüte GOtt für Gabelstiche/ sie geben drey Löcher/und verhüten den
Gänsern: also daß eine Furcke grosse Furcht und Frucht bringet. Hö-
restu das Furcifer?

CANON LXXIX.

Wenn einem die Nase jucket/ so wird er in die Pfütze fallen / oder einen Rausch trincken.

Wenn diß Ovvenus gehöret hette: so würde er bald gefolget haben;
Daß den Teutschen die Nase zu allen Zeiten trefflich jncken müsse / und
sonderlich zu Leiptzig; Weil sie allhier / solches jncken zu vertreiben eine
Rastrum (das Bier aber heisset so: Welche Erinnerung einem Nasen-
weisen mag supervanea deuchten; Der mir hierauff vielleichte zur Antwort gibt: Wir wissents ohne das: Ey nein / mein Kerl /. ausserhalb
Leiptzig weiß mans nicht sonderlich) oder Nasenkratzer drümb zugeleget
haben. Ja ich meine/ es trage einem das Rastrum die Nase / und gar
den Magen/ sonderlich so es in den Hundestagen gebrauchet wird; Je
also/ daß man auch bald drüber in die Pfütze oder Rönnstein fällt/ und sagen mag:

Hic jacet in dreccis, qui modò reuter erat.
rastra bibit.

Doch schadet dieses so sehr nicht/ als jenes. Denn so man etwan in
den Dreck fält / wenn man die Nase begossen / oder die Gersten Brüle
auffgesetzet hat/ solches kühlet/ saget jener Apotecker: Es ist in æstu re-
frigerium. und in frigore solatium/ wie jener sagete; Da er auß einer hitzigen Badstuben für Angst den Kopff zum Fenster herauß stackt/ und
gleiches falß Kühe/ Lunge oder Kühlunge suchete. Doch gnug hiervon; damit ein ander zu mir sagen möge: Ich halte/ die Nase jucket dir;
Ich werde dir drüber kommen sollen.

C 4.

CANON LXXX.

Wenn man ein wind Ey findet / so muß man solches in ein leeres Loch / oder Loch so gebohret ist/stecken; und solches verkleben.

Damit ja kein leeres sey (ne detur vacuum,) so stecken die Weißbergen ein leeres Ey in ein leeres Loch: Und lehren uns solches nachzuahmen; damit alles erfüllet/ und auch alle Löcher zugestopffet/und sie endlich nicht drüber vergessen werden; Sed hic digitus maculat, qui cuncta foramina tentat.

CANON LXXXI.

Wenn ein Storch auff irgend einem Hause nicht nisten wil/ solches bedeutet Unglück.

Wie denn? Weil der Storch leichte ein paar Arme voll Holtz über manches Hauß zu schleppen pfleget/ welches der Wirth des Hauses einmahl zu geniessen hat/der den Storch beherberget: Jener aber nicht/auff dessen Losamente er kein Geniste machet: Ein weit mehres hievon suche künfftig in meinem Storchs und Schwalben Winter Quartier.

CANON LXXXII.

Wenn die Glocken so dumpffig gehen; so stirbet gemeiniglich einer drauff.

So sagt die Leute/und wird solches zwar eher wahr in einer vornehmē oder grossen Stadt/als an einem kleinen Orten. Sintemal in Megalopoli fast Wunder seyn solte; wenn nicht alle Tage der liebe Gott einen und den andern Menschen ex hôc ergasturiô ausspannete/oder nun aber solches flugs durch täglichen dumpffigten Glocken Klange andeute: Dran zweiffele ich: Doch sollen solches ungewöhnliche Gethöne nicht alle Leute hören/sprechen die Absurdisten: Ich halte aber/daß solcher Unterscheid bey den Ohren zu suchen sey:als in welche theils der Feuermäur-Kehrer gewesen: In etliche noch kommen soll: Doch wollen ihnen dieses andere nicht lassen weiß machen; sondern sagen/ es sey so wahr/ als daß des

Et   Den

Henckers sein Schwerdt/ sich an die Wand in der Scheide / regen solle;
so offte bald ein armer Sünder abzuthun verfället. Dieses lasse ich dahin gestellet seyn/ und sage ietz von den Glocken /, daß ihr Ampt weit ein
anders sey: als wahrsagen / oder præsagire : Wie denn solches ein vor-
nehmer Mann in meinem Vaterlande/ vor diesem auch mein Præceptor,
Joachimus Holtorff, tunc temporis Con-Rector Palæo-Soltquellæ,
Anno 1648. in folgenden Versen exprimiret, die auff dß: Glocke mit gegossen wurden/theils 17. Julii. Item 1. Septembr. horâ matutinâ , nec-
non Anno 1649. ubi tertiâ vice, sed auspicio minus dextrô refunde-
batur:

> Continuô bellô me cum Soltquella paravit,
> Ter denis annis patria pressa fuit.
> Laudo DEUM, celebro festa, ad sacra convoco, plebem
> Lugeo defunctos, posco precesque pias.
> Jochimo Schmidio, Didericoque Wimannô,
> Et Michaële Rühlô facta ego Consulibus,
> Consule Casparô Langô curante, Jacobo &
> Bergmannô cultui sum data, Jova tuo.

Eben zu der Zeit liessen auch meine Landsleute in Zetling ihre Glocke wieder giessen/ daven ich domahlen dieses auffsetzte:

Epigramma Campanæ Zetlingensium chronodisticho
& versu correlativô constans
per prosopopœ[i]am.

> Me sIbI perpetVô ZetLIng stVDIô reparaVIt;
> Vt graVIbVs pVgnIs terra repLeta sVIt; &c.

Sed postquàm Anno 1648. fusio & reparatio campanæ minùs
dextrè procedebat, Anno 1649. secundâ vice Soltquellæ ab eôdem
campanarum fusoribus suscepta est, & faustè absoluta est. Aliud itaque chronodistichon elaboravi sequentibus verbis ita sonans:

> Me CeLsô RegI VICVs ZetLInga refeCIt,
> CorpVs Vt InCInXIt TeVtooa VIrgo tegIs.
> Laudo, venusto, voco: Cœlestem, festa, catervam:
> Corpora, vota, preces: Lugeo, posco, volo.

CANON

CANON LXXXIII.

Wenn die Schwangern Weiber über einer Rinne dardurch eine Glocke gegossen wird/springen/ so hoffwärt es ihre Geburt.

Hiepon redet Ludov. Vives Exercit. L. L. pag. m. 16. GRA.
Heus quotæ est hora? Nug Nulla, nam horarum tintinnabulum
nunc funditur, adfuisti? GRA. Non sum ausus, nam ajunt rem esse
periculosam. NUG. Ego interfui, & vidi innumeras mulieres præ-
gnantes transilire canalem fusionis, qui est sub terram conditus. Tr.
Audivi hoc illis esse salutare. GRA: Ea est colus Philosophia, ut
dicunt, sed de horâ quærebam, &c.

CANON LXXXIV.

Wenn eine Braut getrauet wird/und regnet unter we-gen/so hat sie gewiß geweinet.

Freylich/daß die Tropfen vom Himmel fallen: Denn kein unerhörter ist es/daß der Regen solte ein weinen genennet werden Sintemal
ein andächtiger Poëte saget/ Quod Deum cœlum solvat in lacrymas
propter peccata nostra. In Gegenspiel sagt rückt: daß die Braut gelachet habe: so die Sonne scheinet: (ridet Apollo)

Hierauff philosophiren nun die Armseligen Schöpfe immer
drauff/daß es rauchet; Hoho/ die Jungfer Braut/ hat gewiß gewei-
net/weil es regnet: & contrà. Aber wovon solte sich denn das weinen oder das regnen her caussiren? Kömpt etwan/daß/ wenn die Braut
so billig weinet/ die Sonne solche zehren in die Höhe ziehe/ und bald
wiederumb herunter resolvirt fallen lässet? Nach dem: Wie du kömest/
so gehest du. Siehe/also kammete der Regen von den Bräuten
her/ und wäre also zu folgern/ wenn es viel und offte regnete/ daß alsdenn viel Hochzeiten gewesen wären/da die Bräute geweinet hätten. Ich
daß wäre ein gut thun umb dieselbe Zeit/da es dürre ist/und nicht regnen

Et ij   will:

will: Traun zinge das Ding an/ so solte man alsdenn freyen lassen was freyen wolte   Ja man solte zugeben / daß ein Mann zwey oder drey Weiber (nicht aber ein Weib etliche Männer/ denn ihrent wegen regnet es nicht / wenn sie auch schryen und heuleten wie Schaffshunde/) nehme ; Daß es nur feindichte oder häuffig regnete : Ja/ so es noch nicht bald angehen solte; So möchte auch ein Bräutigamb drüber her seyn / und zu prügeln seine Seute/ daß sie immer vor grausen vergehen durffte! Was gilts/ es würde Wasser geben: Hienwieder wenn es zu viel regnete/ so könte man es auch bald ändern: Nehmlich/ es müste der Bräutigam seine Liebste immer kutzeln/ damit sie lachete/ daß das Brautbette wackelte: Was gilts/ es würde die Sonne scheinen. Höret dieses ihr Neogami! wollet ihr also daß es regnen soll? so nehmet einen Stock/ und zu schlaget eure Nimfen/ daß beyde Wangen voll Thränen schwimmen/ und stecket hernach den Stecken hinter das Hochzeit Bette im Winckel/ und lauffet auff die Gasse herümb schreyende als ein Zahnbrecher: Baculus stat in angulò, ergo cras pluet !

Oder kömmet es etwan dannenhero: Daß/ wenn die Braut weinet/ es regne? Weil solche Braut und Jupiter eine sympathiam haben/ als vor diesem Jupiter und Jo oder Europa/ &c. Aber was wäre alsdenn von solcher Braut/ oder vielmehr von dem Bräutigam zu halten? Traun/ was mich betrifft.   Rivalem possum non ego ferre Jovem. Vielleichte ist es mit der Danaes Güldenen Regen nichts anders beschaffen gewesen; als daß der Zeus einen Hörner Zeug auffgesetzet habe: Item/ soll man sagen : Daß/ wenn die Braut lachet/ und hernach drauff die Sonne scheinet / solche Candidata thalami ebenmässig mit dem Phæbo Gemeinschafft pflege / consuescire, und solche sympathiam mit ihm halte/ als ein jenender (oscitans) mit dem andern ? Warlich/ so solle der Phæbus wohl gar des Bräutigambs Schwager zu nennen seyn ; Als welcher sich mit seiner Sponsâ besser verstünde / als er selbst. Aber sachte mit der Logicâ : was von oben kömmet/ das schadet nicht.

Dat Venus omne bonum; sed non per cornua taurum.

G. A.

CANON LXXXV.

Die erste Frucht/ der Aepffel und Birnen/ꝛc. müssen vom Knaben abgebrochen werden/ und nicht vom Mägdelein: weil sie sonst Ritzen kriegen.

Ach! wäre doch dieses im Paradeiß etwas zur praxin gekommen; daß auch/da Eva die primitias des Baums der Erkäntnisses Gutes und Böses nicht angetastet/ oder mit ihren Tatschen herunter gepflücket hett: So hette (1) Adam unsere justitiam originalem nicht im Apffelgribs vernaschen dürffen; Und wäre ihm auch der Apffel nichte zum Helse herauß gewachsen: Welchen noch heutiges Tages/ zu Schimffe und Spotte/ viel Adams Kinder unter der Kehle præsentiren, und sich damit schleppen müssen. (2) so wäre auch der Riß/ zwischen sie und Gott aussen geblieben; Welcher durch den ApffelRiß entstanden/da sie von ihrem Schöpffer muthwillig abgefallen. Ach! hette Eva ihre Fäuste zum Hindern gehalten/ und es Adamo überlassen/ der würde sich ja vielleicht noch wol eines andern und bessern bedacht haben; daß der Apffel keinen Riß und Friß erlanget hette. Aber/ was hilfft iezund leider! solche von viel tausend Menschen umbsonst angestellete Klage?

Hier bekümmer ich mich nun also alleine/ warumb denn die Aepffel am selben Bäume Ritzen bekommen? Wenn die Erstlinge von Weibes Persohnen abgenommen werden? Geschiehet es etwan zum Beweißthumb/ daß der erste Apffel durch ein Weib seinen Riß bekommen? Oder/ das der Apffel nach alten Ingedencken/ so arg über die Frauen werden/ daß er für Zorn berste: (rumpantur ut ilia pomo) oder geschicket etwan umb solche Ursache/ umb welche die Weiber bessere Bequemligkeit zu schwimmen haben als die Männer? Wie einer also scherzet in ludica differt: de arte Natandi. Sed manum de fœminâ, ne & illa rimosa fiae: nam Malô me Galatea petit lasciva puella:

CANON LXXXVI.

Wenn von unten auff an Butterfasse die Reiffe/ oder
Bänder/von einem der in der Stube hineinkommet/ und das
Buttern so ungefehr ansiehet/ gezehlet werden/und nicht wiedrum rück-
werts von oben biß unten; so soll keine Butter gezeuget wer-
den/man möge auch so lange buttern als
man wolte.

Wenn man das Butterfaß mit sampt der Milch oder vielmehr
Rahm (oder Sahne/) solte ümme kehren/ also daß das unterste zu oberste
kähme/und die Sahne verschüttet würde; und solte denn also von dem
untersten Theile des Fasses anheben zu zehlen biß zum Anfange : Da
würde wohl sein lebe kein Butter drauß werden; welche zur Tisch-buty-
rum könte gebrauchet werden. Sehet also wie kräfftig das zehlen von
unten biß oben/und contra, sey! doch lernet/daß es allhier verkehret wer-
de/ was man sonsten von zauberern höret : Nemlich wenn solche in ihre
Magische oder Teuffels Bücher lesen / von vorne biß hinten; so sollen
sich ihre Spiritus familiares præsentiren : Wenn sie aber wieder zu rücke
lesen/so sollen sie hingegen verschwinden.

Mercke auch/daß man sonsten im Kunstsacke berichtet werde/daß/
wenn man Zucker ins Butterfaß werffe/gar keine Butter könne zu wege
gebracht werden.

CANON LXXXVII.

Wenn die Jungfern wollen lange Haare kriegen / so
müssen sie etwas Haare in der Jugend abschneiden/ und mit
dem Hopffenrancken in die Erde legen/daß sie hernach mit ihnen
gleichsam in der länge herauswachsen.

Also habe ich in der Marckt gelernet : und ist solches Affenspiel
zwar nicht neu; sondern sehr alt : Denn beym Virgilio lib 7. Æneid. v.
391. saget unter andern die Amata von ihrer Tochter Lavinia, also:

Heu ohe Bacche, fremens, solum te virgine dignum
Vociferans, etenim molles tibi sumere thyrsos,
Te lustrare choros, sacrum tibi pascere crinem.

Doch

Doch fraget es sich/wie die Haare von den Hopffen sollen länger werden/und fürder wachsen? Resp. Ecl. X. v. 54.

Tenerisque meos incidere amores.

Arboribus, crescent illæ, cresc: etis amores.

Doch mag es gläuben wer da will: Jch kan nicht hoffen das vom Hopffen die Haare also sollen gebaren.

CANON LXXXVIII.

Wenn man zwey Hochzeit Brod/Semmeln oder Kugeln auffhebet/eines von der Braut/das ander von des Bräutigams Gebacken: und giebet Achtung drauff/ welches hernach eher vergehet/oder verschimmelt; so kan man erfahren/ob die Braut oder Bräutigam zeitiger absterbe.

Sehet / daß sein Astrologische oder vielmehr Artologische Raritäten; Da man mit dem Brode primâ vice bsgslev erkündigen will: O homo insane: Caseus & panis sunt medicina sanis. saget die Schola Salernitana/friß das Brod auf/und werde starck und lebhafft davon : Als daß du durch solches Brod den Tod erjagen wilst: Mors est in ollâ, seu urnâ; non verò in ullo pane.

Doch halte ich / daß der Schluß also anzunehmen sey: Wenn Braut und Bräutigam ein jeder vor sich solten lassen viel Brod backen / also daß die Braut das ihrige/ und der Bräutigam daß seinige äße: Da solte man sehen können wer am ersten stürbe: Nemlich dessen Brod zu erste verginge oder verdürbe/ dessen Brod würde aber am ersten verderben/der zu erst kranck würde/ also daß es müste liegen und ungegessen lassen.

CANON LXXXIX.

Wer viel Schimmel ist; der wird alt.

So du lange lebest; so wirstu alt/sagen die Ziegeuner: so du lange scheissest; wird der Arsch kalt. Posito antecedente, poni-

ponitur consequens. Also der viel Schimmel ist / muß auch
nothwendig alt werden: Audieweil sich in wenig Zeit nicht
viel Schimmel bezwingen lässet.

CANON XC.

Wenn Braut und Bräutigam mit einander tantzen/
und ein iedweder seine besondere Fahne hat; so muß man achtung geben/welches Fackel zuerste verlischet/den derselbe stirbet am ersten.

Also schwatzen die Bauren in Meissen / und auch vielleichte anderswo: Die Comparation oder Vergleichung ist
genommen/zwischen den Menschen und der Fackel/welche in
in vielen Stücken zusammen kommen; sonderlich aber fast
gantz und gar eines sind im Grichischen Nahmen: Als da Φῶς,
einen Mann oder Menschen φῶς, aber ein Licht heisset. Hieher gehöret auch κηρός, cera, candela: Und κὴρ parca, Mors. A-
ber diß sind Philologische Grillen: Bindet sich hieran die
Physica oder das Fatum? oder fleust vielmehr die Philologica
aus dem Fato: Nach deme die vocabula signa rerum seyn/ und
also posteriora ipsis rebus? Hæreo, mus in pice Faxit. Deus
clementiss. ut non semper nomen sortiatur omen.

Doch kan vorgesetzter Canon auch wohl so interpretiret
werden: Wessen Kerze (num ἀκηρός?) leben/ eher verlischet/ oder
ausgehet/der stirbet auch eher.

CANON XCI.

Wenn Braut und Bräutigam vorm Altare vom
Priester getreuet werden / und sie beyde einander die Hände
geben; so kan aus der Kälte oder Wärme dieses oder jenes Ehegat-
tens abgenommen werden welcher am ersten sterbe:
Nemlich dessen Hand kalt ist.

Freylich sind dem die Hände kalt; der bald seinen Geist auffgeben
wil; Aber ob sie nun so. (als auffs wenigste bey solchen Leuten/ die jubi-

jubileum conjugiale halten/ und nuptias secundas, cum priore conjuge anstellen: Wie ich solcher zwey Exempel weiß / zu Halle an den Herrn Schulgen / und allhier zu Leipzig am gewesenen Depositore Klipsteinen/ &c.) mehr oder wenigere Jahr vorher anfangen kalt zu seyn/ daran zweiffele ich gäntzlich.

Absit & augurium hîc, careat successibus, opto.
Erwarte hievon ein mehrers in meiner Chirologiâ Philologicâ.

CANON XCII.

Der Donnerstag hat immer ander Wetter
als der Freytag.

Diß gehöret zur Mägdephysicam: wo von der identitate Specificâ und numericâ, sedes genuina in actu signato zu handeln ist. Betrachte ich nun das Wetter solcher Beyden-Tage; da mag es unter-sich selbsten so ehnlich seyn/ ut nec lac ilac similius sit: Dennoch aber differiret es numerô: Das ist eben der schöne Sonnenschein/ und das hellere liebliche Wetter/ welches am Donnerstage gewesen ist: Kömpt nicht am Freytage wieder: Ob das Wetter an solchen folgendem Freytage schon gleichförmige Gestalt/ Art und manir hat. Differt enim, inter alia accidentia, tempore. quod labitur, & freno non remorante fugit, secundùm Ovid. 6. Fast. v. 771, ubi ætas ætati succedit. Cic. Philip. 11. cap. 15.

Nimirum φῦρ, seu momentum vel instans, statim aufugit & in præteritum tempus cedit; donec sequatur aliud præsens aliudque novum μ̕. Novum, inquam, nihil enim novi sub sole novi cum Salomone, præter præsens tempus & tempestatem. Causa quidem eadem numerô, nempe sol, sed diversus semper effectus ab uno ictu oculi ad alium. Nam soles (secundum Senecam,) quidem occidere & redire possunt; sed tempus hodiernum cras nunquam est. Also ist es freylich ander Wetter am Freytage / als es am Donnerstage gewesen: Denn wie ein jeder Tag seine eigene Plage hat/ nach der Schrifft: Also auch sein eigen Wetter/ und Gewitter. Wircks aber das andere Calen-

der

berrichter vorige Regel also verbringen : Am Freytage verändert
sich das Wetter gern. Mercke/ daß der gemeine Mann zu Straß-
burg saget/ daß der Sontag allezeit solch Wetter habe als der Freytag.

CANON XCIII.

Wenn es auff Joh. Baptistæ Tage oder Feste regnet/
so gerathen die Huren wol/ aber nicht die
Nüsse.

Nux und mulier sind sonsten zwar in einem prædicamentó: a-
ber hier nicht. Doch magstu sagen ; aliud est mulier, aliud meretrix.
&c. Concedo totum, ut nihil accipias. Nehmlich ich gebe zu ; daß viel
Huren werden/ wenn es auff S. Johannis Tage regnet. Nun aber habe ich durch alle meine Lebtage nicht gesehen/ daß an einem Orte etwan in
der Gassen/ oder anderswo/ der Johannis Tag/ als ein Stein oder Jo-
sue Schaffs Fell gelegen wäre/ und drauff geregnet hette : In oder an
Johannis Tage regnet es wol/ aber nicht auff : Omnia in Tempore fiunt, non supra. Vivimus in tempore, & nescimus quid sit tempus.
Weil also es unmüglich ist/ daß es auf Johannis Tag regnen könne ; so
ist auch jenes nicht/ als ein vorgegebenes und venditiretes consequens
zu statuiren. Was haben die Huren mit S. Johanne zu thun ? So
weiß ich auch nicht groß/ was die Nüsse mit ihm zu schaffen haben. Hat
er sie etwan in der Wüsten gegessen ; daß möchte ich noch eher glauben/
als daß er Heuschrecken gespeiset habe. Aber wo bleiben hie Huren ?
Damit hat er gar auff keinerley weise zu thun gehabt. Vielleicht haben
solches die Mönche zum Schein und Beschönung erdichtet ; Als welche
den guten Johannen auch zum Ersten und Fürsten der Eremiten oder
Einsidler gemachet haben. Weil sie nun in ihrer scheinheiligen Einsam-
keit sich der leichtfertigen Huren trefflich gebrauchen ; ihre Anfechtungen des Fleisches zu zähmen oder zu tödten ; Nam juxta Owenum : Con-
jugis in gremio mortificanda caro est:) als attribuiren sie auch dem
Verstorbenen (sed de absente & mortuo nil nisi bonum erat dicen-
dum:) Johanni dem Tauffer Huren : Ja als wenn er gar ein Huren-
Hängst/ Huren Jäger/ Huren Webel gewesen/ und auff einen seinen
eige-

eigenen Tage etliche tausend Mägde zu schanden mache. Pfuy: der groben Unverschämtheit! Johannes ist eine reine Jungfraw (oder Junggesell) gewesen / er mag geweinet oder gelachet haben: Also / es mag an jetzo an seinem Tage regnen oder die Sonne scheinen ; so mögen davon keine Huren generiret werden. Auch wüste ich nicht wie die Nüsse vom Sonnenscheine gerathen: oder vom Regenwetter verderben und taub werden könnten: in Absehen des einigen Tages: Ein anders ist es zwar / wenn es lange vor- und nach Johannis Tage regnen solte ; daß da die Nüsse mißgerathen möchten / &c. Vide plura olim in Opere meô JOHANNEO.

CANON XCIV.

Wenn man über die Finger siehet / das ist nicht gut.

Den Brillenmachern ist es zwar nicht gut oder zuträglich / wenn grosse Herrn oder Obrigkeit durch die Finger sehen ; Vermeinete zu seiner Zeit Eulenspiegel: Aber unsere Mütterlein wollen / daß das sehen über die Finger oder Nägel allein schade: Nehmlich / wenn ich domesticam manûs partem oder die innerliche Hand mit sampt den Fingern etwas gekrümmet ans Maul halte / und sehe mit den Augen über hin ; solches halten sie für böß : und gebieten also bald / man solle die Hand umme wenden / und sylvestrem partem, oder die äusserliche Seite gegen das Gesichte kehren ; so werde das Unglück wieder abgewendet : O Schnackerey und Kwackeley! Doch daß ich besser besinne : so ist es freylich nicht gut / wenn man über die Finger oder Hand schauet ; als wie jener über den Arm / in deme er seine Nase verlohren / und von eines andern Menschen Arm ein Stücke zur neuen Nasen hette herauß schneiden lassen: Da sahe er ja über die Arm / wie der Hund über die Nase / als man scherzet:) welches so gut nicht war / als wenn er über seine rothe Nase gesehen hette ; welches auch der Außgang erwiese / in deme die reformirte Nase endlich wieder abfiel / wie jenes Menschen Leib verfiele / und solcher starb / von deme die Nase erkauffet war. Besiehe hievon Laurenberg. in Acerrâ Philiologicâ: Nun solte ein ander auff diesen Schlag / ein Stücke außer

Ff ij   Hand

Hand müssen schneiden lassen/ oder gar einen Finger darzu nehmen/ und
auß solchen im Mangel / eine Nase drehen oder ansetzen ; und hernach
drüber schern; Ich meine ja/ es solte nicht gut seyn. Besser wäre es/ er
bliebe ein Tellerlecker/ das ist/ daß er die Feuermäuer mit einander un-
angesetzet liesse/ &c.

CANON XCV.

Wenn einer einen dicken Hals hat/ so muß er auffwar-
ten/ biß ungefehr zwey Leute / auff einem Pferde vorbey reiten: Da muß er flugs hinterher lauffen/ und schreyen: Nehmet den dritten mit/ nehmet den dritten mit!

Hierauff soll der dicke Hals dem Nachschreyenden ver-
gehen/ und hingegen jenem Hippocentauris anhangen. Ey ha-
dere dich! Das ist eine fürtreffliche Kunst. Ey hette es wohl
Demosthenes einmahl so machen mögen; doch so würde er
nicht so wohl seinen geschwollenen Hals verlohren haben/ als
seinen auffgeschwollenen Balck voll Geld. Nemlich Demosthenes war einmahl von einem angeredet/ Er solte ihn Morgen
vertreten/ so wolte er so und so viel spendiren/ drauff sagete er
zwar ja. Doch kam dessen Wiederpart und redete gleicher
Gestalt den Oratorem an/ und versprach ihm noch mehr / nur
dessentwegen/ daß Er (der Demosthenes) jenem nicht patro-
ciniren solte. Was geschicht? Demosthenes verbindet seinen Halß / wie jener des andern Tages kömpt / und will ihn
als ein Cliente gleichsam abholen: Und spricht: Ich habe die
Halsschwulst (Anginam) leider nächten bekommen/ und kan
also mein Wort nicht halten: Drauff antwortet der Verlas-
sene; ja Argent-anginam hastu wohl Sed sors & spes misori cli-
entis decollabat. (nach dem Plautum: Vide Taubmann. p. m.
268. ad Captiv. Act. 3. sc. 3.) quia Demosthenes illum non suc-
collare dignabatur. consen. d. l. Taubmann.

C K.

CANON XCVI.

Wenn man einen Sarck zu machet / so muß es mit einem Schlage geschehen: und hernach nicht wieder auffmachen.

So lehren die Mercker / welche bey der Leiche / sonderlich die letzte Nacht / (wenn der Verstorbene / dem folgenden Tage drauff soll begraben werden /) etliche Lichter setzen / und die Nacht über wachen: Dabey Mägde / Knechte und allerley Gesindigen ist / welche als denn das Kalb wacker austreiben / mit dem Gelächter / essen / trincken / allerhand lustigen Spielen / Fabel erzehlungen / item / da sie vor und nach dem Essen / vor dem Sarcke (welchen sie ausserhalb der Stuben stehend haben) nieder knien und ein Vater unser bethen: Biß die Nacht drüber vergangen.

CANON XCVII.

Es ist nicht gut / wenn man ein Thier mit der Ruthen schläget / damit man ein Kind gezüchtiget hat.

Freylich / weil für die Thiere als Hunde / Schweine u. andere Instrumenta / als / Knüttel und Stecken gehören: Gebrauchet man sich aber der Ruthen / so ist fast glaublich / daß man aus Mangel keinen Stecken etc. habe: Welches nicht gut ist. Oder es kan die Ruthe greulich groß seyn / damit man Kinder züchtiget: wenn sie auch richtig darzu solte können genützet werden / daß man ein Vieh damit straffen wolle / solches ist so nicht gut: Denn parvum sæpe supplicium satis est pœr pro delicto magno, saget Terentius; Da etliche sich finden / und sagen; es solle der beste Spruch des Comici seyn.

Ff 3   CA

CANON XCVIII.

Es ist nicht gut / wenn man mit dem Finger gen Himmel weiset/oder den Mond und die Sterne damit
zeiget.

Warům? weil wier den Himmel vielmehr nur mit Augen ansehen sollen/als zeigen: Nach dem Ps. 8. v. 4. Denn
ich werde sehen die Himmel deiner Finger Werck/ den Monden und die Sterne/die du bereitest etc.

Doch erwarte hiervon ein mehres / nebenst vielen andern Aberglauben/so die Hand und Finger betreffen; in meiner Chirologiâ Philologicâ.

CANON XCIX.

Wer am Christ-Abend keine Bohnen isset / der wird
zum Esel.

So saget und frisset man zu Leipzig: Höre hier Apule-
jus:hierinne hastu es versehen/daß du drauff zum Creutzthier-
gen geworden bist: Warům aber an Christ-Abend? Etwan/
weil Christus auff einen Esel geritten hat? Oder vielmehr
itzo bey einem Esel im Stalle gebohren ist? O fresset ihr G Es-
sellen; daß ihr so nicht zu Eselen werdet. Doch sit asinus,
quemcunque asinum sors aspera fecit. Höret was neues: Wer
an Christ-Abend Bohnen isset; der wird zum Klor oder Esser o-
der Esserer.

C A-

CANON C.

Wer an grünen Donnerstage nicht neunerley Kraut
isset; der krieget daß Fieber.

Friß Kraut/saget die Frau zur Magd / so sitzet dir der
Rock wohl: Ich geschweige nun neunerley Kraut: Denn davon kan der Bauch leichte / wie eine Bunge oder Hescher-
Paucke auffschwellen und der Rock desto fäster sitzen und denselben außdähnen; daß er so viel Falten behalte/als eine Badstuben Thüre. Sitzet nun also der Rock wohl; wohlan / so
wird auch das Fieber solchen Menschen nicht ängsten: Denn
wenn ein Weib darinne kranck ist; so wird sie den Rock vielmehr von sich legen; als ihn wohl und fein sitzen lassen.

Hey lustig! die Kermse ist aus/
Darzu auch der Phy lose Viehische Schmauß.

E N D E.